Marina Saslawskaja / Hans Siwik

DEUTSCHLAND

Inhalt

Ein Burgherr auf Zeit

Lesen Sie auch die Bücher, die Ihnen helfen sollen, die verlorene Kunst der Langsamkeit wiederzuentdecken? Sehnen Sie sich auch nach der Stille und Muße? Geht es auch Ihnen manchmal so? Gestreßt und entnervt, möchten Sie am liebsten sofort Ihren Koffer packen und verreisen. Wohin? Ach, egal, irgendwohin, wo niemand Sie finden wird, wo Sie Abstand von Ihren Pflichten und Sorgen bekommen, Ihre Seele baumeln lassen können. In eine andere Welt, in eine andere Zeit ... Eine Zeitreise? Sie läßt sich organisieren! Was halten Sie davon, für einige Zeit Burgherr zu werden? Und dies auf eine höchst angenehme, genüßliche Weise?

Wir haben für Sie sechzehn Burgen und Schlösser ausgesucht, deren Tore heute Gästen offenstehen. Es sind außergewöhnliche und sehr unterschiedliche Häuser. Beim Anblick der wehrhaften Burganlagen wird das Mittelalter für Sie lebendig. In den verspielten Barockschlössern werden Sie in jene seltsame Epoche entführt, in der sich die kunstsinnigen und philosophierenden Landesherren zwischen blutigen Kriegen mit der Naturforschung befaßten und nach dem Stein der Weisen suchten. Die Geschichte der Dauner Burg geht auf Kelten und Römer zurück. Cecilienhof in Potsdam wurde dagegen erst im zwanzigsten Jahrhundert erbaut, dennoch ist es als das Wohnschloß des letzten deutschen Kronprinzenpaares und Schauplatz der Potsdamer Konferenz, die das Nachkriegsschicksal Europas bestimmte, ein bedeutender historischer Ort. Das Wasserschloß Hugenpoet war schon öfter Treffpunkt europäischer Staatsoberhäupter. Und außerdem kommen wir Karl dem Großen auf die Spur. Die Historische Schloßmühle gehörte einst Napoleon. Auf der Burg Hornberg lebte »der letzte Ritter« Götz von Berlichingen.

Auf einer Schloßreise wird die große Geschichte zum persönlichen Erlebnis. Jahrhundertelang standen Burgen und Schlösser im Mittelpunkt des gesellschaftlichen Lebens. Als Zentren der Macht und Kultur prägten sie die Entwicklung des Abendlandes. Noch heute halten die alten Gemäuer Erinnerungen an jene Glanzzeiten bereit.

Alle Häuser, die in unserem Buch vorgestellt werden, wurden erst in den letzten Jahrzehnten als Hotels eingerichtet. Einige Baudenkmäler wurden von ihren neuen Besitzern in einem vollkommen verwahrlosten Zustand erworben und mit viel Aufwand wiederhergerichtet. Andere verblieben bis heute im Besitz alter Adelsgeschlechter. Diese Residenzen wurden erst nach und nach ihrer neuen Aufgabe angepaßt. Meistens war die Einrichtung eines Hotels des einzige Weg, die enormen Kosten zu decken, die für die Erhaltung dieses wertvollen Kulturguts notwendig sind. Die Mittel, über die die Schloßherren verfügten, waren oft sehr beschränkt. Es leuchtet ein, daß aus diesem Grund nicht alles auf Anhieb perfekt gelöst werden konnte. Dafür haben diese Wohnschlösser ihren familiären und sehr individuellen Charakter bewahrt. Wenn Sie nicht zu penibler Pedanterie neigen, werden Sie sich daher in den Häusern besonders wohl fühlen. Fast jeder Gegenstand kann eine Geschichte erzählen. Nicht selten werden Sie in solch einem Haus mit ungewöhnlichen Dingen und geheimnisvollen Begebenheiten konfrontiert. Selbst unverbesserliche Skeptiker werden zwischen Wirklichkeit und Legende nicht immer klar unterscheiden können. In den alten Schlössern und Burgen gehen sie oft nahtlos ineinander über.

Wenn jemand Ihnen von einem singenden Brunnen oder einem wandernden Schloß erzählt, sollten Sie wissen: Die Geschichten sind wahr!

Wahr ist auch, daß Sie in jenem Schloß übernachten können, in dem Dornröschen seinen hundertjährigen Schlaf schlief. Ob Sie sich im Rapunzelturm glücklich fühlen werden, hängt nicht zuletzt von Ihnen ab. Die Burg- und Schloßhotels bieten zwar ein märchenhaftes Ambiente, die Fähigkeit, eine Stimmung zu genießen, müssen Sie selbst mitbringen.

Wenn Sie mit Träumen spielerisch umgehen können, wenn Sie die Kunst des Müßiggangs beherrschen, werden Sie auch als Mensch des zwanzigsten Jahrhunderts eine Schloßreise nicht anders erleben als jener junge Mann, den Wilhelm Hauff vor mehr als hundertfünfzig Jahren in einer seiner Novellen auf Wanderschaft schickte:

»Es war ihm ein so überraschender Anblick, sich in solcher Nähe einer dieser altertümlichen Burgen gegenüberzusehen, um so überraschender, da er durch diese düsteren, tiefen Tore als Gast einziehen, in jenem altertümlichen Gemäuer wohnen sollte. Doch bald erfüllte kein anderer Gedanke mehr als der malerische Anblick, der sich ihm darbot, seine Seele. Der alte schwärzlichgraue Wartturm war auf der Mittagsseite von oben bis in den Graben hinab mit einem Mantel von Efeu umhängt. Aus den Ritzen der Mauer sproßten Zweige und grüne Ranken, und um das Tor zog sich ein breites Rebengeländer, dessen zarte Blätter und Fasern sich mit sanfter Gewalt um die rostigen Angeln und Ketten der Zugbrücke geschlungen hatten. An den hohen Mauern vorüber tauchte das Auge hinab in die Tiefe des schönen, fruchtbaren Neckartales, schweifte hinauf, den Fluß entlang, zu Dörfern und Weilern und weit über die Weinberge hin nach fernen blauen Gebirgen.«

Dies ist meine erste Dichtung.
Bei eurer Wohlerzogenheit,
verschmäht sie daher bitte nicht!
Bin ich auch nicht allzu begabt,
von der begonnenen Geschichte
kann ich trotzdem nicht mehr lassen.
Erzähl ich sie, fürcht ich jedoch,
daß mich die Eifersücht'gen tadeln.
Weil dadurch aber sich nichts bessert
und weil ich durch mein Dichten doch
vielleicht noch Anerkennung finde,
werde ich euch allen nun
das seltsame Geschehn berichten.

Hermann Fressant, *Der Hellerwertwitz*

OBERSTOTZINGEN

Haben Sie schon einmal von den Göttlichen gehört? So werden die Oberstotzinger genannt, die am Fuß der Schwäbischen Alb leben und an das Mysterium eines wandernden Heiligenbildes glauben.

In den benachbarten Dörfern wird oft geschmunzelt, wenn die Rede auf die Göttlichen kommt. Die Oberstotzinger bleiben ihnen nichts schuldig und spotten ebenso gerne über die Niederstotzinger oder Stettener. Der Ursprung dieser Wortfehden liegt wohl in der Zeit der Glaubenskriege und mehr noch in dem außerordentlich stark ausgeprägten Zusammengehörigkeitsgefühl der Gemeinden. Es ist noch gar nicht so lange her, daß die Sonntagsausflüge der Oberstotzinger nach Niederstotzingen ins Kino mit heftigen Raufereien endeten. Die Einzelheiten dieser Keilereien wurden später als Heldenberichte in der Dorfschänke vorgetragen, galt es doch, bei den drei schönen Wirtstöchtern einen möglichst tiefen Eindruck zu hinterlassen.

Da ist es nicht verwunderlich, daß der Tag der Eingemeindung zur Stadt Niederstotzingen vielen in schmerzlicher Erinnerung blieb. »Einige«, so der Oberstotzinger Bürgermeister, »zogen sicher Vergleiche mit dem Verkauf Oberstotzingens 1694 an den Bischof von Augsburg oder mit der durch Napoleon im Jahre 1806 verfügten Zuordnung zu Bayern. Der Verlust von Eigenständigkeit und Selbstbestimmung wiegt eben in jeder Zeit schwer.«

Obgleich die Oberstotzinger sehr empfindlich auf jede Bedrohung ihrer Eigenart reagieren, werden sie mild, wenn ihre Hilfe gefragt wird. Jeder dritte Einwohner des Ortes, in dem neunhundert Seelen leben, gehört heute zu Familien von Vertriebenen, die in Oberstotzingen ihre neue Heimat gefunden haben. Trotz aller Veränderungen der Neuzeit hat Oberstotzingen dennoch seine Ursprünglichkeit bewahrt. Fast alles, was hier produziert wird, findet im Ort selbst oder in der nahen Umgebung seinen Käufer. Nach wie vor genießt die Familie der Grafen von Maldeghem, die im Jahre achtzehnhundertunddreißig das Schloß in Oberstotzingen samt

ZU GAST BEI DEN GÖTTLICHEN

dazugehörendem Besitz erworben hat, großes Ansehen. Unvergessen sind auch die früheren Schloßherren, die von Umgelter, da ein Mitglied dieser Familie bis heute im »Hölzle« herumgeistert. Er ist verdammt worden, weil er das *ius primae noctis* praktizierte und – nicht genug damit! – heimlich die Marksteine versetzte.

Einst beschlossen die Oberstotzinger, ihren Schatz, das Heiligenbild aus der Wolfgangskapelle, in die Pfarrkirche zu überführen. Bald darauf verschwand das Heiligtum. Groß war die Verwunderung, als es auf seinem alten Platz in der einsamen Waldkapelle wiedergefunden wurde.

Manchmal taucht der »Hohe Herr«, gekleidet in ein samtenes Barockkleid, auch in seinem alten Haus auf, das inzwischen in ein nobles Hotel umfunktioniert wurde. Der imposante Geist scheint sich darüber zu freuen, daß sein Renaissanceschloß nun wieder einen prächtigen Rahmen für Feste bietet. Meistens erscheint er, wenn im Schloß eine Hochzeit gefeiert wird.

Zur Trauung fährt die Hochzeitsgesellschaft auf den »heiligen Berg Gottes« in die Pfarrkirche des heiligen Martin, die mit ihrer einzigartigen Doppelempore, der romanischen Christusfigur, einem Renaissancehochaltar und dem uralten Turm ein stimmungsvolles Ambiente für die Zeremonie bietet. Nach der Trauung sollen die Frischvermählten nach einer alten Ortssitte ihre erste gemeinsame Erprobung bestehen. Auf dem Hof des Schlosses erwartet das Brautpaar ein Sägebock mit einem dicken Holzstamm, den es im Schweiße seines Angesichts als letztes Hindernis auf dem Wege zum Glück zersägen muß. Danach können die Gäste sich im Garten entspannen. Währenddessen bereitet sich der Küchenchef Axel Müller, den die Zeitschrift »Feinschmecker« kürzlich sehr gelobt hat, auf das lukullische Fest vor. Bei gutem Wetter wird der Abend auf der Terrasse mit dem Ausblick in den weitläufigen Barockpark genossen. Die Rittermahle, an denen oft bis zu zweihundert Menschen teilnehmen, finden

Fern jeder Wirklichkeit und dennoch sehr günstig gelegen: Das alte Schloß in Oberstotzingen, ein Schmuckstück der Renaissance, liegt nur wenige Kilometer vom Autobahnkreuz Ulm/Elchingen. Es gilt als Treffpunkt für Gourmets und exklusive Adresse für aufwendige Feste.

dagegen im Schloßsaal statt, der in dem ehemaligen Marstall eingerichtet wurde. Da dieser etwas abseits liegt, werden die Hotelgäste, die sich in die siebzehn gemütlichen Zimmer hinter den blauen Türen mit barocken Türleibungen zurückgezogen haben, nicht gestört.

Es läßt sich gut träumen im Schloß Oberstotzingen: Efeu und Rosen, ein Weiher wie ein Zauberspiegel, eine Allee uralter Hainbuchen ... Wenn der Nebel sich auf die Gartenwiese legt, sieht das Schloß mit seinem runden Turm und den Spuren des zugeschütteten Wassergrabens fast unwirklich schön aus. Der Nebel ist hier keine Seltenheit: Nur wenige Kilometer von dem Schloß entfernt liegt das Donaumoos. Über den Moosteichen ist der Nebel besonders dicht. Er bewegt sich, formt in der Luft seltsame Gebilde. Kein Wunder, daß es im Donaugebiet so viele Geschichten über die Nebelmännchen gibt. Der eine soll mit seiner Hacke die Fischer ins Wasser ziehen, der andere ist als Feinschmecker verschrien: Sein Lieblingsgericht ist Menschenfleisch mit Sauerkraut. Der schwäbische Aberglaube vermutete einst in solchen Gumpen den Eingang zur Hölle. Die Göttlichen erzählen, daß die Nebelgeister sich gern zu den einsamen Reisenden gesellen, die am Moos vorbeifahren. Sie sind jedoch harmlos und bleiben nur bis zum ersten Straßenkreuz im Auto. Die Gäste des Schloßhotels haben also nichts zu befürchten.

Gleich hinter der Mauer des Schloßparks beginnt eine ganz andere Landschaft. Ein Wanderer, der die Sprache der Erde zu lesen weiß, kann in den Tälern der Lone und Brenz eine spannende Chronik jener dramatischen Ereignisse entdecken, die sich vor fünfzig Millionen Jahren hier abspielten. Damals begannen die Alpen sich aufzufalten und hoben sich

Schloßhotel
RESTAURANT
VOGELHERD

Auf der Wanderschaft durch das idyllische Umland von Schloß Oberstotzingen stoßen Sie auf die Spur von Kaiser Barbarossa und Kreuzrittern. Sie sollten auf manche ungewöhnliche Begegnung gefaßt sein: Vielleicht gesellen sich Nebelgeister Ihnen zu, oder die steinernen Jungfrauen erzählen ihre traurige Geschichte …

aus dem Meer. In den »Küstenorten« wie Heldenfingen finden sich Teile uralter Steilküsten, die einst von Bohrmuscheln fleißig durchlöchert wurden. In der Nähe von Hürben befindet sich eine der längsten Höhlen Süddeutschlands, die in prähistorischer Zeit Höhlenbären als Unterschlupf diente. Die Menschen haben sie erst vor hundert Jahren untersucht. Drei Zimmerleute aus Hürben wagten den Abstieg in das sogenannte Hundsloch, jene Öffnung, in die über Jahrhunderte hinweg Tierkadaver geworfen wurden. Unten fanden die Mutigen einen Knochenberg. Daneben schien ein schneeweißer Berggeist hocherhoben einen schmalen Gang zu bewachen, durch den die reichverzierten Hallen erreichbar waren. Im spärlichen Kerzenlicht schimmerten Stalaktiten und Stalagmiten, von den Decken hingen durchsichtige Steinvorhänge herab. Diese erstarrte Herrlichkeit wirkte nicht tot, vielmehr schien es, daß die Bewohner des unterirdischen Reichs durch den unerwarteten Besuch aufgescheucht und gerade geflüchtet waren. Hier glaubten die Eindringlinge Mönche in ihrem Refektorium gesehen zu haben, dort in der Grotte spukte das Zwergenvolk. Ein Raum sah wie ein Schloß aus, ein anderer glich einem Dom, ein weiterer wurde sofort Göttersaal getauft …
Die zerbrechliche Schönheit der Charlottenhöhle ist vom Wasser geschaffen worden, die seltsamen Felsenfiguren im Brenztal, die im Volksmund steinerne Jungfrauen heißen, hat dagegen der Wind geformt. Oberhalb dieser Felsen lag einst der Stammsitz der Ritter Esel von Eselsburg.
Die letzte Burgherrin hatte aus Hochmut jeden Freier abgewiesen und selbst ihren Mägden verboten, jemals mit einem Mann zu sprechen. Natürlich vergaßen die Mädchen

das strenge Gebot. In ihrer Wut ließ die Burgherrin die Ungehorsamen zu Stein erstarren. In der folgenden Nacht wurde sie vom Blitz erschlagen, und das Feuer vernichtete die Eselsburg.

Seit dieser Zeit ist Stille in das Eselsburger Tal eingekehrt. Nur selten wird sie von den Geräuschen unseres technischen Zeitalters durchbrochen. Die einzige Straße wird wenig benutzt: Nach sechs, sieben Kilometern bringt sie den Fahrgast, der Brenzschlinge folgend, fast wieder zum Ausgangspunkt zurück.

So idyllisch ist das Leben an der Brenz nicht immer gewesen. Reste von Wehranlagen zeugen von einer turbulenten Vergangenheit. Alte Stiche zeigen mächtige Burgen, Sitze der Kreuzritter. Während der Regentschaft des rotbärtigen Kaisers war Hugh von Falkenstein ein bekannter Ritter, der die Tochter eines Osmanenfürsten aus Palästina als Beute mitbrachte. Später wurde er von einem fremden Ritter auf einem Turnier in Aachen besiegt. Der Unbekannte entpuppte sich als der Verlobte Sapphiras, der ihr heimlich ins Abendland gefolgt war. Seine Treue hat Barbarossa begeistert, und er hat den Sieger mit der Falkenburg belehnt. Allmud verschmähte jedoch die Gunst des Kaisers und kehrte mit seiner Braut nach Palästina zurück.

Nur noch einige Gebäude der Vorderburg findet der Wanderer, den der mühsame Aufstieg zur Falkenburg nicht abschreckt. Die Anstrengung wird durch einen einmalig schönen Blick in zwei Täler mehr als belohnt. In dieser verträumten Landschaft leben viele Geschichten. Sie würden vielleicht nicht für tausendundeine Nacht ausreichen. Für einige Tage jenseits der Wirklichkeit reichen sie allemal.

H O R N B E R G

Das Geschehene ist wichtiger als das Erfahrene, schrieb Goethe und handelte dennoch oft gegen sein eigenes Wort. Genüßlich benutzte er das Erfahrene, wandelte das Gelesene um und machte das Herausgefundene zum wirklichen Geschehen. Daß er es dabei mit den Tatsachen nicht so genau nahm, leuchtet wohl ein. Im Niemandsland zwischen Dichtung und Wahrheit fühlt sich der Schaffende frei und sicher wie ein Ritter auf seiner Hochburg.

Goethe war noch ein Knabe, als ihm die fast vergessene Lebensbeschreibung des Ritters Götz von Berlichingen in die Hände fiel. Später verarbeitete der Dichter diesen Stoff, der einst einen unvergeßlichen Eindruck auf ihn gemacht hatte, und »schenkte der deutschen Nation«, wie die begeisterten Kritiker schrieben, einen Edelmann ganz besonderer Art, einen deutschen Don Quixote, derb und nicht ohne praktischen Sinn, eine ehrliche Haut, einen Menschen, der sich selbst unter Todesgefahr nicht von seinen Prinzipien abbringen ließ. Wenngleich dieser deutsche Don Quixote weniger gegen Windmühlen kämpfte, scheiterte er dennoch an der Wirklichkeit. Die Regeln, die für ihn heilig waren und nach denen er lebte, hatten ihre Geltung verloren. Goethe ließ den Ritter mit der eisernen Hand, der für alle Greueltaten der Bauernkriege verantwortlich gemacht wurde, im Gefängnis in Heilbronn sterben. Dabei verkürzte er das Leben seines Helden um dreißig Jahre und versetzte die historischen Ereignisse an einen anderen Schauplatz.

Die Folge dieser dichterischen Willkür ist, daß die jährlichen Götz-von-Berlichingen-Festspiele nicht auf der Burg Hornberg stattfinden, wo der Ritter während der Bauernkriege und bis zu seinem Tode lebte, sondern auf der Burg Jagsthausen, wo Götz von Berlichingen »nur« zur Welt kam.

Auf diesen zwei Burgen wird das Erbe des Ritters aufbewahrt: Auf der Burg Hornberg befindet sich die Originalrüstung, auf der Burg Jagsthausen wird seine eiserne Hand gehütet, die ein Kunstschmied aus Nürnberg so raffiniert konstruierte, daß sie noch heute die Prothesenhersteller fas-

RITTER MIT DER EISERNEN HAND

ziniert. Der Leichnam des reformierten Ritters hat im Kreuzgang des katholischen Klosters Schöntal seine letzte Ruhestätte gefunden, seine aufrührerische Seele teilten Gott, der Teufel und das Volk unter sich auf.

Die Nachkommen derer, die seit unzähligen Generationen zwischen den beiden Burgen leben, sind die treuesten Besucher der Festspiele in Jagsthausen und werden nicht müde, »ihren Götz« mit rührender Leidenschaft gegen alle Vorwürfe zu verteidigen. Diese Art der Unterstützung hat ihm zu Lebzeiten offensichtlich gefehlt, so daß er sich gezwungen sah, jene einzigartigen Aufzeichnungen zu machen, die ihn vor Freund und Feind rechtfertigen sollten. Die letzten Kapitel diktierte er seinem Pfarrer, der sich verpflichtet hatte, bei dem Mann, »der auf die Grube gehe«, zu bleiben und ihm zu dienen. Tag für Tag nahm der alte Reitersmann seinen Platz am Kamin im Rittersaal auf der Burg Hornberg ein, die er im Jahr fünfzehnhundertsiebzehn für sechstausendfünfhundert Florine erworben hatte, und rief die Geister der Vergangenheit herbei. Oft vergaß er seinen fleißigen Schreiber und versank in schweigsames Nachdenken. Welche Bilder sahen dann seine Augen, die die äußeren Dinge kaum mehr unterscheiden konnten?

Seine Zeit war reich an bedeutenden Ereignissen. Das Mittelalter neigte sich dem Ende zu, die geistige Umbruchstimmung allerdings ging an dem Ritter mit der eisernen Hand vorbei. Götz war zwölf, als sich die Welt mit der Entdeckung Amerikas aufregend vergrößert hatte. Bald darauf wurden die ersten Scheiterhaufen angezündet, auf denen die Hexen verbrannt wurden. Martin Luther begann seinen Kampf gegen die Händler, die im Tempel den himmlischen Schatz gegen bare Münze veräußerten. Die wahnsinnigen Propheten verkündeten den Weltuntergang. Johann Stoffler legte die Sintflut auf das Jahr fünfzehnhundertvierundzwanzig fest. Viele glaubten ihm, griffen zur Bibel als einem praktischen Ratgeber und bauten insgeheim ihre Archen. Von all dem verliert Götz von Berlichingen kein Wort.

Statt dessen beschreibt er ausführlich zahlreiche Fehden, Kriege und Feindschaften, in die er, »der arme Rittersmann von Adel«, sich eingelassen hatte. »Deren Anzahl mag fünfzehn sein, welche mich selbst betrafen und welche ich auch zu Ende führte, ohne die, welche ich für Kaiser und König, Kurfürsten und Herren und im Interesse meiner guten Freunde und Genossen geführt habe; ich habe sie nicht alle hier aufgezählt, doch mögen ihrer ebenso viele sein. Gottlob! ich weiß keine Fehde, welche über zwei Jahre gedauert hat, ohne daß sie zu einem friedlichen Ausgang gelangte; Gott dem Allmächtigen sei Lob und Dank dafür gesagt! Ich wundere mich selbst darüber, daß ich allerwegen die Sache glücklich und in so kurzer Zeit zu Ende gebracht habe.«

Götz fühlte sich von Kind auf zu Pferden und Waffen hingezogen. Der Versuch einer Schulausbildung scheiterte, ohne richtig begonnen zu haben. Mit fünfzehn unternahm Götz als Knappe seines Vetters seinen ersten Ritt. Die Reise führte nach Worms, wo im Jahr vierzehnhundertfünfundneunzig der große Reichstag den Landfrieden beschloß. Der junge Page war berauscht von den Bildern, die ihm jene aufregenden Tage schenkten. Ehrgeizige Phantasien erfüllten seinen Geist. Was da gesprochen, worüber gestritten wurde, fesselte weitaus weniger seine Aufmerksamkeit.

Fünfundvierzig Jahre lebte der »letzte deutsche Ritter« Götz von Berlichingen auf der Burg Hornberg. Hier verfaßte er seine einzigartige Lebensbeschreibung, die Goethe seinem berühmten Volksdrama zugrunde legte.

So entging ihm, wie vielen seiner Standesgenossen, daß die Zeit des Fehderechts nun vorbei war. Er handelte und händelte, wie es bisher üblich war. »Nun war ich des Sinnes, die Landesgegend ein Weilchen unsicher zu machen und mein Heil weiter zu versuchen, um mich ein wenig zu rächen, brannte demnach in Begleitung von nicht mehr als sieben Mann drei Orte nieder ... Gern habe ich nicht gesengt und gebrannt; diesmal aber geschah es, weil ich wollte, daß der Amtmann herausrücken sollte, und hielt deshalb wohl ein oder zwei Stunden zwischen Krautheim und Neuenstadt in einer schneehellen Nacht. Aber der Amtmann schrie, während ich unten brannte, nur von der Mauer herab, und ich rief zurück, er möchte mich hinten lecken. Doch es galt hier nicht lange zaudern, und ich machte mich wieder davon.«

Dabei war Götz von Berlichingen immer noch anständiger und ehrlicher als viele andere Ritter, die nun »ohne Regel« ihre Händel führten. Der Ritter mit der eisernen Hand folgte strikt dem alten Ehrenkodex, schrieb warnende Fehdebriefe an seine Feinde und hielt immer sein Wort, was ihm einerseits Schwierigkeiten einbrachte, andererseits den Ruf eines aufrichtigen, biederen Mannes verschaffte. Die Rechte seiner Untertanen verteidigte er mit gleicher Hartnäckigkeit, wie er die Söldnerpflicht erfüllte. Das dankbare Volk ließ ihn seine Achtung auf seltsame Weise spüren. Die aufständischen Bauern erpreßten den Ritter und zwangen ihn, ihr Hauptmann zu werden. In dieser Rolle versuchte er ohne Erfolg das Schlimmste zu verhindern. Nach der Niederwerfung des Aufstands wurde Götz in Augsburg vor Gericht gestellt. Er mußte die Urfehde schwören und versprechen, die Grenzen

seines Besitztums nie zu überschreiten, keine Nacht außer Haus zuzubringen und kein Pferd mehr zu besteigen. Sechzehn Jahre hielt er sein Wort, bis Kaiser Karl V. ihn davon entband. Nach seiner Begnadigung nahm der gealterte Ritter noch an zwei Kriegen seines Kaisers teil. Mit dem Feldzug nach Frankreich schloß Götz seine Aufzeichnungen ab. »Wenn aber einer oder der andere mir nachsagen wollte, daß es sich anders verhalte, als wie ich in dieser Lebensbeschreibung berichtet habe, so würde er mir Gewalt und Unrecht antun …« Der Ritter sagte »amen!«, der Pfarrer trocknete den letzten Punkt im Manuskript. Bald darauf zog ein Trauerzug von dem Burgberg ins Tal. Die fünfhundertjährige Eibe, deren Äste über die Ringmauer der Oberburg ragen, kann sich noch gut an jenen grauen Tag im Jahr fünfzehnhundertzweiundsechzig erinnern, an dem eine Epoche zu Ende ging.

Die Nachkommen von Götz lebten nicht lange auf der Burg Hornberg. Im Jahr sechzehnhundertzwölf verkaufte sein Enkel die inzwischen verschuldete Burg. Als er den Hornberg verließ, befand sich ein wuchtiges Erinnerungsstück aus der Burg in seinem Gepäck: das Berlichingensche Wappen, das er aus der Mauer herausnehmen hatte lassen. Der Käufer hieß Rheinhard von Gemmingen, mit dem Beinamen der Gelehrte. Er war Doktor beider Rechte und Verfasser der berühmten Familienchronik »Gemming'scher Stammbaum«. Als er auf der Burg Hornberg einzog, lachte der Neidkopf auf der Ringmauer, der die bösen Geister vertreiben sollte. Er wußte schon, was kommen würde. Im Dreißigjährigen Krieg wurde die Burg von den kaiserlichen Truppen besetzt und geplündert, darauf folgten Hunger und Pest, so daß im Jahr sechzehnhundertfünfunddreißig das Dorf Neckarzimmern zur Hälfte entvölkert war. Auch Rheinhard der Gelehrte starb in jener unheilvollen Zeit. Im Pfälzischen Erbfolgekrieg wurde die Burg endgültig ruiniert, die Herren des Hauses zogen in das neue Schloß unterhalb des Burgbergs. Erst in den dreißiger Jahren des zwanzigsten Jahrhunderts kehrte die Familie von Gemmingen auf die Burg zurück. Die neue Wohnung wurde in der Vorburg, im Mantelbau, einem buckelquaderigen Bollwerk aus der Stauferzeit, eingerichtet. Dafür mußten in den zwei bis drei Meter dicken Mauern Fenster und Türen herausgebrochen werden. Später wurde im ehemaligen Marstall aus dem siebzehnten Jahrhundert ein Restaurant untergebracht. Aus dem Schafstall wurde ein Hotel.

In das Innere der Ruine, deren Türme und Giebel zu jeder Tageszeit einen beeindruckenden Anblick bieten, gelangen die Besucher über den Zwinger, der schneckenförmig die Oberburg umzieht. Vier Tore mußten den Feind abhalten, zwei davon waren zusätzlich mit Fallgitter verstärkt. Neben einem der Tore sind drei Epitaphe in die Mauer eingelassen. Schön gearbeitete Bilder stellen Mitglieder der Gemmingschen Familie dar. Zu Füßen des Ritters liegt ein Löwe, das Symbol der Tapferkeit. Neben der Frauengestalt sitzt ein kleiner Hund, eine allegorische Figur für Treue, Frömmigkeit und Sparsamkeit. Wenn die Freiherren von Gemmingen sich auch verständlicherweise in den Schatten des Ritters mit der eisernen Hand stellen, so heißt das nicht, daß es unter ihnen keine bedeutenden Persönlichkeiten gegeben hätte. Die Familie stellte Bischöfe, hochrangige Beamte und Soldaten, Verwalter der Reichsritterkasse und Naturforscher. Der

Nur selten kommt ein Fremder in die alten Familienarchive. Darum sollten Sie es sich nicht entgehen lassen, an einer Weinprobe im Gemmingschen Archiv auf der Burg Hornberg teilzunehmen. In Räumen wie diesem glaubt der Besucher den Geistern der Vergangenheit zu begegnen.

Humanist Uriel von Gemmingen war Mainzer Erzbischof und Kurfürst. Aus der Mozartbiographie ist Otto Heinrich von Gemmingen bekannt, ein Dichter der Spätaufklärung, der als Autor des Deutschen Hausvaters in die Literaturgeschichte eingegangen ist. Ludwig von Gemmingen wirkte als außerordentlicher Minister König Georgs II. von England. Sein Sohn, Ernst von Gemmingen-Hornberg, machte sich als Musiker und Komponist einen Namen. Er stand als Hofkammer- und Landschaftsrat sowie als Direktor für Hofmusik im Dienst des Markgrafen Karl Alexander von Brandenburg. Später übernahm er die ehrenvolle Aufgabe des Rittersdirektors des Kantons Kraichgau. Er trug an einem silbernen Halsband den Kraichgauer goldenen Esel, ein Zeichen dafür, daß sein Geschlecht zur Turniergesellschaft Zum Esel gehörte, die auf das Jahr vierzehnhundertvierzehn zurückgeht. In den mittelalterlichen Turnierbüchern finden sich Erwähnungen über die erfolgreiche Teilnahme verschiedener Mitglieder der Familie von Gemmingen an den ritterlichen Wettkämpfen. Eines dieser wertvollen und raren Bücher befindet sich im Gemmingschen Archiv in dem bereits erwähnten Mantelbau der Burg Hornberg. Dieses Archiv ist eine richtige Schatzgrube für Historiker und enthält wohl noch viel Überraschendes. Vor einiger Zeit wurden darin vier Violinkonzerte entdeckt, die Ernst von Gemmingen geschrieben hatte. Inzwischen wurden sie veröffentlicht und aufgeführt.

In diese alten Adelsarchive, die eine besondere, äußerst romantische Stimmung ausstrahlen, gerät ein Fremder nur selten. Auf der Burg Hornberg ist es möglich, darin werden oft Weinproben durchgeführt. Das Hornberger Weingut ist

Auch im Schutz dicker Wehrmauern kann man Angst haben. Um sich vor bösen Geistern zu schützen, ließen die Burgleute magische Neidköpfe an den Wänden anbringen. Leider konnte der Neidkopf von Hornberg die Zerstörung der Burg im Dreißigjährigen Krieg nicht verhindern.

zwar nicht groß, aber hier reifen gute Weine, die eine lange Tradition haben.

Götz von Berlichingen lieferte seinen Wein bis an den Kaiserhof in Wien. Erstmals erwähnt wurde das Weingut im Jahr zwölfhundertvierundfünfzig. Wahrscheinlich wurde hier aber bereits zur Römerzeit Wein angebaut. Die neun Kilometer der Natursteinmauer, die tagsüber die Sonnenwärme speichern und nachts an die Reben wieder abgeben, wurden im frühen Mittelalter angelegt.

Vielleicht gab es sie schon, als König Dagobert auf der Burg Hornberg mit dem Wendenherrscher Samo Friedensverhandlungen führte. Der Preis für den Frieden sollte die Hand der Tochter des Frankenkönigs sein. Das fromme Mädchen wollte jedoch von der Ehe mit einem Heiden nichts wissen. Da ihre Tränen nicht halfen, floh Notburga bei Nacht aus der Burg. Erst Tage später fand der König sie wieder. Rasend vor Wut zerrte er seine widerspenstige Tochter mit solcher Gewalt aus ihrem Versteck, daß er ihr einen Arm abriß. Voller Entsetzen jagte Dagobert auf die Burg, wo er sich für mehrere Tage in sein Gemach einschloß. Nur sein Diener, der ihm den trostspendenden Hornberger Wein brachte, durfte zu ihm. Er hörte, wie der König verzweifelt klagte: »Es ist leichter, ein Reich zu regieren, als mit dem eigenen Kind klarzukommen.«

Notburga sah ihren Vater nie wieder. Sie blieb für immer in ihrer Höhle. Eine Schlange heilte ihre Wunde mit Kräutern. Das Volk verehrte die einarmige Prinzessin als Heilige. Als Notburga starb, wurde sie unweit von Neckarzimmern in der Kirche zu Hochhausen beigesetzt. Dort ist noch heute ihr Grabmal zu sehen.

Die Burgherren sind die Nachbarn der Burgherren. So gesehen sind die Freiherren von Rassler, denen das Schloßhotel Weitenburg gehört, Nachbarn der kaiserlichen Familie. Nur eine halbe Stunde von der Weitenburg entfernt liegt die Hohenzollernburg, deren phantastischer Umriß weniger an die deutsche Geschichte als an eine märchenhafte Sagenwelt denken läßt.

abfinden können, die seit den fünfziger Jahren ihre Burgen und Schlösser durchmachen mußten, identifiziert sich Baron von Rassler voll und ganz mit seiner Aufgabe. Er mag Menschen und genießt den täglichen Umgang mit seinen Gästen, die seine natürliche Freundlichkeit sehr zu schätzen wissen. »Gut essen können die Gäste vielerorts«, sagt er. »Was sie suchen, ist die Menschlichkeit und die Achtung. Hier finden sie es. Das persönliche Ambiente verstärkt nur dieses Gefühl.«

Willkommen sind alle: die geldschweren Seminargäste und Mitglieder des Weitenburger Golfclubs genauso wie die Reiter, die im Reitstall auf der Burg ihre Pferde unterstellen können, oder die zufälligen Wanderer, die nur das Haus besichtigen und eine Tasse Kaffee trinken wollen. Selbst wenn eine Hochzeit im Schloß gefeiert wird, versteht es sich von selbst, daß die Tanten ihren selbstgebackenen Hochzeitskuchen mitbringen dürfen. Warum auch nicht? Eine kleine Tellergebühr schmerzt nicht, nur sollen die Gäste für das, was in den üppigen Torten steckt, selbst haften.

Auch die Familie von Rassler trifft sich regelmäßig zum Feiern im Schloß. An solchen Tagen wird die Ahnengalerie geschlossen, man bleibt unter sich. »Sie müssen es verstehen, dies ist kein Hotel im historischen Gemäuer, sondern ein Wohnhaus, das zum Hotel mutierte«, entschuldigt sich der Baron.

Zimmer für Zimmer wurde im Laufe von vier Jahrzehnten umgestaltet und den Fremden zugänglich gemacht. Dabei wurden Möbelstücke, Bilder und Gegenstände aus dem Familienbesitz benutzt. Vielleicht ist das Ganze nicht so perfekt wie in einem Hilton, dafür atmet jeder Raum das Leben und

erzählt Geschichten. »Das war das beliebteste Zimmer meiner Urgroßmutter aus Schlesien«, sagt der Baron im Gemach mit den holzgetäfelten Wänden und üppigen Schnitzereien an der Türleibung. »Damit sie sich nach ihrer Heimat nicht sehnte, wurde hier zu ihrer Ankunft eine genaue Kopie des Eßzimmers aus ihrem Elternschloß eingerichtet. Das war eine Überraschung!«

Im Schloß Weitenburg residiert der Gast in familiärer Atmosphäre. »Sie müssen es verstehen«, sagt Freiherr von Rassler, »dies ist kein Hotel in historischem Gemäuer, sondern ein Wohnhaus, das zum Hotel mutierte.«

Die Gäste wurden auf der Weitenburg schon immer geehrt. Im Salon mit den rotgepolsterten Möbeln ist ein einzigartiges Gästebuch erhalten geblieben. Es ist ein Fenster mit den Wappen jener adeligen Gäste, die einst das Schloß besuchten. Die Wappen sind aus farbigem Glas gefertigt und sorgen an sonnigen Tagen für ein sagenhaftes Lichterspiel. Übrigens! Die Sagen! Fast hätten wir das vergessen. Natürlich gibt es auch ein Gespenst auf der Weitenburg. Es ist ein Kapuziner, der um die Mitternacht mit seinem Kopf unterm Arm herumspaziert. Besonders oft begegnen ihm die Gäste, die im Zimmer mit den zwei Nischen wohnen. Dort soll der Geistliche vor etwa dreihundert Jahren gelebt haben. Er war Burgkaplan und gab dem Burgfräulein Unterricht. Vermutlich erfüllte er zu eifrig seine Pflicht und wurde deshalb um einen Kopf kürzer gemacht.

Seit einiger Zeit ist auch von der Weitenburger Hexe die Rede. Die wird jedoch von dem Schloßherrn nicht anerkannt, da sie die Erfindung einer wilden Narrenzunft ist! Das Schloß liegt ja zwischen Rottweil und Rottenburg, den Hochburgen der schwäbisch-alemannischen Fasnacht. Wie seit eh und je wird der Winter aus dem Schwabenland mit viel Lärm und Spaß vertrieben. Manchmal ufert das heidnische Fest aus. Das war schon immer so.

Im Schloß Weitenburg wird der Gast überall von den forschenden Blicken der Ahnen beobachtet. Nicht sofort bemerkt man, daß mancher Porträtierte Zeichen königlicher Würde trägt. Die Erinnerung an die Zeit, als die Freiherren von Rassler im Dienst der Habsburger Krone hohes Ansehen genossen, wird in der Familie bis heute gepflegt.

Im Jahre siebzehnhundertzweiundachtzig, so die Mühlheimer Fasnachtschronik, »setzten die Frauen bei der Weiberfasnacht einem Kolbinger so zu, daß er vor Angst sich nicht mehr anders zu helfen wußte, als sein Gewehr zu ziehen, um die Weiber zu bedrohen«. Anderswo wurde »der vorstehendte Frevler gleich in Thurm mit wasser und brodt gespöhret …«

Heute feiern fünfhundert organisierte Zünfte die »fünfte Jahreszeit«. Von der Weitenburg aus lassen sich viele Schauplätze der Fasnacht bequem erreichen.

Weitingen, zum Beispiel, liegt ganz in der Nähe. Seitdem ein schlauer Bauer versuchte, den Mond in seinem Saustall einzusperren, ziehen dort die »Moofanger« mit Leitern und Netzen. Außerhalb der Karnevalszeit ist es möglich, die größte Miniaturensammlung von Fasnachtsmasken zu besichtigen. Das Mäsklemuseum befindet sich in der Garage eines begeisterten Narren in Bierlingen und wird allem Anschein nach in das Guinnessbuch der Rekorde aufgenommen.

Wenn Baron von Rassler von seinen Nachbarn spricht, meint er nicht die Bewohner der umliegenden Dörfer. Denn die Burgherren sind die Nachbarn der Burgherren. Das hat nichts mit Überheblichkeit zu tun, sondern mit einem Standesbewußtsein, das sich aus der gemeinsamen Geschichte und den daraus gewachsenen Verknüpfungen speist. Diese haben ihre verbindende Kraft bis auf den heutigen Tag nicht verloren.

So gesehen sind die Freiherren von Rassler Nachbarn der kaiserlichen Nachkommen. Nur eine halbe Stunde von der Weitenburg entfernt liegt die Burg Hohenzollern. Zahlreiche

Besucher kommen hierher, um in den farbenprächtigen Sälen zu verweilen, die preußische Königskrone zu bewundern und die kindergroßen Originalkleider König Friedrichs des Großen zu bestaunen.

An Burgen und Schlössern ist das kleine Schwabenland genauso reich wie an Dichtern. Fast jede bedeutende Bergkuppe schmückt eine Ruine oder ein Wehrturm. Die Erinnerung an die Herren, die einst in diesen Anwesen lebten, hat sich in den Sagen verewigt. Das Volksgedächtnis behielt mit gleicher Aufmerksamkeit die Namen von Helden und Heuchlern, Originalen und Dichtern.

Auf der Burg Wehrstein über Fischingen lebte der »dicke Nellenburger«. Die Kunde vom schwersten Mann des Reiches erreichte selbst das kaiserliche Ohr. Karl V. lud Graf Christoph auf den Augsburger Reichstag und ließ ihn vor der hohen Versammlung seine Kleider ablegen, damit der Hof und die Kurfürsten den Anblick des unermeßlichen Körpers genießen konnten.

Auf Hohendießen saß Johann Georg von Wernau. Dieser ungesellige Mann erschien überall in der Begleitung eines schwarzen Ziegenbocks. Einmal, als der Ritter sich in seiner geheimen Schatzkammer aufhielt, die im Innersten des Burgbergs lag, stieß das teuflische Tier mit seinen Hörnern gegen die Tür und sperrte seinen Herrn für mehrere Tage ein. Ein Knecht fand ihn halbtot in seinem Kerker. Danach stiftete der Junker seine Reichtümer für die Armenpflege. Die Almosen reichten für fast drei Jahrhunderte.

In der Burg Eutingertal erblickte der Minnesänger Steinmar das Licht der Welt. Obernau rühmt sich, Hartmanns von Aue Geburtsort zu sein.

Das Rollenspiel der Narren ist viele hundert Jahre alt. Trotzdem bleibt für jeden genug Spielraum, um hinter der Maske die Schattenseiten seines Ichs auszuleben.

Als Dichter machte sich auch Graf Albert II. von Hohenberg einen Namen. Seine Schwester Anna-Gertrud heiratete im Jahre zwölfhundertfünfundvierzig Rudolf von Habsburg und wurde somit die Stammutter einer mächtigen Dynastie.
Seit dem vierzehnten Jahrhundert waren die Ländereien am oberen Neckar österreichisches Gebiet. Auch die Herren von Rassler, die im Jahr siebzehnhundertzwanzig die Weitenburg erwarben, standen im österreichischen Dienst. Unter Kaiser Leopold erreichten sie als Staatsmänner und Diplomaten höchste Würden. Seitdem schmückt der Anfangsbuchstabe des kaiserlichen Namens das Wappen derer von Rassler.
Als der von Napoleon zum König ernannte Friedrich I. von Württemberg in den Besitz der vorderösterreichischen Territorien kam, schworen ihm die Freiherren von Rassler nur unwillig ihre Treue.
Auch andernorts machten es die neuen Untertanen dem frischgebackenen König nicht leicht. Doch nirgends erlebte er eine solche Blamage wie in Horb, das er im Jahr achtzehnhundertneun besuchte.
Wer in Horb war, der weiß, wie steil die Gassen in dieser mittelalterlichen Stadt sind. Sie machten noch den Pilgern zu schaffen, die auf dem Weg nach Santiago de Compostela in Horb Station machten. Für die Stute, die Friedrich I. auf den Marktplatz zu seinem Volk bringen sollte, war es einfach zuviel. Immerhin mußte sie einen Mann schleppen, der über zwei Meter groß war und mehr als vier Zentner wog. Die Stute brach zusammen, das Volk lachte. Friedrich I. platzte vor Wut. Buchstäblich: Seine Königliche Hoheit machte sich die Hosen voll.

ROTHENBUCH

Märchen sind eine ernsthafte Angelegenheit, wie wir seit der Zeit der Brüder Grimm wissen. Es ist schon erstaunlich, was sich alles aus einem Märchen herauslesen läßt. Historiker, Soziologen und Psychologen spielen gern mit der Kristallkugel der Volksphantasie, schauen tief in ihr leuchtendes Innere und füllen mit ihren Einsichten dicke Bücher. Haben Sie jemals gedacht, daß die sieben Zwerge, bei denen das Schneewittchen in ihrer Not Unterschlupf fand, möglicherweise eine homosexuelle Bruderschaft waren? In Wirklichkeit handelte es sich bei diesen wohl um die kleinwüchsigen Bergleute von Bieber, die die Schätze der Erde zutage förderten. Das Schneewittchen hat es übrigens tatsächlich gegeben, nur war es keine Königstochter, sondern ein Freifräulein von Erthal. Ihr Vater war ein Lohrer Amtmann und Direktor der Spiegelmanufaktur. Ja, ja, es war jene berühmte Spiegelfabrik, in der diese unbestechlichen Spiegel hergestellt wurden, die auf die Frage »Spieglein, Spieglein an der Wand, sag, wer ist die Schönste im ganzen Land?« manchmal recht unangenehme Antworten gaben. Im Lohrer Schloß, wo Schneewittchen sorglos lebte, bis ihr Vater die böse Stiefmutter heiratete, befindet sich heute das Spessartmuseum. Darin schwebt nicht der Staub und Mief der Jahrhunderte, sondern duftet es nach Kräutern und Gewürzen, die im Museumsladen zum Verkauf angeboten werden. Doch die Besucher kommen natürlich in erster Linie wegen des Museums selbst. Auf vielfältige Weise wird dort das Verhältnis von Mensch und Wald behandelt. Die Schulkinder nehmen einige unheimliche Erzählungen mit, ohne zu merken, daß sie auch etwas aus der Heimatgeschichte erfahren haben. Wenn aber achtzig Mann Polizei ins Museum marschieren, spricht man eher von Fortbildung.

Wer kennt sie nicht, die Räubersagen aus dem Spessart! Obgleich Ganoven auch andernorts ihr Unwesen trieben, hat Wilhelm Hauff mit seinem »Wirtshaus im Spessart« dafür gesorgt, daß das romantische Bild der Gaunerzunft ein Spessart-Klischee wurde. Die realen Banditen wiesen wenig Ähn-

DEN IRRLICHTERN AUF DER SPUR

Alte Zauberbücher flehten um Schutz vor den Spessarträubern: »Schließe das Schloß mit standhaftem Muth in deiner Taschen zu, und wenn du in Sicherheit bist so Schliesse daß Schloß wieder auf und Sprich die Worte drey mahl: Hepfata Tue dich auf. Hepfata Tue dich auf. Hepfata Tue dich auf.«

lichkeit mit ihren literarischen Kumpanen auf. Manche folgten ihren verderbten Veranlagungen, andere gehörten zu Sippen, die seit Generationen durch Diebstahl ihr Überleben sicherten. In der Zeit der Kriege war die verwahrloste Soldateska oft gefährlicher als die Berufsverbrecher. Nicht wenige trieb die äußerste Armut auf die schiefe Bahn. Zu den letzteren zählte auch Manne Friedrich, der wohl als einziger Spessarträuber einigermaßen der romantischen Vorstellung von den Waldbrüdern entsprach. Niemand konnte geschickter als er von der Kutsche in voller Fahrt die Koffer abschneiden. Einmal soll er einem Opfer die Wunde verbunden und damit das Leben gerettet haben. So menschlich handelte er allerdings selten. Nach seiner Festnahme kritzelte er Gedichte an die Wände seiner Zelle und führte mit seinem Richter philosophische Konversation. Trotz einer gewissen Sympathie im Volke atmeten die meisten doch erleichtert auf, als sein Kopf ihm zu Füßen fiel.

Den Reisenden, die um ihr Leben bangten, waren die Qualitäten der Banditen gleichgültig. Die Obrigkeit wußte sich diesen Umstand zunutze zu machen und führte schon im Hochmittelalter die Begleitpflicht ein, die die Kasse mit Gebühren und »Freßgeldern« füllte.

Dennoch fühlten sich die Nürnberger Kaufleute, die zur Oster- und Herbstmesse nach Frankfurt wollten, weder tagsüber im Schutz der teuren Begleitmannschaften noch nachts in den einsamen Posthaltereien sicher. Verängstigt wandten sie sich an die höhere Macht. »Lieber Gott«, beteten sie, »Du hast mir aus dem Mutterleibe geholfen, Du wirst mir auch über den Spessart helfen.« Auch die Geisterwelt wurde zu Hilfe gerufen.

Diejenigen, die nur den eigenen Kräften vertrauten, verinnerlichten Ratschläge aus den praktischen Handbüchern: »Mit Pistolen schieße man nie zu weit, sondern warte, bis man dem Räuber das Weiße im Auge erkennen kann.«
Neben den Räubern machten die Wilderer den Gendarmen sehr zu schaffen. Der berüchtigtste Wilddieb des Spessarts hieß Johann Adam Hasenstab. Er war den Rothenbucher Amtmännern, die er immer wieder an der Nase herumführte, jahrzehntelang ein Dorn im Auge. Einmal bediente er, als Wirt verkleidet, seine Verfolger in einer Waldschenke, ein andermal veranstaltete er eine Treibjagd ausgerechnet an dem Tag, an dem auch die große Hofjagd stattfand. Seine Bande befehligte er in der Uniform eines Mainzer Jägers. Sobald ihm Gefahr drohte, floh er über die Grenze, die im zersplitterten Deutschland immer nahe war. Oder er zog als Bader getarnt durch die Dörfer. Die Bauer ließen sich von ihm ohne Bedenken behandeln, denn er war nicht nur ein Wilderer, sondern auch ein anerkannter Kräuterheiler. »Er war von mittlerer Statur, dürr und sehnig, dabei flink wie ein Wiesel«, beschreibt ihn ein Volkskalender aus dem Jahr achtzehnhundertzwei. »Er hatte feurige Augen, darob ihm die Weibsleut allerorts nachliefen.« Seine Frau Eva Marie stand ihm in nichts nach. Sie behauptete, einen unsichtbar machenden Ring zu besitzen, ein Geschenk der Wassernornen zu Weibersbrunn. Wäre dem tatsächlich so gewesen, wird klar, warum die Suche nach den beiden so schwer fiel. Im Jahr siebzehnhundertdreiundsiebzig fand seine Flucht ein Ende. »Wegen Erlegung des Wilderers« bekam der Jäger Johann Sator von Bischbrunn fünfzehn Florine, eine knappe Eintragung in der Kellereirechnung des Amtes Rothenbuch schloß

Die reichen Wildgründe des Spessarts wußten schon die Helden des Nibelungenliedes und die fränkischen Könige zu schätzen. Die Mainzer Kurfürsten, die jahrhundertelang den größten Teil dieses Waldgebiets beherrschten, standen jenen in ihrer Jagdleidenschaft in nichts nach. Nach der aufregenden Tierhatz ruhten sie sich im Schloß Rothenbuch aus.

Überliefertes wird im Schloß Rothenbuch mit modernen Errungenschaften kombiniert. Nostalgische Stimmungen verbinden sich hier auf geschickte Weise mit technischen Neuerungen. Alle Zimmer sind mit antiallergischem Bodenbelag und Schutzvorkehrungen gegen Elektrosmog ausgestattet.

den Fall ab. Die Spessartbauern errichteten am Ort seiner Ermordung ein Steinkreuz. Es wird bis auf den heutigen Tag immer wieder mit frischen Blumen und Kerzen geschmückt. Dem Namen Hasenstab begegnet man in Rothenbuch auf Schritt und Tritt. Die Menschen, die so heißen, sind keine Nachkommen des Erzwilderers, auch sind sie nicht unbedingt miteinander verwandt. Um diese verwirrende Tatsache zu erklären, müssen wir in die Gründungszeit des Ortes zurückkehren.

Wann das erste Schloß Rothenbuch gebaut wurde, weiß niemand genau zu sagen. Urkundlich wurde es im Jahre dreizehnhundertachtzehn erstmals erwähnt. Das Volksgedächtnis ignoriert dieses Datum und beginnt mit der Errichtung des bis heute erhaltenen Schloßgebäudes im Jahre fünfzehnhundertsiebenundsechzig, die Rothenbucher Zeitrechnung.

Damals regierte Daniel Brendel von Homburg in dem Mainzer Kurfürstentum. Er hat sich als tatkräftiger Gegenreformator erwiesen, brachte die Jesuiten ins Land und verhinderte die Säkularisierung des Mainzer Bistums. Hatte er Zeit, sich von seinen umfangreichen Pflichten zu erholen, so ging er seiner Leidenschaft, der Jagd, nach. Einmal, so die Sage, verfolgte Daniel Brendel mehrere Stunden einen kräftigen Hirsch, ehe das Tier völlig erschöpft zu Boden sank. Neben ihm brach auch der Kurfürst vor Entkräftung zusammen. Ein Graf, der ihn auf der Hetzjagd begleitete, machte sich auf die Suche nach Wasser. Er fand die Quelle der Hafenlohr und bewahrte so seinen Herrn vor dem Verdursten. An der Quelle, deren Wasser immer noch ein erquickender Naturgenuß ist, ließ der Kurfürst sein Jagdschloß erbauen. Um das

Im Turmzimmer des Schloßhotels Rothenbuch hielt man einst mutmaßliche Spessarträuber fest und verhörte sie, bevor sie nach Aschaffenburg überführt wurden. Die Amtsprotokolle berichten von der spektakulären Flucht eines Häftlings durch das Fenster im zweiten Stock. Heute ist die ehemalige Zelle eines der begehrtesten Gästezimmer.

Schloß herum wurden die Treiber angesiedelt, die damals auch Hasenstabler genannt wurden. Seitdem leben die Hasenstabs in Rothenbuch.

Das Schloß diente als Sitz der kurmainzischen Forstbeamten und des Amtsvogts. Infolge der Napoleonkriege fiel Rothenbuch zusammen mit dem südlichen Spessart an Bayern. Als die Zeit der Eisenbahn kam, blieb der Ort ohne Anschluß und verlor so seine Bedeutung. Darüber können sich die Gäste des Schloßhotels Rothenbuch nur freuen.

Eingebettet in eine ursprüngliche Waldlandschaft, ist das Schloß eine Insel der Ruhe. Die großzügigen Zimmer, die stimmungsvoll mit wertvollen Antikmöbeln eingerichtet sind, bieten auf eine dezente Weise jeglichen nur erdenklichen Komfort. Damit die Erholung vollständig ist, verfügt jedes Zimmer über ein System, das den Gast nachts gegen die Einwirkung des elektrischen Smogs schützt. Jedes Detail läßt spüren, mit welcher Liebe und Sensibilität die neuen Besitzer, die Familie Lehnardt, das Schloß an seine neue Funktion angepaßt haben. Eine gute Karte mit Spessarter Wildgerichten darf natürlich im gediegenen Restaurant nicht fehlen. Die Gäste, die an einem mittelalterlichen Ritteressen teilnehmen möchten, werden im Kellergewölbe von dem Kurfürsten Daniel Brendel empfangen. Er liest die »Tischzucht« vor, erzählt den ganzen Abend unterhaltsame Geschichten, die das Mittelalter lebendig werden lassen, und ist immer noch ganz so wie früher: »ein fürtrefflicher, verständiger und friedliebender Herr«.

Die Individualisten, die das Alleinsein vorziehen, finden ebenso genug Unterhaltung. Auf Wunsch zeigt der Förster die Plätze, wo bis heute die Flußkrebse leben. Oder wie wäre es

mit einer Schatzsuche? Das berühmte Schächerloch liegt ja ganz in der Nähe. Die Steinmarker wollten vor fast zweihundert Jahren den Schatz der Berggeister holen, um für die Gemeinde einen Wald kaufen zu können. Sie wurden, ebenso wie die Schatzgräber von Laufach, ertappt und mußten büßen, weil die Schatzgräberei als ein unchristliches Unterfangen galt. Aus dem Vernehmungsprotokoll lassen sich einige Einzelheiten herauslesen, die für einen modernen Schatzsucher durchaus nützlich sein können: »Er habe in dem Schächerloche die Geschäfte Gottes unter der Erde sehen wollen. Näherin sprach er von einem Vögelchen, das durch Bethen hervorgerufen, wahrscheinlich ein Berggeist in dieser Gestalt, das herausfliegen und nähere Kunde mitbringen solle.«

Falls Ihnen die Ausrüstung für die Schatzsuche fehlt, so macht das gar nichts. Das verzauberte Hafenlohrtal hat einiges mehr zu bieten. Wandern Sie einfach los!

Wenn Sie Glück haben, werden Sie vielleicht ein ähnliches Erlebnis haben, wie Goethe es im Spessart einmal hatte: »Auf einmal sah ich in der rechten Seite des Wegs in einer Tiefe eine Art von wundersam erleuchtetem Amphitheater. Es blickten nämlich in einem trichterförmigen Raume unzählige Lichtchen stufenweise übereinander und leuchteten so lebhaft, daß das Auge davon geblendet wurde. Was aber den Anblick noch mehr verwirrte, war, daß sie nicht still saßen, sondern hin und wieder hüpften, sowohl von oben nach unten als umgekehrt und nach allen Seiten … Ob dieses nun ein Pandämonium von Irrlichtern oder eine Gesellschaft von leuchtenden Geschöpfen gewesen, will ich nicht entscheiden.«

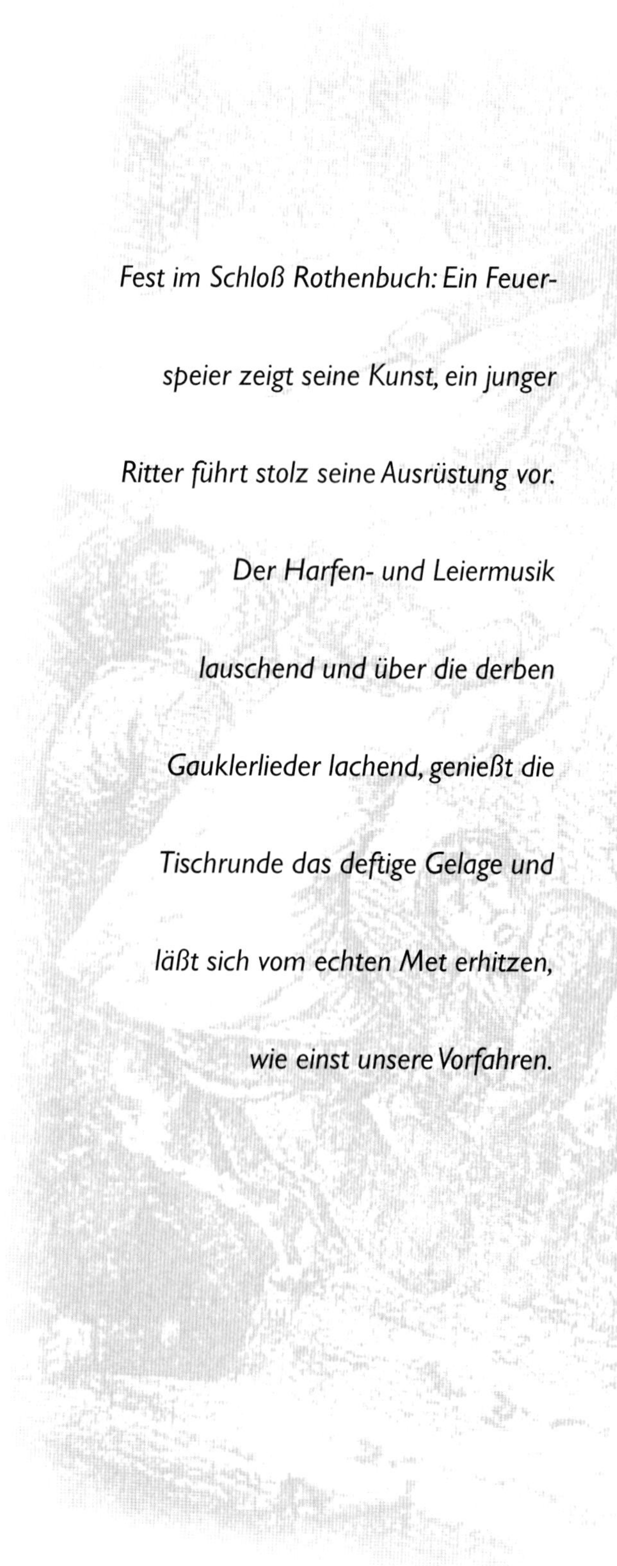

Fest im Schloß Rothenbuch: Ein Feuerspeier zeigt seine Kunst, ein junger Ritter führt stolz seine Ausrüstung vor. Der Harfen- und Leiermusik lauschend und über die derben Gauklerlieder lachend, genießt die Tischrunde das deftige Gelage und läßt sich vom echten Met erhitzen, wie einst unsere Vorfahren.

W A L D E C K

Die Waldecker sind gute Menschen. Um alle ihre Tugenden aufzuzählen, reichte dem Stadtschreiber von Korbach, Konrad Klüppel, kaum eine volle Seite aus. Die Waldecker sind »friedlich, bescheiden, zutraulich und gefällig, mit allen guten Eigenschaften, die zum Lobe des Anstandes und der Biederkeit noch hinzukommen können, reichlich ausgestattet, im Geschäft ruhig, anstellig und gewandt, gegen Notleidende freigebig, wohltätig, gastfrei, liebevoll, freundlich, teilnehmend und selbstlos, offen gegen jedermann …«

Das stimmt auch heute noch. Ein Fremder fühlt sich wohl in dem ehemaligen Fürstentum Waldeck. Selbst in der Zeit, als das Reisen ein Privileg der höheren Stände war und dem »fahrenden Volk« der Aufenthalt im Fürstentum Waldeck streng verboten wurde, ließ ein Pfarrer im Ort Netze Zigeuner am Gottesdienst teilnehmen. Obwohl die Netzer »Heiden« genannt wurden, sangen sie nur um so selbstbewußter »Lustig ist das Zigeunerleben« und wählten zum Kennzeichen ihrer Kirmesfestzüge einen Zigeunerwagen. Denn »der Gast ist eine Kostbarkeit auf dem Kissen der Gastfreundschaft«.

Die Waldecker sind lebensfroh. Als derselbe Konrad Klüppel, Scipio genannt, sich genötigt sah, auch ein Wort über die Laster seiner Landsleute zu verlieren, schrieb er, daß man »um die zehnte Tagesstunde … eher einen weißen Raben als einen Nüchternen findet«. Nun, der ehrwürdige Stadtschreiber porträtierte im sechzehnten Jahrhundert seine Mitbürger. Damals wurde am Hang des Elsterbergs, auf dem die Stadt Waldeck liegt, Wein angebaut. Der war so sauer, daß die Waldecker dankbar waren, als die Feinde im Dreißigjährigen Krieg diesen Weinberg verwüsteten. Nur wenige wissen, daß auch heute noch Wein an der Eder angebaut wird. Der Riesling aus dem Weingut von Karl Angersbach in Felsberg ist ein Geheimtip auf der Weinkarte des Vier-Sterne-Restaurants »Alte Turmuhr« im Schloß Waldeck.

Die Waldecker sind auch naturliebende Menschen. Als in Harbshausen einmal der Dorfteich gereinigt wurde, erhob

AM TREUSTEIN DES WICHTELKÖNIGS

Die Waldecker sind gute Nachbarn. Einst haben sie sogar ihren Nachbarn zuliebe Lederkanonen erfunden, die um die Ecke schießen konnten. So war sichergestellt, daß sie nicht aus Versehen über die Grenzen ihres kleinen Fürstentums hinauszielten.

sich aus dem Schlamm plötzlich ein furchtbarer Lindwurm. Die Harbshäuser erschraken ein wenig, besannen sich dann jedoch schnell, stürzten sich auf das Ungeheuer und fesselten es mit Ketten. Anderswo wäre das Untier sicherlich getötet worden. Die Harbshäuser aber reinigten gelassen ihren Teich weiter. Und als sie damit fertig waren, ließen sie darin den Lindwurm frei. Ist diese Einstellung vielleicht der Grund dafür, warum es in den Waldecker Wäldern noch genug freilebendes Wild gibt sowie zahlreiche Pflanzen, die sonst nur selten zu finden sind?

Obwohl das Waldecker Fürstentum so klein war, genoß es im deutschen Lande großes Ansehen. Eine alte Genealogie würdigte die Grafen und Fürsten von Waldeck, die »sich um so glänzender auszeichnen, als sie sich in ihren verhältnismäßig kleinen Besitzungen mannhaft zu behaupten wußten, während Hunderte von gleich alten Geschlechtern erloschen und nur noch dem Namen nach bekannt sind. Verschiedene große Fürstenhäuser der Gegenwart können ihren Namen nicht so weit zurückführen wie das Haus Waldeck.«

Immerhin bis zum Jahr neunzehnhundertachtzehn konnte Waldeck ein souveränes Fürstentum bleiben, und bis heute behielten die Waldecker ihre Mundart, ihre Eigenart, ihre Identität. Die Selbständigkeit schätzten sie seit eh und je über alles. Wahrscheinlich deswegen pflegen sie so liebevoll die Erinnerung an die illustre Person des Grafen Heinrich VI. von Waldeck. Dieser beherzte Ritter verteidigte in zahlreichen Fehden seine Rechte. Da er angeblich selbst im Schlaf seine Rüstung trug, nannte der Volksmund ihn Heinrich der Eiserne. Im Jahr dreizehnhundertneunundsiebzig

Auf Schloß Waldeck wurde Frauen der Hexenprozeß gemacht. Hebammen, Kräuterfrauen, Neid- und Racheopfer, sie alle hatten keine Chance, zu entkommen. Unter der Folter gestanden sie, Teufelsbuhlerinnen zu sein, ja manche Frau begann selbst daran zu glauben, an einem Hexensabbat teilgenommen zu haben.

machte Kaiser Wenzel auf Schloß Waldeck Station. Selbst diesen empfing der Graf im vollen Harnisch, über den er des Anstands wegen ein einfaches langes Leinenhemd übergeworfen hatte. Als der Kaiser ihm anbot, in seinen Dienst zu treten, lehnte Heinrich der Eiserne ab: »Lieber möchte ich ein freier Ritter als ein bezahlter Kaiserknecht sein.« Nach diesem Ereignis trotzte der Graf noch weitere achtzehn Jahre seinen Feinden, bis schließlich die Pest den Übermütigen dahinraffte. Sein berühmtes Hemd wird immer noch im Museum auf Schloß Waldeck aufbewahrt. Obwohl es ein richtiges Hünenkleid ist, zweifelt niemand daran, daß Heinrich der Eiserne es getragen hat. Auch der Harnisch, der die Brust des trotzigen Ritters schützte, ist zu sehen. Im spärlichen Licht der Fackeln, die den Zutritt in den Burgkeller beleuchten, wirft der Panzer einen beweglichen Schatten an die rauhe Wand. Die Legenden von den armen Seelen, die ihre Ruhe nicht finden können, entstanden einst aus solchen Stimmungen.

Steile Stufen aus Stein führen die Besucher nach unten zu den Verliesen. Frau Isenberg, die zusammen mit ihrem Mann das Schloßhotel leitet, führt ihre Gäste am liebsten selbst durch die Burg. »Hier wurden Femegerichte abgehalten und Verbrecher hingerichtet«, erläutert sie und zuckt unwillkürlich zusammen. Nach all den Jahren, die diese zierliche und äußerst sensible Frau auf der Burg lebt, kann sie immer noch nicht gelassen die Gruselgeschichten ihres Hauses erzählen. »Sie mußten den Kopf auf die letzte Stufe legen«, fährt sie fort, »der Henker hob seine Axt, und dann spritzte das Blut an die Wände. Die letzte Hinrichtung fand in Waldeck im Jahre achtzehnhundertsiebenundfünfzig statt, allerdings nicht

hier, sondern im Burggraben, da, wo heute der Parkplatz ist.« Sie führt ihre Gäste zu einer runden Öffnung. »Durch dieses Loch wurden die Hexen in den Hexenspund geworfen. Dieser fensterlose Steinsack ist acht Meter tief. Unten lag Stroh, die meisten Frauen überlebten den Sturz. Diejenigen, die starben, waren besser dran!«

Schauderhaft ist der Anblick der Zellen, in denen einst Gefangene eingekerkert wurden. Eine Überlieferung aus der Zeit des Dreißigjährigen Krieges berichtet von einem Offizier, der in einer dieser Sargkammern angekettet wurde. Er bekam nur trockenes Brot. Verdursten sollte der Verräter, da er den Feinden die Lage des Brunnens in der Vorderburg offenbart hatte. Aber er lebte. Acht lange Jahre lebte er in seiner Zelle, bis die Wächter zufällig die Erklärung für das Wunder fanden. Die Wände der kalten Zelle waren naß. Der Häftling legte das Brot in die Ritze zwischen den Steinen, um wie mit einem Schwamm die Feuchtigkeit damit aufzusaugen. Nachdem sein Trick erkannt wurde, erhielt er nur noch Körner. Bald darauf wurde er endlich von seinem Leiden durch den Tod erlöst.

Jener Brunnen, der dem Offizier zum Verhängnis wurde, ist der geheimnisvollste Ort auf der Burg. Er wurde im sechzehnten Jahrhundert in das Felsengestein gegraben. Hundert Jahre später mußte der Brunnen noch tiefer gegraben werden. Zwei Gefangene wurden in den Brunnenschacht hinabgelassen. Mehrere Jahre lebten sie darin, den Maulwürfen gleich. Einer der beiden starb vor Erschöpfung. Den anderen hielt der Traum von der Freiheit, die ihm als Belohnung in Aussicht gestellt wurde, am Leben. Erst in der Tiefe von hundertzwanzig Metern stieß er auf Wasser. Als man ihn aus seinem Inferno ans Licht holte, wurde er blind.

»Wenn der Brunnen sprechen könnte, würde er viel erzählen können. Eigentlich tut er das auch.« Frau Isenberg wirft eine Handvoll Groschen in den Brunnenschlund. Sie scheinen langsam wie gewichtlose Federn zu fallen. Ihnen entgegen steigen Stimmen in die Höhe. Je tiefer die Münzen fallen, desto lauter wird das Gestöhn. Worüber beschweren sich die Geister der Tiefe? Zu undeutlich ist ihre Klage. Selbst dem nüchternsten Menschen läuft die Kälte über den Rücken. Auch bevor der Brunnen gegraben wurde, wußten die Waldecker, daß es auf dem Elsterberg nicht mit rechten Dingen zugeht. Seit eh und je lebte in seinem Inneren das Wichtelvolk. Mit Hilfe der Wichtelmännchen, so die Sage, war die Burg vor tausend Jahren erbaut worden. Selten hat man eine so stattliche Feste gesehen. Nur ein Fels, der sich vom Berg scheinbar zu lösen und ins Tal zu stürzen drohte, beunruhigte den Burgherrn. Als der Wichtelkönig davon hörte, ließ er den Felsen, auf dem sein Volk nachts feierte, mit Ketten und Haken verankern. Ein Kreuz und ein Stern aus dem besten Gold wurden zum zusätzlichen Schutz angebracht. Seitdem führen die Herren von Waldeck ein Kreuz und einen Stern in ihrem Wappen, der Felsen aber wurde Treustein genannt.

Das Gold gewannen die Wichtel übrigens aus der Eder. Bis ans Ende des neunzehnten Jahrhunderts wurde an diesem Fluß Gold gewaschen. Daher wurde die Eder auch die Goldführende genannt. Der Schloßgast, der abends von seinem Zimmer aus beobachtet, wie das späte Sonnenlicht Myriaden von goldenen Funken auf dem Edersee tanzen läßt, wird diese Metapher wohl für sehr gelungen halten.

S A B A B U R G

Die schönsten Reisen führen nicht in die Ferne, sondern nach innen. Sie finden dann statt, wenn man sie am nötigsten hat: Ein kurzes Innehalten von zwei oder drei Tagen kann dann mehr Entspannung bewirken als ein dreiwöchiger Urlaub. Auf einer solchen Reise braucht man nur wenig Gepäck: die Fähigkeit, im Alltäglichen das Geheimnisvolle zu sehen; die Offenheit, um die Seelenverwandtschaft in einem zufälligen Gesprächspartner zu entdecken. Natürlich gehört auch ein geeigneter Ort dazu, der Ruhe und Geborgenheit bietet. Der Reinhardswald in der Nähe von Kassel zum Beispiel.

Im Regen, im Schnee, im Morgennebel ist der Reinhardswald am schönsten. Das Rauschen der Blätter, das Fallen der Tautropfen, Schritte, der Vogelgesang, all dies wird zu Musik. Ein Reh tritt aus dem Dickicht auf den Waldweg und flüchtet wieder. Ein Wildschwein mit Frischlingen, die in der Nacht unter den hundertjährigen Eichen gefressen haben, sucht Deckung für den Tag. Der Specht trommelt seine Nachrichten, wichtigtuerisch, wie ein Dorfbote. Aus dem Dunst treten schemenhaft die Umrisse der Stämme und Zweige hervor. In ihrem Geflecht entdeckt das Auge unzählige Fabelwesen, eine Traumwelt, die seit eh und je Phantasien nährte.

Sagen ranken um den uralten Wald, Geschichten von Riesinnen, Räubern, Pilgern, Schatzsuchern. Der wilde Mann geht hier auf Jagd. Bis heute wird von einer gottlosen Heidin erzählt, die einst im Reinhardswald wohnte. Sie badete in Milch, trug Schuhe aus Weizenteig und fuhr über Salz Schlitten.

Die schönste Sage des Reinhardswalds lebt jedoch nicht nur in Erzählungen. Im Dornröschenschloß Sababurg wird eine Legende zur Wirklichkeit.

Zwei wuchtige runde Türme und ein Giebeldreieck ragen über die Baumwipfel. Dieses Bild ist vom Reinhardswald nicht wegzudenken. Im vierzehnten Jahrhundert ließ der Erzbischof von Mainz eine Burg zum Schutz der Wallfahrer errichten, die zum Heiligtum des unversehrten Leichnams

DAS DORNRÖSCHENSCHLOSS

Christi nach Gottesbüren pilgerten. Mit der Zeit schwand die Bedeutung des Wallfahrtsorts, und auch die Zappenborgk, so ihrer spitzen Türme wegen genannt, verfiel.
Auf der Ruine der Burg erbauten die hessischen Landgrafen um die Wende des sechzehnten Jahrhunderts ein Lustschloß. Für seine Ausstattung scheuten sie weder Kosten noch Mühe. Jagdtrophäen, Hirschgeweihe, Hirschstangen und Gemälde mit Jagdszenen zierten die Räume. Teiche und Blumenbeete wurden angelegt. In der Nähe wurde ein Gestüt für die Pferdezucht eingerichtet. In dem Tiergarten, durch den ein Forellenbach floß, wurde heimisches Rot- und Damwild gehalten sowie Elche, Rentiere und Gemsen.
Auch außerhalb der Tiergartenmauern lebte zahlreiches Wild. Zu den fürstlichen Jagden und Turnieren im Reinhardswald kamen viele bedeutende Gäste des Kasseler Hofs. Vor der Jagd wurden zwischen den Bäumen lange Seile gespannt, an denen flatternde Lappen hingen, die das gehetzte Wild davon abhalten sollten, aus dem Jagdgebiet zu fliehen. Manches Tier faßte trotzdem den Mut und »ging durch die Lappen«, um seinen Verfolgern zu entkommen. Jagdhörner, Jägergeschrei und Hundegebell füllten die Luft. Mancher Bauer, dessen Acker am Waldrand lag, seufzte besorgt, wenn er das Lärmen vernahm. Nicht selten geschah es, daß die Jagdgesellschaft seine Ernte zerritt. Aber was konnte er dagegen tun? Ein Hirsch war damals mehr wert als ein Menschenleben.
Der Jagd folgten üppige Festmahle im Schloß, begleitet von Spielen, Tanz und Saitenmusik. Zur Geisterstunde, wenn das Feuer im Kamin fast erloschen war, führte der Schloßherr seine Gäste in den Gesindesaal, in dem das merkwürdigste Möbelstück des Hauses aufbewahrt wurde. Angesichts des Hünenbettes vergaßen die Besucher leicht den frommen Ursprung der Zappenborgk und lauschten vergnügt den Geschichten von der Riesin Saba, die die Burg errichtet und das Bett gezimmert haben soll. Selbst Skeptiker waren etwas irritiert, wenn sie hörten, daß eine gigantische Rippe der Riesin, die man angeblich in den Trümmern der alten Burg gefunden hatte, in der Kunstkammer zu Kassel zu besichtigen wäre. Jedermann versuchte, einen Span von dem ungewöhnlichen Bett zu bekommen, denn es hieß, daß bereits die bloße Berührung dieses Holzes genügte, um die heftigsten Zahnschmerzen zu heilen. Erst in der Morgendämmerung zogen sich die Gäste in ihre Gemächer zurück. Ihre Zimmer erkannten sie an kleinen Ölbildern, die anstelle von Nummern die Türen zierten und verschiedene Tiere darstellten. Die Bilder trugen Titel wie »In der wilde Katz«, »In dem sich umsehenden Wild«, »Im Ein Horn« …
Auch die heutigen Besucher des Schloßhotels Sababurg übernachten »Im Stachel Schwein« oder »Im Elend« oder »Im Auer Ochs«. Aus den Turmzimmern genießen sie den Blick in den alten Tiergarten. Im Restaurant, das im Stil einer Jagdstube eingerichtet ist, werden delikate Fisch- und Wildgerichte serviert. Sowohl das Wild als auch der Fisch kommen aus dem zehntausend Hektar großen Naturschutzgebiet.
Abends versammelt man sich wie zu Zeiten der hessischen Fürsten am großen Kamin, um Geschichten zu hören. Das Feuer brennt unter freiem Himmel, denn vom Mittelbau des Schlosses sind nur Wände und Säulen stehengeblieben.
Das fürstliche Jagdschloß im Reinhardswald blieb von den

Glauben Sie denjenigen nicht, die Ihnen erzählen, das Dornröschenschloß befinde sich in Frankreich. Schon in jener Zeit, als die Brüder Grimm in der Gegend um Kassel ihre Märchen sammelten, zweifelte niemand daran, daß die verzauberte Prinzessin ihren hundertjährigen Schlaf in jener einsamen Burg schlief, die im Herzen des Reinhardswaldes steht.

Wirren der Zeit nicht verschont. Im Dreißigjährigen Krieg wurde es von den bayerischen Truppen besetzt und geplündert, im Siebenjährigen Krieg und während der napoleonischen Feldzüge griffen die Franzosen es mehrmals an.

Als die Brüder Grimm die Märchen und Sagen im Kasseler Land sammelten, war die Sababurg eine stattliche Ruine, umgeben von einer verwilderten Dornenhecke. Die Erinnerung an die fürstlichen Feste verwandelte sich in das Märchen vom verwunschenen Schloß und der verzauberten Prinzessin. Dornröschen hat die Burg der Riesin Saba bereits in Besitz genommen.

Diese dritte Wandlung hat die Sababurg in jüngster Zeit zum begehrtesten Hochzeitsschloß Deutschlands gemacht. An die zweihundertfünfzig Paare lassen sich jährlich hier trauen. Die Pächter des Schlosses, die Familie Koseck, die seit den fünfziger Jahren die Sababurg bewirtschaftet, läßt sich immer wieder etwas einfallen, damit die Feste unvergeßlich bleiben. Mal begrüßen das Dornröschen und der Prinz höchstpersönlich das Brautpaar, mal wird eine Hochzeit in historischen Kostümen organisiert, und der Bräutigam darf seine Auserwählte wachküssen. Nach Wunsch spielt das Burgtheater, das in dem Gewölbekeller seine Bühne hat, für die Hochzeitsgesellschaft.

Auch wer nicht wegen einer Trauung auf die Sababurg kommt, fühlt sich hier gut aufgehoben. Ein ausgefeiltes Angebot mit Lesungen, Märchen- und Geschichtenabenden, Konzerten und Führungen durch den Kräutergarten läßt den Aufenthalt auf der Sababurg zu einem Erlebnis werden.

Es ist ein besonderes Gefühl, die Hand auf die Rinde einer tausendjährigen Eiche zu legen. Allein um dies im Urwald Sababurg erleben zu können, lohnt es sich, das Dornröschenschloß zu besuchen. Der Wald, so scheint es, dringt auch in die Innenräume des Hotels. Alles soll den Gast daran erinnern, daß er sich in dem Lieblingsjagdschloß der hessischen Landesfürsten aufhält.

Besonders zu empfehlen ist eine Waldwanderung in Begleitung des Försters.

Für Herrn Rapp, den Förster, ist der Reinhardswald eine Art Freilichtmuseum, in dem ein aufmerksamer Betrachter die tausendjährige Siedlungsgeschichte der Region studieren kann. Die Spuren der Glas- und Hüttenwerke, der verschwundenen Dörfer, die den Kriegen oder dem Schwarzen Tod zum Opfer fielen, die letzten verwilderten Obstbäume, wo einst die Gärten blühten … Es ist, als ob man in einer spannenden Chronik liest.

Im Wald lernt der Besucher wieder, den natürlichen Lauf der Zeit zu erkennen. Die Philosophie der Förster ist einfach, die Regeln sind streng. »Das Grundkapital haben nicht wir angelegt, es soll unantastbar bleiben, wir dürfen nur über die Zinsen verfügen. Wir haben nie Nutzen von dem, was wir tun, aber wir tun etwas für die Zukunft«, klärt Herr Rapp auf und erzählt darauf prompt seine Lieblingsgeschichte von der Entstehung des Reinhardswalds, die wohl vor mehreren hundert Jahren von einem Förster erfunden wurde.

Graf Reinhard, dem vor siebenhundert Jahren das Land zwischen Weser und Diemel gehörte, war ein besessener Spieler. Eines Tages setzte er seine Grafschaft aufs Spiel. Die Würfel fielen, und er verlor alles. Da erbat er sich bei seinem Gegner, dem Bischof von Paderborn, das Recht auf eine letzte Aussaat auf seinem Boden und die erste Ernte daraus. Als der Bischof im darauffolgenden Herbst wiederkam, um seinen Besitz zu übernehmen, sah er, daß dort, wo vorher Dörfer und Äcker waren, junge Eichen und Buchen grünten. Nichts als Eicheln und Bucheckern hatte der Graf ausgesät. Auf die Ernte mußte der Bischof nun gute hundertfünfzig

In der Sababurg ist die Phantasie zu Hause. Hier bekommen Sie auf Schritt und Tritt zu spüren, daß das Dornröschenschloß eine wichtige Station auf der Deutschen Märchenstraße ist. Jedes Detail im Haus und in seiner nächsten Umgebung ist einfach märchenhaft – egal, ob es von Menschenhand oder von der Natur geschaffen wurde.

Jahre warten. Und bis dahin durfte der listige Graf Herr über sein Land bleiben.

Noch immer rauschen Buchen und Eichen im Reinhardswald. Auf dem Kuhberg, wo einst die Bauern aus den umliegenden Dörfern ihr Vieh und ihre Pferde weideten, gibt es besonders alte Bäume. Ihre Ausstrahlung begeisterte früher die Maler, heute zieht sie die Esoteriker und Fotografen in ihren Bann.

Der Wald ist hier schon seit fast hundert Jahren geschützt und konnte sich ohne menschliches Einwirken entwickeln. Das Gebiet heißt daher der Urwald Sababurg. Manche Eichen sind älter als die Legende vom Grafen Reinhard. Sie standen hier vielleicht schon in der Zeit der Kreuzzüge, waren Zeuge der Glaubenskriege und Ritterfehden. Unter ihren schattenspendenden Kronen ruhte sich das fürstliche Gesinde nach der Jagd aus. In den riesigen Baumhöhlen versteckten sich Wilderer und Verliebte vor ihren Verfolgern. Wer weiß, wie oft diese müden Riesen, die es immer noch schaffen, den Stürmen zu trotzen und hie und da einen grünen Zweig zu treiben, Treueschwüren, heimtückischen Verschwörungsplänen oder verzweifelten Selbstgesprächen Enttäuschter lauschten. Oft vertrauen Menschen Bäumen ihre Geheimnisse an. Denn die mythischen Zeiten, als die Bäume sprechen konnten, sind längst vorüber. Eigentlich schade. Ob sie jemals wiederkommen?

Die Sehnsucht nach der Rückkehr zur Natur wird immer stärker. Und immer häufiger finden sich Menschen, die behaupten, die Sprache der Pflanzen zu verstehen. Auch sie fühlen sich von dem Urwald Sababurg angezogen. Herr Rapp erzählt von Menschen, die hier Meditationen abhalten.

»Vor zwanzig Jahren hätte ich gelacht, wenn ich zehn Leute gesehen hätte, die einen sieben Meter dicken Baumstamm umarmen und mit ihm reden«, sagt er, »jetzt macht mich das nachdenklich.«

Vielleicht ist es ihm gar nicht bewußt, aber von Bäumen spricht der Förster wie von Menschen. Wenn er von Eichen erzählt, machen seine Hände unwillkürlich eine beschützende Bewegung, ist von Buchen die Rede, ballen sich seine Hände zu Fäusten, und der Farn verdient nichts als eine abwertende Handbewegung. Nebenbei erfährt der Zuhörer viele Dinge, die seine Vorstellungen über die Welt der Bäume völlig über den Haufen werfen.

Wenn ein Förster bewußt die für den deutschen Wald typischen Bäume wie Menschen beschreiben wollte, würde es ungefähr so aussehen:

Die Buche ist die Mutter des Waldes, sie ist duldsam und kann lange im Schatten aushalten. Nach einer Verletzung regeneriert sie sich schnell.

Die Eiche täuscht Stärke und Belastbarkeit vor. In Wirklichkeit ist sie eher sensibel und hilfsbedürftig. Für die Waldbewohner bietet sie sich als Kamerad an, aber gegen einen Angriff kann sie sich kaum wehren. Ist eine Eiche einmal geschädigt, wird sie nicht mehr gesund.

Die Birke ist eine grazile und leichtlebige Prinzessin, die Fichte dagegen eine treue Arbeiterin, die sich bemüht, schnell gutes Holz zu liefern.

Die Roterle lebt dort, wo andere Bäume es nicht aushalten: im stehenden Wasser, im Sumpf. Sie wirkt gespensterhaft und gilt als Wohnstätte der Geister, unter denen der Erlkönig der bekannteste ist.

TRENDELBURG

In diesem verschlafenen Nest ist nie etwas los, wird der Besucher denken, der durch die stillen, meistens menschenleeren Gassen bergauf zum Burghotel Trendelburg fährt. Diesen ersten Eindruck wird er spätestens dann korrigieren müssen, wenn ein seltsames Etwas gegenüber der wuchtigen spätgotischen Kirche ihn dazu bringt, auf die Bremse zu drücken und aus dem Auto zu steigen.

Das, was seine Aufmerksamkeit fesselt, ist eine Brücke, die nirgendwohin führt, sondern erzählt. Eine Sonne entdeckt der Betrachter darauf, einen Mond und jede Menge Gesichter, die sprechend, grinsend, Grimassen schneidend, Gefühle zum Ausdruck bringen. Aus einem weichen Gestein geformt, der Witterung ausgeliefert, werden sie altern und sich verändern, ganz so wie wir Menschen aus Fleisch und Blut. Über hundert Phantasieporträts sollen es sein. Auf Anhieb lassen sich etwa zwei Dutzend erkennen. Die reichen auch, um eine nachsinnende Stunde an dem Monument zu verweilen, das von vierzehn Leuten gestaltet wurde, die vorher nie einen Meißel in der Hand gehalten haben. »Die Brücke der zwischenmenschlichen Beziehungen« heißt das Kunstwerk.

Derjenige, der mehr darüber erfahren möchte, sollte in das alte Rathaus gehen. Erste Tür links, das ist das Fremdenverkehrsamt. In dem kleinen lichtdurchfluteten Zimmer stapeln sich Berge von Freizeitprospekten, heimatkundlichen Broschüren, Wanderkarten. Der Herr über dieses Papierchaos ist Dieter Uffelmann. Er strahlt fröhlich jedem unerwarteten Besucher entgegen und sieht gar nicht wie ein Beamter aus. Das ist er auch nicht. Was ist er denn? Der letzte Herold Deutschlands! Sein Schwert und Schild stehen in der Ecke hinter dem Kopierer an die Wand gelehnt. Diese ritterlichen Attribute würde er am liebsten immer mit sich tragen, benutzen darf er sie allerdings kaum, es sei denn, er sieht sich genötigt, ein Unrecht zu verhindern.

Letzteres gehört von jeher zu den Aufgaben eines Herolds: zu vermitteln, zu verhandeln, Streitigkeiten und Fehden beizulegen, für Ordnung zu sorgen. Sein Status schützt ihn vor An-

DER LETZTE HEROLD DEUTSCHLANDS

griffen. Deshalb ist er auch der einzige, der im Beisein von Königen und Fürsten unaufgefordert reden darf. Ein Traumberuf schlechthin.

Kann man aber heute in und von den Träumen leben? Sehr wohl, wenn einer, wie Dieter Uffelmann, ein Ur-Trendelburger ist und etwas mit dem Erbe seiner Familie, die seit mindestens vierhundert Jahren in dem Ort an der Diemel ansässig ist, anzufangen weiß. Dieses Erbe kann weder verpfändet noch verkauft werden, es ist weder Wald noch Wiese, sondern eine Phantasielandschaft, durch die der letzte Herold Deutschlands Führungen macht. Das wunderbare Tor, durch das die Wanderer in diese Phantasielandschaft gelangen, befindet sich auf der Trendelburg. Es ist ein sehr altes, niedriges und schmales Tor, Demutstor genannt: Jeder, der es durchschreiten will, muß sich beugen, um den Kopf nicht anzustoßen.

Im Innenhof der Burg beginnt die Zeitreise. Dabei wird von den wunderlichsten Dingen berichtet. Manche Geschichte kann allein von dem vermoosten Lügenstein erzählt werden, der seit undenklicher Zeit auf seinem Platz zwischen den Wurzeln einer mächtigen Kastanie liegt und schon öfter zu Verwirrungen geführt hat. Vielleicht ist der Lügenstein auch daran schuld, daß die Kastanie im Naturschutzverzeichnis als Linde aufgeführt wird. Ungeachtet dessen läßt der hundertjährige Baum jeden Frühling seine prächtigen Kerzen aufblühen.

In dieser romantischen Jahreszeit glauben die Zuhörer besonders willig daran, daß in dem runden Fachwerkturm mit der spitzen Dachhaube einst die schöne Rapunzel eingesperrt war. Da, aus dem kleinen Fenster oben, soll sie ihr langes Haar herabgelassen haben. Ihr Traumprinz benutzte es wie ein Seil und kletterte geschwind hinauf in das begehrte Zimmerchen. Tja, und danach blieb dem Vater keine andere Wahl, als eine fürstliche Hochzeit auszurichten.

Rapunzel-Hochzeiten werden neuerdings wieder auf der Trendelburg gefeiert. An diesen Tagen läßt sich auch Trendula blicken, die lange vor Rapunzel auf der Burg lebte. Von dieser Riesin wird in der Gegend verschiedenes erzählt. Oft wird sie sogar des Mordes an ihrer Schwester, der Christin Saba, beschuldigt. Überhaupt soll sie eine ziemliche Zicke gewesen sein. Schlecht gelaunt, verschob sie die Berge und löste verheerende Stürme aus. Einmal hat sie die Schornsteine ihrer Nachbarn total verdreht. Wollen Sie es nicht glauben?

Auf einem Haus neben der Burg können Sie einen solchen Schornstein immer noch sehen!

Die klatschsüchtige Marktfrau, die in diesem Haus früher wohnte, regte sich darüber immer fürchterlich auf. Leider kann sie nichts mehr erzählen. Einmal, so der wahrheitstreue Herold, harrte sie aus purer Neugierde so lange an ihrem Fenster aus, bis sie schließlich zu Stein wurde. Seitdem und bis auf den heutigen Tag ziert ihre komische Gestalt – zur Warnung vielleicht? – das obere Stockwerk des besagten Hauses. Der Bildhauer Steiner, der jetzt darin lebt, lehnt die Vorurteile gegen Trendula ab. An der Brücke über die Diemel hat er eine Holzfigur aufgestellt, die Trendula als eine heidnische Heilerin, mit einer kleinen Kuh auf der Hand, darstellt. Es gibt nämlich auch ganz andere Sagen über die Riesin von der Trendelburg. Darin erscheint Trendula als eine weise Kräuterfrau.

Diese Sagen entstanden wahrscheinlich, lange bevor die

Unweit der Trendelburg befindet sich die Ruine der Burg, die einst dem Zauberer Krukenberg gehörte. Die Legende besagt, daß er heillos in Trendula verliebt war. Als die Riesin ihn zurückwies, lockte der Magier sie aus ihrer Burg in den Wald und erschlug sie dort mit einem Blitz. An der Stelle der Mordtat öffnete sich die Erde. Dieser Platz wird bis heute der Wolkenbruch genannt.

Franken alte Götter aus dem Land zwischen Diemel und Weser vertrieben haben. Vielleicht lebt eine Erinnerung an jene Zeiten darin, als in dieser Gegend die Kelten lebten. Für sie war der Berg, auf dem später die Trendelburg errichtet wurde, ein heiliger Ort.

Auch die Mönche des Klosters Corvey wußten von der magischen Kraft dieses Ortes, als sie im neunten Jahrhundert hier eine Kapelle errichteten. Es gibt zwar keinen Vermerk darüber, daß die Benediktiner den Grundstein der alten Festung gelegt hatten, der neue Besitzer der Burg, Herr Lohbeck, stammt aus Corvey und glaubt gern daran. Er berichtet auch von einem unterirdischen Gang, der die Kapelle einmal mit dem Burgkeller verband.

Der Burgkeller ist tatsächlich sehr alt. Er trägt den Namen des Sachsenkönigs Widukind, der ebenfalls mit diesem außergewöhnlichen Platz in Verbindung gebracht wird.

Die offizielle Geschichtsschreibung nennt die Herren von Schöneberg als Erbauer der Trendelburg. Im dreizehnten Jahrhundert sollen sie Ort und Burg angelegt haben.

Wie dem auch sei, moderne Messungen bestätigen die Vorstellung darüber, daß die Trendelburg auf einem besonderen Platz errichtet wurde. Die wohltuende Wirkung des Ortes spürt jeder Gast, der sich auf der Burg aufhält. Um die Stimmung genießen zu können, muß man über keine paranormalen Fähigkeiten verfügen.

Zahlreiche Details schaffen eine märchenhafte Atmosphäre. Harnische und Waffen hängen über den Zimmertüren.

In der Eingangshalle fesselt eine eindrucksvolle Bischofsfigur den Blick. In dem kleinen Salon neben dem Restaurant meditiert ein Heiliger mit dem verträumten Christuskind auf dem

Nach der Erkundung der Burg nimmt man auf der Terrasse Platz. Ein Falke schwebt am Himmel, er baut seit Jahren sein Nest auf der Burg und gilt als Glücksbringer. Aus dem Garten unterhalb der Burg steigen süße Düfte empor. Einatmen, durchatmen, die Spannung des Alltags vergessen und sich unbeschwert wie ein Kind anregen lassen. Wer träumt nicht davon!

Arm. Einem aufmerksamen Betrachter wird die Zeichensprache der Wandtäfelung nicht entgehen, die unter den Herren von Stockhausen, in deren Zeit die Schnitzereien entstanden, Mitglieder der Freimaurerloge vermuten läßt. In der Bibliothek animiert ein altes Klavier zum Musizieren. Auf Wunsch kann ein Barockabend gestaltet werden. Ein reichverziertes Spinett wird herbeigeholt, und die Stimme längst verflossener Tage ertönt in den behaglichen Räumen.

Ab und zu wird die Trendelburg Schauplatz erbitterter Kämpfe. Sobald sich die Kunde verbreitet, daß die Grafen sich wieder zerstritten und eine Fehde begonnen haben, wird es schwer, in dem vollausgebuchten Burghotel ein Zimmer zu bekommen.

Das mittelalterliche Spektakulum, bei dem anstatt Blut Wein vergossen wird, ist ein Renner. Auf den Friedensschluß folgt üppige Mahlzeit. Manch ein Gast kann sich dabei nicht beherrschen. Sollte er am nächsten Morgen Probleme haben, ist es empfehlenswert, in Hannoversch Münden den Wunderarzt Eisenbart aufzusuchen. Er wird Ihnen sicherlich helfen, schließlich kann er ja »machen, daß die Blinden geh'n und die Lahmen wieder seh'n«. Eine andere Möglichkeit wäre, den Zauberer Krukenberg auf seiner Burg zu besuchen. Allerdings sind seine Methoden der Krankheiten- sowie Geisterbezwingung nicht ungefährlich. Schließlich wird er für den Tod der Riesin Trendula, die seine Liebe ablehnte, verantwortlich gemacht.

Also ist es vielleicht doch am besten, ein Kanuboot an der Diemel zu mieten und »endlich einmal etwas für die Gesundheit zu tun«.

1863.

SCHNELLENBERG

Raubrittergeschichten: die Krimis des Mittelalters. Sie enthalten alles, was die Liebhaber dieses Genres so mögen: Geheimnisse und Verbrechen, das Katz-und-Maus-Spiel, die atemberaubende Menschenjagd.

Ein Raubritter hatte ein westfälisches Städtchen terrorisiert, bis die Bürger sich zu seiner Verfolgung aufmachten. Fast hatten sie ihn geschnappt, da lachte er höhnisch, nahm seinen Kopf bequem unter den Arm, spornte sein rabenschwarzes Roß an und fegte mit doppelter Geschwindigkeit davon.

So die Sage. Die Wirklichkeit war mitunter noch spannender. Zur Zeit des Faustrechts saß ein Raubritter auf dem Bürberg bei Attendorn. Einer Spinne gleich, spannte er in alle Richtungen seine Fangstricke, an denen Glocken befestigt waren. Stieß jemand daran, gab das Geläut ihn preis. Sogleich stürzte der Wildgraf ins Tal, plünderte, mordete und verschwand wieder blitzartig. Er konnte den ärgerlichen Attendornern immer entfliehen, da sie nicht bemerkten, daß der listige Ritter seinen Pferden die Hufeisen verkehrt herum aufgenagelt hatte.

Die Beute war meistens das Risiko wert. Attendorn lag an der Kreuzung der alten Heidenstraße zwischen Köln und Kassel und des Königsweges, der Lübeck und Frankfurt verband. Der Ort war reich, er gehörte zum Rheinischen Städtebund und zur Hanse und prägte seit dem dreizehnten Jahrhundert eigene Münzen. In jene Jahrhunderte, als die Kaufleute in Attendorn den Ton angaben, fällt die Zeit seiner höchsten Blüte. Einer der betuchten Stadtväter, Robert von der Becke, stiftete seinen ganzen Holzbestand für den Ausbau der Attendorner Pfarrkirche. Das Gotteshaus mit seinem romanischen Turm und dem gotischen Langhaus wurde wie kaum eine andere Kirche im Sauerland verehrt. Selbst das Mauerwerk des Sauerländer Domes galt als wundertätig. Ein Eckpfeiler an der Südseite, Kratzstein genannt, trägt deutliche Spuren der Anbetung. Die Bauern kratzten kleine Partikelchen ab, die sie als Zauberpulver den kranken Kühen ins Futter mischten. Dadurch sollte das Vieh schneller wieder gesund werden.

SPAZIERGÄNGE IN DER VERGESSENEN STRASSE

Aus der Ferne wirkt die Burg Schnellenberg wie ein finsteres Raubritternest. Die Attendorner aber, die unterhalb der Burg leben, wissen nur Gutes von den Burgherren zu erzählen. Seit dem dreizehnten Jahrhundert gewährt die Burg den Reisenden, die über die alte Heidenstraße nach Attendorn kommen, Schutz.

Der einsame Zeitgenosse der Pfarrkirche ist das ehemalige Rathaus, der einzige gotische Profanbau im südlichen Westfalen. Darin werden zahlreiche Erinnerungen an die Vergangenheit Attendorns aufbewahrt. Im Zinnfigurenkabinett bestaunen die Besucher eine kunstvolle Darstellung der aufregendsten Episode aus der Geschichte der Stadt. Während des Dreißigjährigen Krieges wurde sie durch schwedische und hessische Truppen belagert. Die Kaufleute und Handwerker, die Attendorn bewohnten, waren vielleicht nicht die mutigsten Krieger, dafür jedoch einfallsreiche Unternehmer. Sie warfen von den Stadtmauern ihre Bienenstöcke herab. Die wütenden Bienenschwärme rächten sich dermaßen schmerzlich für ihre zerstörten Nester, daß sich die Belagerer eiligst zurückziehen mußten. Zur Erinnerung an jenen unblutigen Sieg tanzen die Attendorner bis heute auf ihren berühmten Schützenfesten den mittelalterlichen Trillertanz. Wie die Volkskundler behaupten, kam er aus Spanien. Dort haben ihn die Morisken, die christlich bekehrten Mauren, erfunden. Abenteuerlich sind oft die Wege der Kultur.

Nicht den Kriegen, sondern dem roten Hahn fiel das mittelalterliche Attendorn zum Opfer. Sieben große Stadtbrände folgten zwischen den Jahren sechzehnhundertsechsundfünfzig und siebzehnhundertdreiundachtzig aufeinander. Der letzte Brand, durch eine geisteskranke Frau ausgelöst, vernichtete nahezu die gesamte Stadt, etliche Menschen kamen dabei ums Leben. Eine Gasse blieb wie durch ein Wunder verschont. Sie heißt seitdem die Vergessene Straße. Die Attendorner, die schon immer hartnäckig an ihren Gewohnheiten hingen, haben beim Wiederaufbau ihrer

Kaspar von Fürstenberg, der Verfasser der berühmtesten Tagebücher der deutschen Renaissance, baute im sechzehnten Jahrhundert die verfallene Burg Schnellenberg zu einem der schönsten Wohnschlösser Westfalens aus.

Stadt das alte Straßennetz präzise wiederhergestellt. Sie wehren sich auch heute nach Kräften gegen jeden Eingriff in das Koordinatensystem, in dem sie sich so geborgen fühlen.

Mit ähnlicher Konsequenz pflegen sie zahlreiche alte Sitten. Besonders ursprünglich ist das Osterbrauchtum. Sobald am Gründonnerstag die Glocken des Abendgottesdienstes verstummen, kehrt eine andere Wirklichkeit in die Stadt am Biggesee ein. Am Karfreitag werden als erstes vom Kirchturm der Pfarrkirche aus auf einem alten Nachtwächterhorn in alle vier Himmelsrichtungen die Stunden geblasen. Die Meßdiener ziehen mit klappernden Ratschen um die Kirche.

Am Karsamstag werden die Osterlaibe gesegnet. Die Form dieser Kümmelbrote ähnelt einem Fisch, dem Erkennungszeichen der Frühchristen. Das Verbrennen riesiger Osterkreuze aus Fichtenbäumen wird in Attendorn zu einem großartigen Spektakel. Ähnliche Feuerfeste haben bereits die heidnischen Germanen veranstaltet.

Das Feiern lag den Attendornern immer schon am Herzen, doch manchmal führte dies auch zu Problemen. Die Stadtväter mußten einst einen speziellen Erlaß aussprechen, der es untersagte, in den Attendorner Kneipen an Gymnasiasten Bier auszuschenken. Zwar galt in der Stadt das Verbot, doch gab es noch die Burg Schnellenberg mit ihrer Brauerei und der dazugehörigen Wirtschaft. Der durstige Nachwuchs fand auf dem Berg eine neue Heimat. In ihrer Stammkneipe konnten die jungen Pennäler ungestört die »Stützen« und »Großmütter«, die beliebten hölzernen Bierkrüge, leeren.

Der Heimatdichter Johannes Schulte hat in den folgenden klangvollen Zeilen die gastfreundliche Burg besungen:

Burg Schnellenberg erwarb. Dieser ehrgeizige Mann führte ein tatkräftiges Leben. Als Droste der Ämter Lenne, Fritzlar und Naumburg, als Rat der Kurfürsten zu Mainz und Köln und einziger Vertrauter seines Bruders, des Erzbischofs von Paderborn, besuchte er etliche Reichstage und Kurfürstentage. Im hohen Alter erhielt er das Amt des Landdrosten des Herzogtums Westfalen. Mit der ihm eigenen Beharrlichkeit erweiterte er den Besitz der Familie und erreichte die Aufnahme in die Reichsritterschaft. Nach dem Tod seiner Frau beabsichtigten seine Gönner, ihn durch die Eheschließung mit der Witwe des Grafen von Waldeck und durch die Übertragung der Grafschaft Limburg zu fördern. Damit wäre Kaspar von Fürstenberg in den Rang eines dynastischen Hauses aufgestiegen. Es kam jedoch anders. Seine Magd und Haushälterin, eine Bürgerstochter, wurde seine Lebensgefährtin. Um seine unehelichen Kinder zu legitimieren, setzte Kaspar von Fürstenberg ein von ihm selbst entworfenes Privileg auf den Abschluß morganatischer Ehen oder, wie es so schön in der damaligen blumigen Amtssprache hieß, der Ehen zur linken Hand durch. Erstaunlich, was alles ein Mensch in seinem kurzen Leben erwirken kann. Neben seinen zahlreichen Pflichten fand Kaspar von Fürstenberg noch die Zeit, um Fischteiche und Gärten anzulegen. Mit seinen Fürsten tauschte er seltene Pflanzen und Früchte. Trotz des rauhen Klimas reifte guter Wein auf den von ihm angelegten Weinbergen. In besinnlichen Stunden setzte er seine Tagebuchaufzeichnungen fort, die ihn über seine Zeit hinaus berühmt machten. Die verfallene Burg Schnellenberg, die im dreizehnten Jahrhundert zum Schutz der sogenannten Heidenstraße angelegt wurde, baute er nach eigenen Entwürfen

Es ist gar nicht so lange her, daß bei Attendorn die schönste und größte Tropfsteinhöhle Deutschlands entdeckt wurde. Doch noch gibt es keine Zeugnisse, die über die Berggeister der Höhle berichten. Da muß der Besucher sich auf seine eigene Phantasie verlassen.

zu einem stattlichen Wohnschloß aus. Einige Prunkstücke in der Ausstattung der Oberburg vermitteln noch heute den Geist dieses Mannes, am beeindruckendsten wohl die Renaissancekapelle im Obergeschoß des Burgfrieds. Im kleinen Turmzimmer fand ein kosmisches Weltbild Platz. Von der bemalten Decke blicken die Bewohner des Paradieses herab. Allegorische Bilder voll sinnlicher Freude stehen in einem seltsamen Einklang mit der Atmosphäre der tiefen Frömmigkeit. Oben auf der Empore lauschten einst die Kinder und das Burggesinde dem Gotteswort. Der Burgherr und sein Bruder, der Bischof von Paderborn, nahmen vor dem Altar auf ihren Ehrensitzen Platz. Der marmorne Thronsitz des Bischofs strahlt herrschaftliche Kälte aus. Der Sitz des Burgherrn wirkt dagegen gemütlich und einladend. Er ist aus wertvollem Holz geschnitzt und mit einem Blumenstrauß geschmückt. Die gärtnerische Leidenschaft Kaspars von Fürstenberg hat wohl auch hier ihren Ausdruck gefunden.
Es gibt noch eine Stelle auf der Burg, die mit jenen Werten vertraut macht, die unter Kaspar von Fürstenberg in Schnellenberg von Bedeutung waren. Vom Hof der Vorderburg aus, die erst am Ende des siebzehnten Jahrhunderts als eine Art Jagdschloß erbaut wurde, gelangt der Besucher über eine alte Brücke in einen Torweg. In seinem Innern breitet ein Reichsadler seine Schwingen aus. Eine lateinische Inschrift beschwört die Besucher: »Foris non maneat peregrinus! Ostium meum pateat viatori!« Auf deutsch heißt das: »Es bleibe nicht draußen der Fremdling! Es öffne mein Tor sich dem Wanderer!«
Die gastliche Tradition auf der Burg Schnellenberg hat wahrlich eine lange Geschichte.

S C H Ö N B U R G

Nein, bitte nicht schon wieder die Loreley! Auch ohne unser Buch wird der Loreley-Fels täglich von Tausenden Touristen aus aller Welt belagert. Es gibt am Rhein noch andere Märchen und andere Orte, die einen Besuch wert sind!

Waren Sie schon in Oberwesel? »Diese Stadt vergnügt das Auge in der Nähe wie in der Ferne«, schrieb begeistert der frühromantische italienische Schriftsteller Aurelio de Giorgi Bertóla. Auch für die deutschen Romantiker war Oberwesel ein beliebter Treffpunkt.

Da die Burg derer von Schönburg in jener Zeit eine Ruine war, trafen sich die Künstler im Hotel »Goldener Pfropfenzieher« – wohl nicht zuletzt seines Namens wegen. Vom prickelnden Rheinwein erhitzt, stritten sie hier über die Wege der Kunst und das Schicksal ihrer Heimat. Manch brauchbare Idee ist während dieser zutiefst philosophischen Tischrunden, die der Düsseldorfer Maler Adolf Schroedter in seinen ironischen Bildern festhielt, entstanden.

Bei einem ähnlich weinseligen Abend, einige Jahrzehnte später und in einem anderen Wirtshaus, erfand der Hofbuchhändler August Schwartz aus Oldenburg – angeregt vom faszinierenden Stadtbild Oberwesels – die erste Ansichtspostkarte.

Die Künstler ließen sich von der Oberweseler Weinmuse führen, die Winzer erzählten von der Weinhex, die für manche sauere Flasche verantwortlich gemacht wurde.

Auch mit dem Teufel hatten sie ihre Geschäfte. Nach einigen Mißernten bot er ihnen einst seine Hilfe an. So wertvoll war der goldene Rheinwein, daß der Böse nicht wie üblich einige Seelen, sondern lediglich ein Faß vom besten Riesling als Lohn für seinen Dienst verlangte. So gut wie in jenem Jahr war der Wein noch nie. Der Teufel kam jedoch nicht in den Genuß des Edelsaftes. Als er das begehrte Fäßchen öffnete, war kein Wein, sondern Weihwasser darin. Der Satan mußte fliehen. Vor Wut stampfte er so stark mit seinen Füßen auf, daß er ein Hufeisen verlor. Das Hufeisen wird bis heute im Pflaster auf dem Marktplatz bestaunt.

DIE FLUCHT VOR DER LORELEY

Natürlich konnte nur die äußerste Not die Oberweseler in diese höllische Affäre getrieben haben. Ansonsten vertrauten sich die rheinländischen Winzer lieber ihren Heiligen an. Der erste unter ihnen ist der heilige Urban, der auf den Wegweisern des Weinlehrpfads mit einer Rebe in der Hand dargestellt wird. Er weist eine auffallende Ähnlichkeit mit Bacchus auf. Dies ist kein Zufall, schließlich waren es die Römer, die die Rheinländer mit dem Weinbau vertraut machten. Die Erinnerung an jene Zeit, als zu Ehren des Weingottes üppige Feste veranstaltet wurden, lebt in dem Namen Bacharach fort. Dieser Ort liegt nur wenige Kilometer von Oberwesel entfernt.

In der Römerzeit hieß Wesel Vesalia und war eine »mutatio«, eine Station, wo die Reisenden Pferde wechselten und ihre Kräfte mit Speis und Trank stärkten.

Ein Wachturm oder vielleicht sogar eine kleine Feste wurde zum Schutz der Wechselstation errichtet, und so rühmt sich die Schönburg, die als eine Nachfolgerin jener ersten Befestigung gilt, eine der ältesten Burganlagen Deutschlands zu sein.

In ihrem Kern stammt sie aus dem zwölften Jahrhundert. Die Ritter von Schönburg lebten aber schon viel länger am Rhein. Seit der Karolingerzeit ist dieses Geschlecht, das einen Schild in seinem Wappen führte, bekannt. Als Vertraute der fränkischen Könige genossen die Ritter von Schönburg viele Privilegien, unter anderem durften sie am Rhein Zoll erheben.

Ähnliches Recht besaßen allerdings auch ihre Nachbarn, die dicht beieinander auf ihren Burgen entlang dem Rheinstrom saßen. Als Gegenleistung gewährten die Ritter Schutz gegen Raub und Mord. Nachdem die Kaufleute die drei Dutzend Burgen zwischen Koblenz und Bingen passiert hatten, war auf ihren Schiffen nicht mehr viel zu holen, und so wurden am Oberlauf des Flusses keine weiteren Burgen zu ihrem Schutz gebaut.

Wenn auch diese historische Interpretation, die bei den Oberweseler Geschichtsfreunden beliebt ist, etwas schwankartig erscheint, so spiegelt sie doch sehr genau das gespannte Verhältnis wider, das zwischen den Burgherren und Bürgern herrschte.

Bis in das dreizehnte Jahrhundert waren die von Schönburg Vogte in Oberwesel. Das kam teuer. Die Überlieferung berichtet zum Beispiel von einem jungen Sproß des Rittergeschlechts, der in Abwesenheit seines Vaters versuchte, die Oberweseler zu erpressen. Dabei mißhandelte er auf brutale Weise Frauen und Kinder. Doch der Himmel ließ ihn nicht ungestraft; Gott weckte in ihm das Verlangen, am Karfreitag Fleisch zu essen, dem der Sünder nicht widerstehen konnte. Es war der letzte Bissen Fleisch, den er über seine Zunge bringen konnte. Danach und bis zu seinem Tod ernährte sich Otto von Schönburg allein von Fischen. Eine furchtbare Strafe!

Hat diese Geschichte vielleicht den Leiter des Burghotels Auf Schönburg, Herrn Hüttl, auf die Idee der Schönburger Rätselabende gebracht?

Dabei wird ein köstliches Acht-Gänge-Menü serviert, und die Gäste dürfen raten, was sie essen. »Sie werden überrascht sein«, amüsiert sich der Küchenchef, »was einem so alles einfällt, wenn man keine Menükarte zur Hilfe hat.«

Unter den ausgesuchten Weinen, die dieses wie auch andere

Die Legende von den sieben stolzen Jungfrauen ist nicht so bekannt wie die von der Loreley. Dafür spielte sie sich in einer der schönsten Burgen am Rhein ab. Victor Hugo nannte das Gemäuer einen der bewundernswertesten Schutthaufen, die es in Europa gibt. Wiederaufgebaut und in ein Hotel umgewandelt, begeistert die Burg heute Gäste aus aller Welt.

Tischvergnügen begleiten, darf natürlich der Riesling Sieben Jungfrauen nicht fehlen, der zur Oberweseler Burg einen unmittelbaren Bezug hat. Sein Name erinnert an die sieben Schwestern, die einst auf der Schönburg lebten. Die prüden Schönheiten wiesen alle Freier ab, bis die erbosten Fürsten und Grafen die Burg belagerten. Sie zwangen die hartnäckigen Jungfrauen, einen Tag zu bestimmen, an dem sie ihre Wahl endlich treffen sollten. Als die liebenswürdigen Herren zur vereinbarten Stunde den Festsaal der Schönburg betraten, wurden sie von sieben Strohpuppen in Hochzeitskleidern empfangen. Von der Burgmauer sahen die Ritter ihre Bräute, die in einem Kahn auf dem Rhein die Flucht ergriffen. Hier würde jede Feministin triumphierend einen Punkt setzen. Die Sage ist aber leider noch nicht zu Ende. Die Jungfrauen, die die heilige Ehepflicht verweigerten, durften nicht entkommen. Eine Welle erhob sich und kippte das unsichere Boot um. An der Stelle, wo die Mädchen ertranken, wuchsen sieben spitze Felsen aus dem Wasser empor. Sie wurden die Sieben Jungfrauen genannt.

Wie die Oberweseler glauben, verließen die trotzigen Fräulein durch einen unterirdischen Gang ihre Burg. Der geheime Gang verband den Sitz der Herren von Schönburg mit ihren Besitzungen in der Stadt und endete vermutlich im Keller des sogenannten Schönburger Hofs. Der Keller existiert noch in seinem ursprünglichen Zustand, der Hof und die Burg aber sanken im Jahre sechzehnhundertneunundachtzig in Schutt und Asche.

Jenem verheerenden Brand fielen etwa hundertzwanzig Häuser in Oberwesel zum Opfer. So rächte sich der Sonnenkönig an seinem ehemaligen Günstling Friedrich von

Der Deutschamerikaner Major Rhinlander, dessen Ahnen aus einem Rheindorf gegenüber der Schönburg stammten, kaufte Ende des neunzehnten Jahrhunderts die Ruine und restaurierte sie. Glücklicherweise ließ er sich von dem verschnörkelten Geschmack seiner Zeit nicht beeinflussen und ließ sich bei seinen Baumaßnahmen von alten Stichen leiten.

Schönburg, der nach dem Edikt von Nantes seines protestantischen Glaubens wegen Frankreich verlassen mußte und danach beim englischen Erzfeind in den Dienst trat. Ein Jahr nach der Zerstörung seiner Stammburg fiel Friedrich von Schönburg in der Schlacht am Fluß Boyone. Gullivers Schöpfer Jonathan Swift schrieb für diesen Europäer rheinisch-englischer Abstammung, der ein Maréchal de France, ein englischer Duke, ein Geheimer Staats- und Kriegsrat sowie Statthalter des Herzogtums Preußen und ein portugiesischer Nationalheld war, folgendes Epitaph: »Das Ansehen seiner Verdienste bei Fremden galt mehr als bei den Seinen die Blutsverwandtschaft.« In der Bibliothèque Nationale in Paris hängt bis heute das Porträt dieses außerordentlichen Mannes. In Deutschland ist er in Vergessenheit geraten.
Zwei Jahrhunderte lag die Burg in Trümmern. Victor Hugo nannte sie einen der bewundernswertesten Schutthaufen, die es in Europa gibt.
»Wie die Schwalbe nistet die Phantasie gern in alten Mauern«, schrieb der Dichter Johann Jakob Mohr. Recht hatte er! Beim Anblick der wiederaufgebauten Burg, die, umgeben von einer mächtigen Mantelmauer, sich auf dem steilen Felsenabhang erhebt, erwachen und rühren sich irgendwo ganz tief in den Verliesen der Seele jene uralten Instinkte, die ein moderner Mensch kaum in sich vermutet. Die Bilder erscheinen seltsam vertraut, als wäre man hier schon einmal gewesen. Eine Brücke führt über den Halsgraben, Türme und Burgfried bieten Schutz vor gefährlichen Überraschungen. Eine massive Holzpforte sichert den Zugang zu dem Innenraum ab, der in mehrere kleine Innenhöfe geteilt ist. Von oben gesehen wirkt es wie ein Labyrinth, in dem ein un-

SEPTEMBER

Es gibt Dinge, die bei genauem Hinsehen ihre Alltäglichkeit verlieren und eine tiefere Bedeutung erhalten. So sind die Weinberge am Rhein mehr als ein vertrautes Landschaftsbild. Sie sind längst zum Inbegriff der Wertebeständigkeit geworden, nach der wir uns in unserer schnellebigen Zeit immer stärker sehnen.

gebetener Gast keine Chance hat. Doch halt! Die Zeiten, in denen das Mißtrauen auf den Hochburgen der Ritter hauste, sind vorbei.

Nicht die tückischen Fallen, sondern gedeckte Tische erwarten hier den Besucher. In den ehemaligen Kemenaten wurden gemütliche Hotelzimmer eingerichtet. Die schönsten befinden sich in dem Turm mit einem winzigen Balkon. Wie einst die Burgherren, die aus der Höhe nach ihren Widersachern oder einer möglichen Beute Ausschau hielten, so verharren auch heutzutage die Gäste an den Fenstern. Ihre »Beute« ist ein Blick in das farbenprächtige Weinfeldermosaik am hohen Rheinufer und in die Stadt mit ihren Kirchen und Wehrtürmen.

So märchenhaft wie in der Zeit der Romantiker ist sie leider nicht mehr. Es gibt jedoch noch Plätze, denen noch die alte Seele Oberwesels innewohnt. Sie alle, vor allem aber das phantastische Viertel innerhalb der Ruine des verbrannten Minoritenklosters, scheinen voller Geheimnisse zu sein. Haben wir Sie neugierig gemacht? Suchen Sie jemand, der Sie in diese Geheimnisse einweiht?

Niemand kann es besser machen als Walter Persch, der Vorsitzende des Vereins zur Erhaltung mittelalterlichen Brauchtums in Oberwesel. Den Gästen der Schönburg ist er gut bekannt. Mancher Riesling, den sie am Tisch genießen, reifte auf seinem Weingut, und der Weinlehrpfad, den sie erwandern, verläuft durch seine Weinberge. So paradox es klingen mag, es gibt immer weniger Güter, die noch in der Hand echter rheinländischer Winzer sind. Walter Persch ist einer von ihnen, und so soll es bleiben, solange sein Haus in der Rieslingstraße steht.

SCHLOSSMÜHLE

Dieses Kapitel sollten jene Menschen, die fest davon überzeugt sind, daß jedes Ding auch einen Schatten wirft oder zumindest eine Schattenseite hat, lieber nicht lesen.
Alle anderen, hoffen wir, werden an den Hunsrücker Geschichten Gefallen finden. Darin geht es um Steine und einiges mehr. Denn ein Stein ist nicht nur ein Stein und ein Mauerriß nicht nur ein Mauerriß. Im Hunsrück werden Sie rasch verstehen, warum. Spätestens dann, wenn Sie einen mit Edelsteinen verzierten Dorfbrunnen entdecken. Oder sobald Ihnen auffällt, daß die Fenster vieler Dorfhäuser nicht mit Blumentöpfen, sondern mit schönen Steinen geschmückt sind. Die Steinschleifer, die oft schon in der dritten oder vierten Generation dieses Handwerk ausüben, könnten gewiß besser als wir von Hunsrücker Geheimnissen berichten, aber sie haben von ihren Steinen das Schweigen gelernt und lassen sich ungern ausfragen. Vielleicht werden Sie bei Bernd Munsteiner mehr Glück haben. Was er verschweigt, verraten die Steine selbst, die er bearbeitet. So wie die Seele von Bäumen stirbt, wenn sie ein Gärtner mit Künstleranspruch verstümmelt, so verlieren auch die falsch geschliffenen Steine ihre Lebensenergie. Bernd Munsteiner weiß das und ist bemüht, die natürliche Beschaffenheit der Steine nicht zu zerstören, sondern Einblicke in ihr zauberhaftes Innenleben zu ermöglichen. Er macht phantastische Bilder sichtbar, die im Laufe von Jahrtausenden in der Stille der Erde entworfen wurden. Darunter findet sich überraschend immer wieder das schwarz-weiße Zeichen der Harmonieurquelle. Auch die Yin-Yang-Darstellungen sind auf natürliche Weise entstanden. Die Bergleute halten die Mischlinge aus Schiefer und Quarz für unrein und gehen damit wie mit Abfall um. Dank diesem Irrtum finden Sie auf dem Gelände der letzten noch funktionierenden Schiefergrube Bocksberg-Eschenbach bei Bundenbach viele von diesen wunderbaren Steinen, die auch unbearbeitet auf Sie sicherlich wohltuend wirken werden. Das hat nichts mit Magie zu tun, sondern mit der wiedergewonnenen Achtung vor dem, worauf wir stehen oder woran

EIN SCHLOSS GEHT AUF WANDERSCHAFT

wir immer wieder vorbeilaufen. Überhaupt ist Bundenbach ein besonderer Ort. In den Stollen des ehemaligen Bergwerkes auf dem Herrenberg finden sich jene Steine, die das längst erloschene Leben mit ähnlicher Hartnäckigkeit festhalten wie unsere Träume die Erinnerungen. Diese Steine sind voller Sehnsucht nach dem Wasser, denn sie bildeten einst den Grund eines Meeres. Die Abdrücke der Meerestiere darauf sind vielhundert Millionen Jahre alt.

Die Bundenbacher lesen die Steine wie die alten Bücher. Dabei ist es unbedeutend, welches Volk sie mit seinen Buchstaben beschriftet hat. Anhand der Bundenbacher Steinchronik wurde das Keltendorf Altenburg rekonstruiert, das die Treverer um das Jahr hundertsiebzig vor Christus angelegt haben.

Unweit der Keltensiedlung liegt die Schmidtburg, der Schlupfwinkel des berühmten Hunsrücker Banditen Schinderhannes. Wenn Sie sich die Ruine von oben, von einem der Aussichtsplätze aus anschauen, werden Sie verstehen, warum der Räuber die Schmidtburg so gemocht hat. In diesem Steinlabyrinth verlieren die Menschengedanken garantiert ihren rechten Weg. Je länger sie darin irren, desto raffinierter und hinterlistiger werden sie, so daß ein böser Vorsatz, der hier durchdacht wurde, mit Sicherheit ein Erfolg wird. Wahrscheinlich wurde die Schmidtburg im zehnten Jahrhundert nach dem Wunsch ihrer Herren, der Emichonen, absichtlich so gebaut. Die Wildgrafen von Schmidtburg machten von dieser nicht besonders sympathischen, aber sehr nützlichen Eigenschaft während ihrer zahlreichen Fehden Gebrauch. Möglicherweise wurde auch die Burg in Kirn ähnlich gebaut, die Taten der Herren von Kyrburg lassen eine derartige Vermutung durchaus zu. Die Wildgrafen von Kyrburg und die von Schmidtburg waren übrigens miteinander verwandt und konnten sich, wie es oft so ist, gegenseitig nicht recht leiden. Einmal kamen die Vettern bei einem Rittergelage zusammen. Da Graf Heinrich von Schmidtburg nicht besonders trinkfest war, wurde er schnell müde und schlief in der Ecke ein. Graf Siegfried von Kyrburg wollte ihn necken und steckte ihm eine Katze in den Stiefel. Dieser Scherz hat Graf Heinrich so verärgert, daß er seine Burg dem Kurfürsten Balduin von Trier übertrug. So rächte sich der kinderlose Herr von Schmidtburg an seinem verhaßten Vetter, der sein Erbe antreten sollte.

Die Katzenkriege, die darauf folgten, hat Uwe Ahnhäuser in seinen Büchern über den geheimnisvollen Hunsrück ausführlich beschrieben. Er lebt in Bundenbach. Wie seine Nachbarn ehrfurchtsvoll behaupten, soll er von jenen Begebenheiten wissen, die nur in den Köpfen oder ohne Zeugen geschehen sind. Darum wollen wir ihm auch das glauben, was urkundlich nicht belegt ist. Zum Beispiel, daß die Burg Hunoldstein einst der Sitz des Nibelungenhelden Hunold war und in Dhroneck Siegfrieds Meuchelmörder Hagen von Tronje lebte.

Die Behauptung des Schriftstellers, der unansehnliche Langstein, dessen Spitze aus dem verstaubten Gestrüpp am Straßenrand bei Raunen hervorlugt, sei über dem Grab des Hunnenherrschers Attila aufgestellt worden, wird auch vom Volksmund bestätigt. Falls Sie an dieser Stelle vorbeifahren, sollten Sie anhalten, aus dem Idarwald einige frische Wacholderbeeren holen und sie auf dem Königsstein zerdrücken. Es soll Ihnen Glück bringen, selbst wenn Sie daran nicht glauben.

Die Schloßmühle ist eine Welt für sich. Um sich hier wohl zu fühlen, sollte der Gast Feingefühl mitbringen und einer einfachen Regel folgen: Sich und den anderen so sein zu lassen, wie er ist.

Wie Sie sehen, hat Uwe Ahnhäuser sehr tief in den Brunnen der Zeit geschaut. Es ist dennoch auch ihm nicht gelungen, das Geheimnis der schönen Wildgräfin Lauretta zu lüften. Diese Frau hat das geschafft, was ihre männlichen Standesgenossen in den Katzenkriegen nicht erreichen konnten.
Im Monat Mai anno dreizehnhundertachtundzwanzig nahm sie den mächtigen Kurfürsten Balduin von Trier gefangen und hielt ihn auf der Starkenburg fest, bis ihre Forderungen erfüllt wurden. Der kirchliche Fürst nahm nach seiner Freilassung die Wildgräfin unter seinen Schutz und erwies ihr sein Leben lang Zeichen seiner hohen Gunst. Darüber, wie Lauretta den trutzigen Erzbischof zähmen konnte, wurde viel gerätselt. Die romantische Version ist nach wie vor die populärste. Solange wir keine Antworten darauf haben, werden drei Punkte die Geschichte der Ruine Starkenburg abschließen …
Wir hätten noch viele Hunsrücker Steingeschichten erzählen können. Darauf würden die Hunsrücker Wassergeschichten folgen, und außerdem gibt es noch die Hunsrücker Stern- und Kräutergeschichten. Und einiges mehr. Leider steht uns nicht genügend Platz zur Verfügung. Deswegen folgt jetzt eine Geschichte, die von allem etwas enthält.
Im neunzehnten Jahrhundert geschah es. Im Hunsrück ging ein Schloß auf Wanderschaft. Wie bitte? Na ja, zugegeben, eigentlich war es gar kein richtiges Schloß, sondern eine stattliche Schloßmühle. Sie wurde im siebzehnten Jahrhundert unterhalb der Kyrburg in Kirn gebaut. Von vorn sah sie wie ein barockes Herrenhaus aus, das Mahlwerk wurde hinten angebaut und fiel so gar nicht auf. Der Müllerknecht Johann konnte ungestört seine Arbeit verrichten. Das, was auf der Paradeseite der Schloßmühle geschah, bekam er

kaum mit. Er fragte auch nicht danach. Zweihundert Jahre geschah sowieso nichts Bemerkenswertes. Doch dann erstrahlte der Stern des kleinen Korsen über der Kyrburg. Napoleon, der seine Favoriten zu Königen ernannte, vergaß auch das eigene Wohl nicht. Die Erfahrungen der Französischen Revolution kamen ihm in Deutschland sehr zugute. Die Konfiszierung der Adelssitze wurde zu einem wichtigen Bestandteil seiner Reformen. Im Jahr achtzehnhundertvier ging auch die Kyrburg in den Besitz des Imperators. Bald darauf verkaufte er die dazugehörige Mühle an den Baumeister Peter Lietzenburger. Dieser ließ das Haus Stein für Stein abtragen und baute es etwa dreißig Kilometer bachaufwärts bei Horbruch wieder auf. Sie werden es kaum glauben, aber der Müllerknecht Johann bemerkte diese Veränderungen überhaupt nicht. Noch mehr als hundert Jahre drehten sich die Mahlsteine der Schloßmühle, bis der technische Fortschritt sie zum Erliegen brachte. Das entging Johanns Bewußtsein zwar nicht, aber der Knecht war in all den Jahrhunderten fleißiger Arbeit so festgefahren, daß er von seinen Gewohnheiten nicht mehr ablassen konnte. Selbst nachdem die Familie Liller in den siebziger Jahren die ehemalige Mühle zu einem Schloßhotel umfunktionierte und dort, wo früher Korn gemahlen wurde, ein gemütliches Restaurant einrichtete, stieg der Müllerknecht regelmäßig die Treppe hoch, die in sein Kämmerchen führte, obwohl es längst weder die Treppe noch das Kämmerchen gab. Da er meistens ziemlich spät umging, störte er nicht, und die wenigen Gäste, die ihm zufällig begegneten, konnten im Halbdunkel sowieso nicht sehen, daß er keinen Schatten warf. Inzwischen hat er seine Ruhe gefunden und läßt sich nicht mehr blicken.

Eigner Herd
ist
Goldes wert.

Die berühmteste Sehenswürdigkeit dieses ungewöhnlichen Landes ist die Schmidtburg, die dem Schinderhannes als Unterschlupf diente. Es läßt sich hier aber noch viel mehr entdecken. In den Hunsrücker Wäldern verbergen sich zahlreiche steinzeitliche Kultstätten, die Reste der Römerstraßen und Plätze, die Sie in die Welt der Nibelungen entführen.

Ob Peter Lietzenburger an seinem Haus immer noch so hängt wie früher, weiß man nicht so genau. In seinem Gemach wurde die Suite eingerichtet. Es lassen sich vielleicht auch andernorts nostalgische Zimmer von ähnlichem Charme finden, ein Badezimmer, das mit ähnlich raffinierter und spielerischer Sinnlichkeit eingerichtet wurde, gibt es bestimmt nicht noch einmal. Jedes Zimmer in diesem Haus ist anders, jedes hat seinen Witz und seinen Namen: Gerstenkammer, Siebenschläfer, Eule und Fuchs. Wie unterschiedlich die Zimmer in ihrer Stimmung auch sind, eines haben sie gemeinsam: Aus den Fenstern schauen Sie in die freie Natur, die einzigen Geräusche, die Sie hören, sind das Plätschern des Brunnens und des Bachs in der Nacht und das Zwitschern der Vögel am Morgen. Vom Frühstücksraum aus können Sie barfuß auf die Wiese gehen und Ihren Atem mit dem Atem der dampfenden Erde mischen. Es ist möglich, daß Sie in Ihrer Einsamkeit von einer Frau überrascht werden, die unversehens vor Ihnen auftaucht. Der Saum ihres langen Rocks ist naß vom Morgentau, auf ihrer Brust leuchtet ein rötlicher Stein, in der Hand hält sie einen prächtigen Strauß aus dem gleichen Unkraut, auf dem Sie gerade dahinmarschieren. Unkraut? In der Natur gibt es kein Unkraut, jede Pflanze ist für irgend etwas gut. »Und das hier sind die Wildwiesenkräuter«, sagt sie. »Mit diesen war gestern die Suppe gewürzt, diese waren im Aperitif, diese schmecken in der Kräuterkruste auf dem Steak himmlisch.«

Die gestrige Suppe haben Sie mit Sicherheit noch nicht vergessen, ebenso wie alles andere, was Sie über Ihre Zunge am Vorabend führten. Denn die Küche in der Schloßmühle ist etwas Besonderes. Im Unterschied zu vielen modernen

Gourmetköchen, die sich mehr und mehr in Speisendesigner verwandeln und eine Geschmacksüberraschung um jeden Preis anstreben, vergißt Rüdiger Liller nicht, daß Lebensmittel auch ihre natureigenen Eigenschaften haben. Der Fisch schmeckt bei ihm nach Fisch und das Fleisch nach Fleisch. Der Fisch, das Fleisch und einiges mehr kommt übrigens direkt von den Pariser Märkten in diese Hunsrücker Wildnis. Die Verbindung dieser Delikatessen mit heimischen Wiesenkräutern läßt sehr pikante Kreationen entstehen. In der Kochkunst, die hier betrieben wird, bleibt jedoch das Kochen an der ersten Stelle und die Kunst an der zweiten. So daß die schlemmenden Gäste dankbar entdecken, daß die wirkliche Gourmetküche überaus natürlich schmecken kann.
Anne Liller weiß allerdings von den Wildkräutern viel mehr als nur ihre kulinarischen Eigenschaften. Sie kann Ihnen erläutern, welche Pflanze Ihre Schmerzen lindern und welche den Weg zum Erfolg abkürzen kann. »Und das ist eine ganz besondere Pflanze. Sie heißt Frauenmantel. Sehen Sie diese silbrigen Tropfen in ihrem Kelch? Es sind keine Tautropfen, das Kraut hat sie ausgeschwitzt. Wenn Sie einen solchen Tropfen in Ihr drittes Auge einreiben, werden Sie hellseherisch …«
Vor einigen Jahren entdeckte die Besitzerin der Schloßmühle in sich Fähigkeiten, die ihr heute jene Ruhe und Sicherheit geben, nach der sie sich so lange sehnte. Einige verstehen sie, andere sind skeptisch. Das stört sie nicht, denn sie fühlt sich wohl in ihrer Welt.
Wie dem auch sei, die Geister, die in der Schloßmühle wohnen, sind sicherlich von guter Natur. Sie verbreiten Schwingungen, die helfen, schneller zur Entspannung und zur Besin nung zu kommen.

In diesem ungewöhnlichen Haus, das voller Energien ist, die fließend wie das Wasser sind, schläft man so gut und fest wie einst in der Kindheit. Und außerdem gibt es viel musisches Leben darin. Künstler aus Deutschland, Frankreich und den Benelux haben die Schloßmühle schon lange für sich entdeckt. Sie kommen gern als Gäste hierher, denn die einmalige Stimmung des Hauses ist bezahlbar.
Ausstellungen, Soireen, Dichterlesungen, Plaudereien in Dur und Moll, wie das hier so schön heißt, machen die Schloßmühle zu einem kleinen erlesenen Kulturzentrum. Alles, was an den Wänden hängt oder auf den Tischen, Fensterbrettern, im Garten steht, kann gekauft werden, und das ist nicht nur Geschäft, sondern auch Notwendigkeit, denn der Wechsel ist eine Voraussetzung für jede Erneuerung.
Nachts, wenn der letzte Gast sich vergnügt in sein Zimmer begibt, bleibt Anne Liller endlich allein. Bevor sie ihre Gedanken in der Stille sammeln kann, hat sie noch einiges zu erledigen. Sie holt ihre Mappe, deren Umschlag mit himmlischen Sphären bedruckt ist. In der Mappe liegen die Speisekarte und die magische Zeichnung, die sie für das Pendeln braucht. Was am kommenden Tag für Leib und Seele gut sein soll, wird mit Hilfe der goldfarbenen Kugel mit einem spitzen Ende bestimmt. So wird die Zusammenstellung von Speisen und Weinen überprüft. Und außerdem haben sich wieder persönliche Fragen angesammelt.
Vielleicht wird irgendwann das Pendel sagen, daß es für die Schloßmühle wieder einmal Zeit ist, auf Wanderschaft zu gehen.
Möchten Sie diese kleine Welt, die stets im Wandel ist, so erleben, wie wir sie erlebt haben, sollten Sie sich beeilen.

KURFÜRSTLICHES AMTSHAUS

Ein Gast, der auf die Idee kommt, die antiken Uhren im Schloßhotel Kurfürstliches Amtshaus zu zählen, wird es nicht einfach haben. Sie stehen und hängen überall – an den Wänden, in den Nischen, auf den Fensterbrettern, in den Gängen, im Restaurant.

Jede Uhr hat ihre Geschichte und ihren Charakter. Jede zeigt eine andere Zeit an.

Jeden Freitag kommt ein alter Uhrmacher auf die Burg, ein Meister jener rar gewordenen Zunft, die in früheren Jahrhunderten ähnlich großes Ansehen genoß wie die Sterngucker oder die Ärzte. Seiner Pflege verdanken die Uhren ihren vorzüglichen Zustand. Nach der Wartung scheinen die Pendel noch emsiger ihr Hin und Her zu verrichten. Dennoch zeigt jede Uhr nach wie vor eine andere Zeit an.

»Ja, ja«, sagt Günter Probst, der Besitzer des Schlosses, das zu den hundert besten Hotels in Deutschland gezählt wird, »wir haben wieder einmal Geschichten erzählt und darüber vergessen, die Uhren richtig einzustellen.«

Soll dieses Zeitchaos wirklich ohne Sinn und Bedeutung sein? Auf einen Menschen, der sich ein Leben ohne seinen Terminkalender nicht mehr vorstellen kann, wirkt es zunächst verwirrend, dann wohltuend. Denn es ist genau das, was die meisten Gäste suchen: ein Wechsel von Rhythmus und Ordnung, eine Rückkehr zu jener Lebensart, bei der die Zeit wichtiger als die Uhrzeiger ist.

Der Luxus hat viele Gesichter. Im Kurfürstlichen Amtshaus besteht er aus einer Perfektion, die sehr wohl Regel und Genauigkeit braucht, und einer Neigung zur üppigen Dekadenz, für die jede Regel eine Einengung ist. Dieser Widerspruch prägt das Ambiente, das sich nur schwer beschreiben läßt. Es ist prüde und lustvoll, naiv und erlesen, künstlich wie eine Performance und lebendig wie in einem Privathaus.

Ein viktorianischer Majordomus wäre sicherlich von der äußerst gediegenen Rezeption sehr angetan. Sie verliert sich jedoch in der geräumigen Eingangshalle, die alles in einem ist – Kaminzimmer, Bibliothek, Konzertsalon.

KONZERT FÜR UHRENORCHESTER

Jeden Freitag kommt ein alter Uhrmacher ins Schloß. Stück für Stück inspiziert er die Uhren: die mit dem Blumenkranz, die mit der koketten Damenfigur, die mit dem Elefanten. Nach der Wartung scheinen die Pendel noch emsiger ihren Dienst zu verrichten. Dennoch zeigt jede Uhr nach wie vor eine andere Zeit.

In der Fürstensuite regt das riesige Himmelbett, das als »das berühmteste Bett Deutschlands« präsentiert wird, Phantasien an, ohne seine Geheimnisse zu lüften. Im Restaurant bewachen mythische Greifen eine ausgesuchte Sammlung von Grappa-, Likör- und Cognacflaschen. Die Porzellanlampen entpuppen sich beim Einschalten als Laternae magicae, deren leuchtende barocke Bilder auf den bevorstehenden Genuß einstimmen. Puritanische Gesichter auf den alten Porträts bilden einen pikanten Gegensatz zur Anbetung der Sinnlichkeit, die hier praktiziert wird.

Das Kellnerballett bewegt sich mit gefeilter Grazie, jede Pose ist auf den Zentimeter genau bemessen. Die obligatorische Erklärung dessen, was auf dem Teller liegt, erfolgt in jenem schmeichelnden Mephisto-Flüsterton, den die Verführer auf der Bühne so gut beherrschen. »Meine Mitarbeiter sind mehr als nur Personal, sie sind Persönlichkeiten«, sagt Günter Probst und wird nicht müde, seine Gäste zu beschwören: »Genießen Sie! Genießen Sie!« Es ist vor allem seine eigene Persönlichkeit, die das Schloßhotel in Daun zu einer besonderen Adresse macht. Er hat nie davon geträumt, Lokomotivführer oder Feuerwehrmann zu werden. Seit seiner Kindheit träumte er von einer eigenen Burg.

Irgendwann hat er es geschafft, ein geeignetes Haus fand sich in der Eifel. Es gehörte dennoch sehr viel Phantasie dazu, in dem verkommenen Barockschloß der Grafen von Daun den Burgtraum seiner Kindheit zu erkennen und daraus das zu machen, was die Stammgäste liebevoll »das Schmuckkasten-Hotel« nennen.

Ein Haus wie dieses zu führen ist eine turbulente Angelegenheit. Vielleicht deswegen wird Günter Probst manchmal

mißverstanden, wenn er einem Besucher erklärt: »Wir leben hier auf einem Vulkan.« Es ist keine Klage eines gestreßten Geschäftsmannes. Wie immer meint der Schloßherr genau das, was er sagt. Sein Haus steht auf dem Gipfel eines Vulkans, und es ist gar nicht so lange her, als er noch aktiv war. Vor achttausend Jahren waren die Mammut- und Nashornjäger Zeugen dieses letzten Aktes der Schöpfung in der Eifel. Zweihundert Vulkankegel und die Maare blieben zur Erinnerung an jenes Drama zurück.

»Die Augen der Eifel« nannte eine Dichterin die Maare. Die melancholische Schönheit der Vulkanlandschaft beflügelte seit eh und je die Sagenerzähler. Sie sangen von Pontius Pilatus, der sich im dunklen Wasser des Weinfelder Maares das Leben genommen haben soll, oder von den versunkenen Dörfern, die der Himmel für die Sünden ihrer Herren bestrafte. Die Wirklichkeit übertraf jedoch in ihrer Tragik oft die Legenden. Ob die Pest oder der Krieg – kein Unheil blieb den Menschen in der Eifel erspart.

Erst nach den napoleonischen Kriegen, als die Eifel eine preußische Provinz wurde, kehrte Ruhe in das erschöpfte Land ein. Es blieb bis in das zwanzigste Jahrhundert ein rückständiges und armes Land.

Diesem Umstand verdankt sich allerdings, daß die Eifeler vor allem mentalitätsmäßig weitaus besser als andere ihre Eigenart bewahren konnten. Manche uralte Sitte blieb so lebendig, deren Wurzeln vielleicht in jene Zeit reichen, als die Kelten in der Eifel beheimatet waren. Auch die erste Fliehburg auf dem Dauner Burgberg haben vermutlich die Kelten gebaut. Einige Steine in der Mantelmauer des Kurfürstlichen Amtshauses sollen noch von Römerhand stammen.

Fast zweitausend Jahre war der Dauner Burgberg Schauplatz von Kriegen. Seit zwei Jahrzehnten ist er nun eine Kultstätte der Genüsse

Unter Karl Martell, dem Vater von Karl dem Großen, machte sich ein Ritter namens Sigumbert in den Kriegen gegen die Sachsen verdient. Er wurde mit einem Landstrich »jenseits der Mosel« beschenkt. »Dort baute derselbe siebenhunderteinunddreißig ein Schloß, welches er nach der keltischen Sprache den Dunne, das heißt Zaun wider Anfall fremder Völker nannte«, berichtet der Chronist, der die Geschichte der Ritter und Grafen von Daun verfaßte. Seit dieser Zeit lebten die Ritter von Daun in der Eifel, zuerst in der sogenannten Altenburg, ab dem elften Jahrhundert dann auf jenem Berg, auf dem heute das Kurfürstliche Amtshaus steht. Sie kämpften gegen Wikinger und Sarazenen, übernahmen Marschalls- und Vogtsämter, stellten Äbte und Domherrn, einer wurde sogar Bischof zu Worms.

Auch Aegidius von Daun bekleidete zunächst die Domherrnstelle zu Trier. Er mußte aber aus dem geistlichen Stand scheiden und sich um die Fortsetzung des Geschlechts kümmern, da sein Oheim keinen männlichen Erben hatte. Dieser Lebenswandel setzte zerstörerische Energien frei. Aus dem ehrwürdigen Priester wurde der »tolle Gilles«, ein Streithahn und Raufbold. Zusammen mit seinen Freunden machte er das Land so unsicher, daß der übrige Adel sich im Eifelbund gegen ihn vereinigte. Im Jahr dreizehnhundertzweiundfünfzig zerstörte der Kurfürst von Trier, Balduin, die Raubritterburg in Daun.

Unter den Nachfahren des »tollen Gilles« gab es anscheinend kein schwarzes Schaf mehr. Die Herren von Daun wurden zu Grafen erhoben. In den wirren Zeiten der Glaubenskriege zogen es die Dauner Grafen vor, in der Fremde ihr Glück zu suchen.

Kurfürstliches Amtshaus

Interessant ist auch das Umland von Daun. Der Ausflug zu den Maaren und zur Ruine der Burg Manderscheid ist ein Muß. In Brockscheid hat man die seltene Möglichkeit, Einblick in die Berufsgeheimnisse der Glockengießer zu bekommen, von deren Kunst seit jeher Legenden erzählt wurden.

Graf Wirich (1668–1741) machte sich im Spanischen Erbfolgekrieg einen Namen. Er wurde zum spanischen Granden und, nachdem er mit nur achttausend Mann das Königreich Neapel bekriegt hatte, zum Vizekönig Neapels. Kaiser Karl VI. ernannte ihn zum Fürsten von Tiano und bestätigte sein Wohlwollen schriftlich: »Nichts ziemt den Königen mehr, als die Denkmäler ihrer Freigebigkeit und die glänzenden Zeichen ihrer Majestäten denjenigen Männern zukommen zu lassen, die die einzige Zier in der Tugend suchen …«

Der Sohn des Grafen Wirich, Leopold Joseph Maria von Daun, erbte alle Würden seines Vaters und ergänzte sie durch eigene Verdienste.

»Hatte schon Wirich den Dauner Namen zu hohen Ehren gebracht«, so der Chronist, »so führte sein Sohn Leopold das Geschlecht auf den Gipfel des irdischen Ruhmes.«

Sein Sieg über Friedrich den Großen trug entscheidend zum Ausgang des Siebenjährigen Krieges bei. Mehrere Jahre später dankte die Kaiserin Maria Theresia ihrem Feldmarschall in einem Brief: »Die Monarchie ist Ihme seine Erhaltung schuldig und ich meine Existence und meine schöne und liebe Armee und meinen einzigen und liebsten Schwager. Dieß wird mir gewiß, so lange ich lebe …«

Zwei Straßen in Daun tragen die Namen der ruhmreichen Herren von Daun.

»Graf Leopold« heißt auch das Gourmet-Restaurant im Schloßhotel Kurfürstliches Amtshaus. Irgendwo hat Günter Probst ein Porträt jenes Mannes ausfindig gemacht, den selbst sein königlicher Feind ehrte. Mit einem verstohlenen Lächeln betrachtet Graf Leopold nun den neuen Alltag in der Stammburg seiner Ahnen und schweigt.

HUGENPOET

In jener sagenhaften Zeit, als die Germanen noch kein richtiges Bier brauten, sondern das mit Honig gesüßte und mit Myrte, Eichenrinde, Eschenlaub, Blaubeeren oder Pilzen gewürzte Met tranken, predigte der heilige Suitbert unter den Heiden. Mühsam war sein Weg durch die undurchdringlichen Urwälder an der Ruhr, die selbst den Römern Furcht einjagten. Nicht überall wurde das Wort des Missionars wohlwollend aufgenommen. Die Rattinger wollten es überhaupt nicht hören. Sie schlugen dem Heiligen die Tür vor der Nase zu und klemmten ihm dabei den Daumen ein. In Kettwig aber, so die Legende, erbaute Suitbert um das Jahr siebenhundert eine Kirche.

Hundert Jahre später kam ein anderer Heiliger in diese wilde Gegend. Er hieß Liudger und gründete die Abtei Werden an der Grenze zum heidnischen Sachsenland. Obwohl Karl der Große dieses Vorhaben unterstützte, kam der Bau nur schleppend voran. Als der Heilige fast am Verzweifeln war, sandte Gott ihm einen gewaltigen Sturm zu Hilfe, der den Wald lichtete. Es blieb nur eine Art von Bäumen stehen. Welche? Deutsche Eichen, natürlich.

Ebenso wie in Werden lebt die Erinnerung an den ersten Römischen Kaiser der deutschen Nation auch in Kettwig. Ungefähr dort, wo heute das Schloßhotel Hugenpoet liegt, soll er ein Gut besessen haben. Es war ein Depot für die kaiserlichen Truppen, die in Kettwig den wichtigsten Ruhrübergang benutzten, wenn sie in das Sachsengebiet eindrangen. Wenngleich Kettwig diesem Ruhrübergang seine Entstehung verdankt, war die Lage des Dorfes über die Jahrhunderte hinweg auch sein Verhängnis. Es fällt den Kettwigern schwer aufzuzählen, wie oft ihr Ort der Brücke wegen erstürmt wurde. Als die Brücke im Jahr sechzehnhundertfünfunddreißig zerstört wurde, weigerten sich die Kettwiger, sie wiederaufzubauen. Sie blieben zweihundertdreißig Jahre stur und genossen, soweit es ging, ihre Ruhe.

Jenen verheerenden Kriegen fiel auch die alte Befestigung zum Opfer, deren erste urkundliche Erwähnung sich in den

SETZE DIR DEIN DENKMAL SELBST

Jeder Gast, der sich den Aufenthalt in diesem westfälischen Kleinod leistet, sollte wissen, daß sein Geld nicht nur die Kasse des Hotels füllt, sondern auch dazu beiträgt, ein Stück deutscher Kulturgeschichte zu erhalten.

Annalen des achten Jahrhunderts findet. Die Angaben über die Anlage sind spärlich. Die Pacht wurde mehrmals neu vergeben. In den Urkunden des fünfzehnten Jahrhunderts wird schließlich Reinhard von Hugenpoet als Lehnsmann genannt. Der Name Hugenpoet klingt sehr romantisch, um so mehr amüsieren sich die Kettwiger, wenn sie gefragt werden, ob es sich dabei um eine schöne Geschichte von einem dichtenden Ritter handle. In der Mundart, die in dieser Gegend gesprochen wird, bedeutet das Wort etwas durch und durch prosaisches, nämlich: Krötenpfuhl.

Das Wasserschloß, das diesen stolzen Namen heute trägt, wurde nach den Wirren des Dreißigjährigen Krieges von dem Pfalz-Naumburger Amtmann Johann Wilhelm von Nesselrode zu Hugenpoet wiederaufgebaut. Achtzehnhunderteinunddreißig erwarb Friedrich Leopold von Fürstenberg das Schloß. So wurde Hugenpoet Teil der Familiengeschichte eines herausragenden westfälischen Adelsgeschlechts.

In der Blütezeit dieser Familie hatten deren Besitzungen ein fast landesherrliches Ausmaß erreicht. Um den Einfluß der Familie zu erhalten, wurde die Unteilbarkeit des Besitzes angestrebt. Das bedeutete eine ungeheure Verantwortung für den jeweiligen Alleinerben, der die Güter der Familie kommissarisch zu verwalten hatte. Um so rührender kümmerten sich die Familienangehörigen um die Fortführung des Geschlechts. Alte Briefe im Familienarchiv enthalten köstliche Diskussionen über die möglichen Bräute für den Erben, die neben der guten Abstammung vor allem zwei Tugenden mit in die Ehe bringen sollten: feste Gesundheit und Fruchtbarkeit. Im Laufe ihrer siebenhundertjährigen Geschichte gab es kaum Versager unter denen von Fürstenberg. Heute zählt

Auf der Liste der Ehrengäste finden sich zahlreiche europäische Staatsoberhäupter, Hollywood-Stars und Könige exotischer afrikanischer Länder. Wenn Sie Schlagzeilen wie »Kohl wohnt im Raubritternest« lesen, so ist damit Hugenpoet gemeint.

das weitverzweigte Geschlecht etwa dreihundert Mitglieder, die regelmäßig zu Familientreffen zusammenkommen. Wenngleich der Adel seinen Einfluß in unserem Jahrhundert eingebüßt hat, so ist er nach wie vor eine Welt für sich, die ihre Traditionen und ihren Stil hat. Die zu pflegen ist nicht einfach: Was für die Ahnen Lust war, ist für die Nachkommen Last. Ihre Haupteinnahmequelle, die land- und forstwirtschaftlichen Güter, bringen immer weniger Ertrag, die Pflichten dagegen sind vielseitig und aufwendig. Allein der Unterhalt der im Familienbesitz verbliebenen historischen Häuser verlangt immense Investitionen. Obwohl es sich dabei um das Nationalkulturerbe handelt, ist die staatliche Unterstützung gering, die Forderungen aber, die an die Eigentümer gestellt werden, sind sehr hoch. Da ist Flexibilität gefragt. So wurde auch Hugenpoet aus einem Wohnsitz zum Schloßhotel.

Seitdem Jürgen Neumann es zu einer der besten gastronomischen Adressen in Essen entwickelte, ist das Schloß derer von Fürstenberg wieder zu einem Treffpunkt geworden. Doch muß man nicht unbedingt einen klangvollen Titel haben, um sich im Schloß Hugenpoet wohl zu fühlen. Die Atmosphäre dieses ungewöhnlichen Hauses fasziniert den Gast, sobald er den schwarz-weißen Marmorboden der Empfangshalle betritt. Ein wuchtiger Barocktorbogen mit Krone und Kugelzier schafft eine feierliche Stimmung. Ahnenporträts beleben das Foyer mit Gestalten verflossener Zeit. Im Renaissancekamin knistert das Feuer. Ein Figurenfries stellt das Gleichnis von dem Untergang Sodoms dar. Zwei weitere Kamine aus der gleichen Epoche befinden sich in dem sogenannten Kaminzimmer und in dem Grünen Salon. Auch sie

Barock ist für den Freiherrn von Fürstenberg mehr als eine weitverbreitete Stilrichtung, denn in Westfalen spricht man vom »Fürstenberger Barock« in Anspielung auf Ferdinand von Fürstenberg, Fürstbischof von Paderborn und Münster, der im siebzehnten Jahrhundert lebte und der gelehrteste Bischof seiner Zeit war.

erzählen spannende Geschichten. Die Allegorien animieren zum Rätselraten. Wer wird heutzutage schon auf Anhieb erkennen, daß die Frau mit der Erdkugel auf der Hand Geographia und die üppige Dame mit einem Füllhorn die Personifizierung Italiens darstellt? Die Kamine auf Schloß Hugenpoet suchen wahrlich ihresgleichen in Deutschland. Ebenfalls aus dem Familienerbe stammt ein Großteil der ungewöhnlichen Antikmöbel, so etwa die historisch wertvollen Betten, die mit äußerst witzigen Schnitzereien verziert sind. Wer darin schläft, wird garantiert Märchenträume haben. In einem Wirtschaftsgebäude wurden zusätzliche Gästezimmer eingerichtet. Michael Lübbert, der Teilinhaber des Hotels, hat darin eine wahre Lichtsymphonie aus warmen, leuchtenden Tönen komponiert. Eleganz und Gediegenheit bestimmen den Stil. Um so überraschender wirkt das Zimmer, das mit dem frechen, kindlich-fröhlichen Mobiliar ausgestattet ist. Manche Gäste empfinden es als schockierend, die Besucher unter fünfundzwanzig sind begeistert. Seit über vierzig Jahren steht die Tür des Wasserschlosses Hotelgästen offen. Es gibt jedoch einen Menschen, für den es immer das Haus seiner Kindheit bleiben wird. Freiherr von Fürstenberg hat das Schloß Hugenpoet ganz anders in Erinnerung. Seine Augen funkeln, wenn er über das Versteckspiel erzählt. »Das Haus mit seinen Treppen und vielen Räumen war ja geradezu prädestiniert dafür.« In jenen Jahren hat das Schloß vielen Flüchtlingsfamilien ein Dach über dem Kopf gegeben. Dementsprechend gab es auch viele Kinder. Es ging drüber und drunter, es war einfach lustig. Und es gab noch die tolle Winterzeit, mit Schnee und Frost, kaum zu glauben! Eishockey auf dem zugefrorenen Wassergraben: das war ein

Vergnügen! Nur leider fehlte der Puck. »Da haben wir den Kopf des Christuskinds aus der Kapelle gestohlen und damit gespielt. Sie können sich vorstellen, wie mein Vater reagierte, als er das entdeckte!«

Wenn man zu einer Familie wie der von Fürstenberg gehört, greift das Gedächtnis weit über eigene Lebensjahre hinaus. Überlieferungen der Jahrhunderte werden Bestandteil des Ichs.

Eine Anekdote wird gern in Schloß Hugenpoet erzählt. Ein Gast kam einmal mit dem Freiherrn von Fürstenberg ins Gespräch, ohne zu wissen, wer vor ihm stand. »Gibt es in diesem Haus Gespenster?« fragte er. »Nein«, war die Antwort. »Wissen Sie das genau?« – »Natürlich! Ich wohne ja schon dreihundert Jahre hier!«

Stundenlang kann der charmante Herr mit dem weizenfarbenen Schnurrbart und den ironischen Augen von seinen Vorfahren erzählen. Der Zuhörer glaubt, durch eine Ahnengalerie geführt zu werden. Hier ist Wilhelm von Fürstenberg, Deutschordensmeister in Livland. Er schrieb Kirchenlieder voller menschlicher Leidenschaft: »Der Teufel um mich schwebet, mit Gewalt und arger List: wer kann ihm widerstehen, so Du nicht helfen willst? … « Von Iwan dem Schrecklichen in Gefangenschaft genommen, starb er in der Nähe von Moskau.

Und hier ist der Fürstbischof Franz von Fürstenberg, der die Gründung der Universität in Münster durchsetzte. Und wer ist das? Der Stifter der ältesten westfälischen Universität, der Fürstbischof von Paderborn, Wilhelm von Fürstenberg. Noch zu seinen Lebzeiten ließ er sich ein siebzehn Meter hohes Grabmal erbauen, auf dem er folgenden Spruch einmeißeln ließ: »Sicher ist der Tod, ungewiß der Tag und nicht sicher das Andenken der Deinen; daher setze, bist Du weise, Dir Dein Denkmal selbst!« Die Paderborner zeigten sich allerdings dankbarer als erwartet und würdigten Wilhelm von Fürstenberg mit dem höchsten Bischofsdenkmal Westfalens, das im Hohen Dom zu bewundern ist …

A N H O L T

Die Römer jubelten. Die germanische Seherin Veleda, die die Brukterer zum Aufstand ermutigte und das römische Heerlager bei Xanten überwältigte, war gefangengenommen. Ein Triumphzug brachte sie nach Rom, wo sie noch einige Jahre lebte. Selbst ihre Feinde verehrten die große Prophetin, wenngleich manche sich darüber lustig machten, daß sie immer noch den Sieg der Germanen über Rom ankündigte. Ihre enttäuschten Stammesgenossen, die im Münsterland zurückblieben, begannen nach der Niederlage an ihren alten Göttern zu zweifeln. Viele von ihnen traten zum Christentum über. An der Stelle des Rundturms, in dem Veleda einst geweissagt und geopfert hatte, erbauten sie eine Kapelle. Die Siedlung, die um das Kirchlein entstand, wurde zur Erinnerung an die Seherin Velen genannt.

Man sagt, daß es auch in späteren Jahrhunderten im deutsch-niederländischen Grenzgebiet Menschen gegeben hat, die außerordentliche hellseherische Fähigkeiten besaßen. Ein berühmter Spökenkieker lebte in Twente. Er hieß Johannes Bomhof. Jede Nacht legte er sich an einer Straßenkreuzung auf den Rücken und beobachtete den Himmel. Seine Wettervorhersagen waren nach den Mondnächten besonders präzise, denn das Männchen, das auf dem Mond lebte, verriet ihm durch sein Verhalten, ob es regnen oder freundlich bleiben würde. Einmal in der Woche beriet er Bauern und Schmuggler auf seinem Hof, jeden Morgen wurden zudem an der Kirche seine Vorhersagen schriftlich bekanntgegeben. Die Weissagungen des Sehers von Twente gingen der Überlieferung nach immer in Erfüllung.

Auch Veleda hat sich, wie die Geschichte schließlich bewies, niemals getäuscht. Es kam doch, wie sie vorhersagte. Die Germanen wurden Herren am Niederrhein. Nur eine halbe Stunde von Velen entfernt steht die heilige Eiche, unter der die Freien im Thing Recht sprachen. Die Femeiche in Erle ist möglicherweise der älteste Baum in Deutschland. Auch wenn sie ihre schweren Äste nicht mehr ohne Stützpfeiler tragen kann, grünt sie der Zeit zum Trotz immer noch. Der

EINLADUNG INS LABYRINTH

Stamm des alten Riesen hat einen Umfang von vierzehn Metern und ist innen vollkommen hohl. Der Bischof von Münster soll einst mit zwölf Gästen darin getafelt haben. Im Jahr neunzehnhundertachtzehn zwängten sich sechsunddreißig Infanteristen in voller Ausrüstung nach dem Wunsch des Kronprinzen Friedrich Wilhelm in die Baumhöhle.
Heute schützt ein Zaun den lebensmüden Baum vor seinen Bewunderern.

Die Düwelsteine im Wald bei Heiden gelten als das südlichste Steinkammergrab Nordeuropas aus der Jungsteinzeit. Die Überlieferung bringt diese Steine mit jener aufregenden Zeit in Verbindung, als Karl der Große das Münsterland eroberte und seine Residenz nach Aachen verlegte.

Es ist fast in Vergessenheit geraten, daß die Femeiche in Erle einst Rabeneiche hieß und Odin geweiht war. Nach dem Fall Roms ergriff der Erfinder der Runen wieder die Macht und regierte noch so lange, bis Karl der Große ihn endgültig aus dem Münsterland vertrieb.
Bald darauf verlegte der Kaiser seinen Hof in die Gegend, die bereits die Römer und Gallier wegen ihrer Heilquellen schätzten. Unweit der Thermalbäder wurde ein prächtiger Palastkomplex gebaut. Einigen Hallen dienten die römischen Kaiserbasiliken als Vorbild, die anderen erinnerten an den Kaiserpalast in Byzanz. Natürlich brauchte die neue Hauptstadt auch eine Kathedrale, die den Ansprüchen eines imperialen Erbauers entsprechen sollte. Die Kunde von diesem grandiosen Bau verbreitete sich in der christlichen Welt, und auch der Teufel erfuhr davon. Er packte einige Findlinge in den Sack und machte sich auf den Weg, um den Münsterturm zu zerstören. Doch die verdammten Steine waren zu schwer. Als der Teufel den Wald unweit von Heiden erreichte, konnte er kaum noch seine Füße bewegen. Schließlich schüttete er fluchend seinen Sack aus und kehrte unverrichteter Dinge nach Hause zurück.
Die Düwelsteine blieben im Wald bei Heiden liegen. Im

Romantik pur: das Schloßhotel Anholt. Seit etwa dreihundert Jahren gehört das Schloß den Fürsten zu Salm-Salm, die in ihrem Wappen zwei Lachse führen. Die kunstsinnigen Mitglieder dieser Familie verwandelten die Burg und den weitläufigen Wasserpark in eine der schönsten und harmonischsten Anlagen dieser Art im Münsterland.

Register der Sehenswürdigkeiten werden sie als das südlichste Steinkammergrab Nordeuropas aus der Jungsteinzeit präsentiert. Die Frage, wie die Urmenschen die tonnenschweren Klötze aufeinandertürmen konnten, macht niemanden stutzig. Die Baumeister, die im Münsterland einst gearbeitet haben, waren in der Lage, weitaus kompliziertere Aufgaben zu lösen. An die hundert Wasserschlösser bezeugen ihre Kunst. Eines der ältesten Wunderwerke dieser Art ist die Wasserburg Anholt. Im zwölften Jahrhundert wurden die Pfahlroste in den Sumpf getrieben, die bis heute den mächtigen Bau tragen. Wie auch immer sich die Landschaft veränderte, sorgten die Burgherren dafür, daß das Wasserniveau stets stabil blieb. Eine unbedeutende Veränderung des Wasserdrucks hätte ausgereicht, um die gesamte Anlage in einen Koloß auf tönernen Beinen zu verwandeln. Vor allem mußte darauf geachtet werden, daß keine Luft an die Pfahlroste kam. Sobald sie vermodern, bricht das Ganze wie ein Kartenhaus zusammen. Von der ersten Anlage der Wasserburg blieb nur der Dicke Turm erhalten. Darin befindet sich der Eingang in das Museum der Fürsten zu Salm-Salm, denen die Burg seit dem siebzehnten Jahrhundert gehört. Die Räume haben den Geist des prallen Lebens, das hier einst geführt wurde, behalten. Im Laufe der Jahrhunderte trugen die kunstsinnigen Fürsten in ihrem Schloß Schätze aus aller Welt zusammen: chinesisches Geschirr und japanische Porzellanfiguren, Seidenvorhänge aus Lyon und flämische Ledertapeten, vergoldete Barockmöbel, Gobelins, Böden aus Holz und Marmor, wertvolle Täfelungen, asiatische Reisekästen aus schwarzem lackiertem Holz und pompöse italienische Kronleuchter. Die Gemäldegalerie, die Werke von

Die Kunstschätze, die die Fürsten zu Salm-Salm aus der ganzen Welt nach Anholt brachten, sind im Burgmuseum zu bestaunen. Dazu gehört eine bedeutende Gemäldegalerie mit den Werken alter Meister. Im Hotelbereich schaffen nette Kleinigkeiten Atmosphäre. Bei der Ausstattung war man in erster Linie auf zeitgemäßen Komfort bedacht.

Rembrandt, Breughel, Bruyn, Murillo und anderen alten Meistern enthält, sucht ihresgleichen in Westfalen. Die Schloßbibliothek zählt mehrere tausend wertvolle Bücher, die das gesamte Wissen der vergangenen Jahrhunderte widerspiegeln. Von den Interessen der Schloßherren zeugen auch die seltenen Globen aus dem achtzehnten Jahrhundert. Im blauen Zimmer erstarren die Besucher ehrfurchtsvoll vor einem Prunkbett aus demselben Zeitraum. Dieses Schlafgemach war wohl das erste Zimmer mit Bodenheizung. Eine Sandschicht unter dem Parkett speicherte die Wärme, die aus dem Herd in der Burgküche emporstieg. Eine wirtschaftliche und ökologische Lösung, die das Herz eines jeden Umweltschützers höher schlagen läßt. Ein wahres Kleinod ist auch der reichvergoldete Schrank aus dem siebzehnten Jahrhundert, an dem einst der österreichische Kaiser seine Schreinerkunst übte. Joseph I. schenkte dieses Prachtstück seinem geliebten Erzieher, dem Fürsten Carl Theodor Otto zu Salm. Der Sohn des kaiserlichen Ajo war einer der wenigen Herren von Anholt, die im achtzehnten Jahrhundert ständig auf der Burg lebten. Der fürstlichen Familie gehörten umfangreiche Besitzungen in Frankreich und Belgien sowie zahlreiche Burgen in Deutschland. Erst nachdem sie infolge der Französischen Revolution das Fürstentum Salm in den Vogesen, die Wild- und Rheingrafschaft im Nahetal und das Herzogtum Hoogstraten verloren, gewann Anholt an Bedeutung. Fürst Wilhelm Florentin zu Salm-Salm hat mit viel Aufwand die Burganlage zum neuen Stammwohnsitz ausgebaut. Der jüngere Sohn dieses Fürsten, Prinz Felix, hat seinerzeit für viel Aufregung gesorgt. Nach seinen Dienstjahren in der preußischen und österreichischen Armee begab er sich

nach Amerika, wo er im Heer der Nordstaaten Befehlshaber einer Brigade wurde. Seine Heirat mit Agnes Le Clerq Joy, einer Obristentochter, deren Stammbaum etwas wild aussah, schockierte die Verwandtschaft. Damals führte die Mesalliance zu einem gespannten Verhältnis mit der Familie, heute ist sie eher stolz auf ihren abenteuerlustigen Vorfahren. Nach dem Ende des amerikanischen Bürgerkriegs ging der Prinz nach Mexiko. Dort erlebte er den Sturz des unglücklichen Kaisers Maximilian I. und wurde als dessen Vertrauter zum Tode verurteilt. Im letzten Augenblick begnadigt, kehrte er nach Europa zurück. Die Veröffentlichung der Tagebücher, die er und seine Frau in jenen dramatischen Tagen führten, machte ihn zu einer der populärsten Persönlichkeiten seiner Zeit.

Während Prinz Felix ein überaus aufregendes Leben führte, setzte sein älterer Bruder die Umgestaltung der Gärten in Anholt fort. Neben den Resten der barocken Lust- und Ziergärten prägt seit dieser Zeit die Gartenkultur der Romantik die Parkanlage, die auf das sechzehnte Jahrhundert zurückgeht. Kunstvoll angelegte Baumgruppen und Alleen spielen mit der Perspektive, dahinter verbirgt sich mittlerweile ein moderner Golfplatz. In einer abgeschiedenen Ecke entdeckt der Spaziergänger ein barockes Teehaus. Davor erstreckt sich ein rechteckiger Ziergarten. Entlang der Hecke reihen sich zwölf Putten. Ihre Bedeutung läßt sich leicht erraten: Es sind die Zodiakzeichen. Das Zeichen des Fisches ist ein Knabe, der zwei sich windende Lachse an seine Brust preßt. Diesen Fischen begegnet man häufig in Anholt, denn die Schloßherren, die Fürsten zu Salm-Salm, führen sie in ihrem Wappen.

Bei der Gestaltung der Räume im Schloßhotel Anholt hat man auf Prunk absichtlich verzichtet. Die gemütlichen Räume wirken intim und familiär. Der Gast fühlt sich darin geborgen und kann ungestört die Stille und die Schönheit der einmaligen Parklandschaft genießen.

Auf einer künstlichen Halbinsel liegt das Labyrinth. Es ist ein besonderer Platz. Die philosophisch veranlagten Besucher verschwinden gerne in sein grünes Inneres, um zwischen den hohen Tujahecken zu meditieren. Selbst Menschen, die weniger zu Tiefsinn neigen, spüren die Wirkung des Irrgartens, dessen verwinkelte Wege von der Außenwelt nach innen führen. Die Suche nach dem Ausgang aus dem Labyrinth ist wahrscheinlich so alt wie die Menschheit. Die ältesten Darstellungen des magischen Zeichens, die manchmal eine verblüffende Ähnlichkeit mit der Form des menschlichen Hirns haben, stammen aus der Steinzeit. Das Labyrinth gehört zum okkulten Instrumentarium verschiedener Kulturen des Altertums. Seit die Altgriechen die Legende vom Minotaurus schufen, gilt im Abendland der Faden der Ariadne als Sinnbild jener Kraft, die hilft, das Angstmonster im Labyrinth der Seele zu bekämpfen. Erst die großmütigen Herren des Barocks wagten es, die Magie dieses Symbols in ein Spiel umzusetzen. Der Irrgarten war damals Mode geworden. Er durfte natürlich auch in Anholt nicht fehlen.

Früher stießen die Umherirrenden darin überraschend auf allegorische Statuen. Eine frivole Gruppe zeigte »Susanna im Bade mit beiden sündhaften Richtern«. Im Jahr achtzehnhundertachtundvierzig, als das übrige Deutschland von revolutionären Unruhen erschüttert wurde, beschäftigten anscheinend ganz andere Probleme die Schloßherren in Anholt. Sie ließen die badende Susanna, »ihres anstößigen Äußeren wegen«, im Park vergraben. Die Arme wurde bis heute nicht wiederaufgefunden.

Andere Figuren stehen zur Zeit im Rosengarten an der

Westseite der Wasserburg. Die Flora mit einem Blumenkranz in der Hand stellt den Frühling dar, der Bacchus mit der Rebe ist natürlich der Herbst. Eine etwas schaurige Erscheinung ist der Winter. Es ist eine alte Bettlerin mit einem Feuertopf und einem Bündel Reisig. Die zerfetzten Lumpen entblößen ihre hängenden Brüste, sie krümmt ihren Rücken und versucht sich vergebens vor Kälte zu schützen. Die Leiden der Alten lassen die vier Schönheiten, die vier Tageszeiten, gleichgültig. Selbstverliebt führen sie ihre Zierde vor und erzählen ein Märchen von der Sonne, den Sternen, dem Fleiß und der Muße. Dabei bleibt ihr Blick auf die Burg fixiert, als ob sie darauf warteten, daß ihnen jemand aus dem Fenster einladend zuwinkt.

Seitdem ein Teil der Burganlage als Hotel eingerichtet wurde, nahmen die Gäste das Wasserschloß in Besitz. Die stille Herzlichkeit, mit der sie von der Familie Brune empfangen werden, bleibt als einer der schönsten Eindrücke in Erinnerung. Die Gaumenfreuden stehen in diesem Haus an erster Stelle. Drei Restaurants bieten hervorragende Küche und vollkommen unterschiedliche Stimmungen. Sehr beliebt ist die rustikale Stube im ehemaligen Pferdestall. Hier wurde aus sehr wenig sehr viel gemacht. In jener Zeit, als nur das Neue galt und das Alte begeistert vernichtet wurde, sammelten die Brunes alte Hölzer, die sonst dem Feuer zum Opfer gefallen wären, und verkleideten damit die Wände des Pferdestalls. Jedes Stückchen Holz ist anders und läßt sein vergangenes Leben spüren. Das verleiht dem Pferdestall eine urwüchsige Gemütlichkeit, wie sie ansonsten nur selten zu finden ist. Aus den Fenstern des sogenannten Treppchens schauen die Gäste in den Wasserpark. Bei gutem Wetter wird die Tür zur Terrasse geöffnet. Sie ist aus Holz gemacht, man fühlt sich darauf wie auf einem Floß.

Die Wildenten, die im Wasserpark der Burg Anholt leben, kennen bestens die Tagesordnung des Hauses. Sie erscheinen pünktlich zu allen Mahlzeiten vor der Terrasse und hypnotisieren so lange mit vorwurfsvollen Blicken die Gäste, bis diese das Teilen lernen. Fühlen die Vögel sich vergessen, melden sie sich auf vornehme Weise, immerhin sind sie die Schloßenten, für die sich allzu lautes Geschnatter nicht geziemt. Auch die Forellen lassen ihre dicken Rücken und aufgerissenen Mäuler sehen. Sie tanzen im Wasser, schnappen gierig nach den Almosen und sind dabei oft schneller als die neugierigen Enten, die sich ständig ablenken lassen.

Auf der Wiese jenseits des Wassergrabens stolzieren die Fischreiher. Ab und zu holen sie mit fauler Grazie ihre Nahrung. Sie tun dies so, als ob sie den Fröschen damit eine Gunst erweisen würden. Für die Wasservögel, Fische und das kleine Getier ist der weiträumige Wasserpark der Burg Anholt ein Paradies. Für die Menschen allerdings auch. In Westfalen findet sich nichts Vergleichbares.

SCHLOSS BLÜCHER

An jenen stürmischen, regen- und regenbogenreichen Tagen, wenn die unruhigen Wellen den klaren Spiegel der Mecklenburger Seen zerbrechen, reitet Herr Wo durch die Lüfte. Einst, als am Himmel eine furchtbare Schlacht zwischen dem Dunkeln und der Helligkeit ausbrach, rettete er sich auf die Erde mit seiner ganzen Heerschar. Er hat geschworen, den Kampf gegen den Teufel fortzusetzen. Jedoch verhielt er sich den Sterblichen gegenüber so bösartig, daß Gott darüber erzürnte und ihm einen Bann auferlegte. Die barmherzige Frau Gode allein kann den himmlischen Reiter von der Verdammung erlösen. Herr Wo sucht aber vergebens nach einer Begegnung mit ihr: Frau Gode hat Angst vor ihm und ist stets auf der Flucht.

Wissende Menschen erzählen, daß Herr Wo schon in jener Zeit Jagd auf Frau Gode machte, als an den Mecklenburger Seen noch slawische Stämme lebten. In den schwer zugänglichen Sumpfgebieten bauten Wenden und Obotriten ihre Burgen, die bis auf wenige, kaum sichtbare Erdwälle wieder verschwunden sind. Viel mehr erinnern zahlreiche Ortsnamen an die Slawen. Alt Schwerin hieß einst Zuerin, was nichts anderes als Tiergehege bedeutet. In der Nähe der Siedlung befand sich eine bedeutende slawische Kultstätte. Die Götzenbilder gingen in Flammen auf, als Markgraf Albrecht der Bär im Jahre elfhundertsiebenundvierzig zum Wendenkreuzzug ins Land einfiel. Die endgültige Eroberung dieser slawischen Gebiete erfolgte etwa zwanzig Jahre später. Heinrich der Löwe wurde Herr über Mecklenburg.

Der Aufstieg und Fall dieses Ritters ist ausführlich beschrieben. In den meisten Geschichtsbüchern fehlt jedoch das Wichtigste. Die mecklenburgischen Bauern und Fischer wußten früher davon bestens Bescheid. Sie erzählten, daß die Familie Heinrich des Löwen einen kleinen, fast tausend Jahre alten Puck besaß, der seinem Herrn immer treu beigestanden hatte. Als Heinrich der Löwe Günzlein von Hagen mit der Mark Mecklenburg belehnte, schenkte er

HERR WO ODER DIE KUNST DER PROVOKATION

An den Mecklenburgischen Seen lassen sich viele Stellen finden, wo die Natur ihren ursprünglichen Charakter noch nicht verloren hat. In dieser stillen Landschaft hat der vom Alltag getriebene Mensch die Chance, die Kunst der Muße wieder zu lernen.

dem Günstling spontan auch seinen Hausgeist. Ein fataler Fehler, denn danach wandelte sich sein Glück!

Der Puck fühlte sich anscheinend wohl im Schweriner Schloß. Oftmals konnte man den Hausgeist sehen, wie er, gekleidet in einen roten Rock mit goldenen Knöpfen, durch die Schloßräume tanzte. Als Wallenstein im Dreißigjährigen Krieg Schwerin besetzte, gefiel dies dem kleinen Puck ganz und gar nicht. Er zwickte und plagte Wallenstein bis aufs Blut und ließ ihn nicht in Ruhe, bis der kaiserliche Feldherr sich genötigt sah, die Stadt wieder zu verlassen.

Schade, daß das Böse nur in den Märchen so einfach zu bekämpfen ist.

Nach dem Dreißigjährigen Krieg wurde das Bauernlegen in Mecklenburg abgeschlossen. Die Nachkommen der freien Siedler, die nach dem Sieg über die Wenden das idyllische Seenland bevölkerten, verloren alle Rechte und ihren Besitz. »Die Peitsche, eine schwere Knute, deren Lederschnur Knoten enthält, mit der die Herren, deren Pächter und Beamte die Leibeigenen zur Arbeit treiben«, wurde gesetzlich sanktioniert.

Nach der Abschaffung der Leibeigenschaft im Jahre achtzehnhundertzwanzig besserten sich die Verhältnisse nur wenig. Aus Leibeigenen wurden besitzlose Tagelöhner. Zu Tausenden wanderten sie nach Amerika aus. Auch die Gutsherren wechselten mehrmals. Neue Besitzer trugen meist keine Adelsnamen. Um so größer waren ihre Ansprüche.

Der Fabrikant Johannes Schlutius, der eine Papierfabrik in Berlin, Anteile an Goldminen in Afrika und an Bergwerken in Oberschlesien besaß sowie im Aufsichtsrat einiger Konzerne und Banken saß, übertraf in seiner Prunksucht alle Nachbarn.

Schloß Blücher wurde erst vor einigen Jahren renoviert. In kürzester Zeit entwickelte es sich zu einer exklusiven Adresse. Das Haus hat einen eigenen Stil und eigenen Charakter gefunden. Der Aufenthalt hier ist nicht nur erholsam, er ist auch spannend. Experimentelle Kunst wird hier geschickt eingesetzt, um mit dem Gast in einen Dialog zu kommen.

Das alte Schloß in Karow stellte ihn selbst nach einer aufwendigen Restauration nicht zufrieden, deshalb wurde um die Jahrhundertwende in direkter Nachbarschaft für eine Million Reichsmark ein neues Schloß gebaut. Ein Mausoleum, das in der Nähe entstand, war nicht minder prahlerisch. Dennoch war alle Mühe umsonst. Der Tod fand Schlutius in einem schlesischen Sanatorium in geistiger Umnachtung.

Hätte Schlutius etwas früher gelebt, wäre sicherlich so manche Legende um ihn gesponnen worden. Möglicherweise hätte das Volk ihn zum Herrn des sagenhaften Schlosses Mecklenburg erkoren, in dem Verwunschene hausen. In hellen Nächten, so die Überlieferung, erhebt sich das Schloß in Lichtern aus der Erde. Wo genau es liegt, weiß man nicht mehr gewiß.

Jedes alte Herrenhaus hat etwas von jenem verwunschenen Schloß an sich. Das Gelebte hinterläßt Spuren, die sich durch keine Renovierung endgültig beseitigen lassen. Oft ist es nur ein Hauch, ein Schatten, ein seltsamer, verwirrender Nachttraum. In solch einem Haus läßt sich die Vergangenheit nicht immer erfolgreich wiedererwecken. Manchmal ist nämlich eine Andeutung überzeugender als eine Deutung, ein Echo schöner als ein Lied.

Ähnliche Überlegungen ließen die Gestalter des Schloßhotels Blücher in Gören-Lebbin auf zweifelhafte Imitationen verzichten.

Das Haus, das einst der Familie des berühmten Feldmarschalls und später den Grafen Tiele-Winckler gehörte, hatte ja auch keine allzu lange Geschichte. In der Mitte des neunzehnten Jahrhunderts gebaut, brannte das Schloß im Jahre

neunzehnhundertzwölf bis auf die Grundmauern nieder. Beim Wiederaufbau zeigte man sich modern. Alle Räume wurden mit Steckdosen (damals noch eine Rarität) und Staubsaugern (der letzte Schrei!) ausgestattet.
Danach erlebte das Schloß zahlreiche Metamorphosen. Ein Lazarett, eine Herberge für Flüchtlingsfamilien, schließlich ein Erholungsheim eines volkseigenen Müllverbrennungsbetriebs. Für Nostalgiker soll es im Schloß immer noch ein Gastzimmer im typischen DDR-Luxusstil geben. An jene Zeit erinnern nur noch die in ihrer barocken Schwülstigkeit anrührenden Glasmalereien und einige Lampen, reichlich mit schmiedeeisernen Blumen geschmückt.
Die übrige Ausstattung zeichnet sich durch eine klare, moderne Funktionalität aus, die dennoch überhaupt nicht kühl wirkt. Anstelle von Himmelbetten gibt es Beduinenzelte. Dahinter verbergen sich spielerisch verteilte Halogenlichter, die durch den leichten naturweißen Stoff diffuses und warmes Licht spenden. Designmöbel, auf das Minimum beschränkt, betonen die Großzügigkeit der Räume und ihren reinen klassischen Stil. Die Baderäume dagegen sind so prahlerisch, daß dies beinahe wie eine ironische Provokation wirkt.
Zu diesem Wort – Provokation – möchte man oft im Schloß Blücher greifen.
Die Kunstwerke, die sich erst auf den zweiten oder gar auf den dritten Blick als solche erkennen lassen, der Auftritt des zum eleganten Sarkasmus neigenden Hotelleiters, der bestens in die Rolle eines modernen Schloßherrn paßt, die Texte, die die Ausstellung eines dem Haus befreundeten Malers im Foyer begleiten.
Wenn ein Gast offen genug ist, lernt er in diesem Haus das Lachen der Stille kennen. Bleibt zu hoffen, daß dieser Stil auch in Zukunft in diesem Haus gepflegt wird.
Die Pläne der Hotelbetreiber sind ehrgeizig. Schloß Blücher soll sich zum Mittelpunkt des größten Erholungskomplexes in Ostdeutschland entwickeln. Die Lage im Herzen der Mecklenburger Seenplatte und inmitten der intakten Natur ist geradezu prädestiniert dafür. Für die Menschen, die an den Seen leben, ist das die Hoffnung auf einen neuen Anfang.
Bis es soweit ist, müssen sich die Besucher mit dem Vorhandenen begnügen. Das ist aber auch nicht wenig. Eine Bootsfahrt ist jederzeit möglich und ein Ausflug in den Fischerhof in Plau am Plauner See ein Muß, denn nirgends werden Sie geräucherten Aal von ähnlicher Qualität bekommen. Die viel gelobte feine Küche des Schloßrestaurants, die neben bewährten Regionalgerichten auch kulinarische Experimente à la carte bietet, wirkt unter Umständen wie ein provokativer Kontrapunkt dazu.
Für den Gast, der auf das Auto endlich einmal verzichten und gleichzeitig die Natur nicht nur im Schloßpark genießen will, wird Herr Gerd bestellt. Er gehört zu den Dorfbewohnern, die sich schon heute auf den touristischen Boom von morgen eingestellt haben. Seine mit hellbraunem Leder bezogene Kutsche wird den höchsten Ansprüchen gerecht. In seinem festlichen Outfit, zu dem auch ein Zylinder gehört, weist er eine verdächtige Ähnlichkeit zu Hitchcock auf.
Das gehört wohl auch zur Kunst der Provokation, die sich wie jede wahre Kunst »nicht erklären läßt«.

CECILIENHOF

Lange bevor auf dem Babelsberg die ersten Seiten der Filmgeschichte geschrieben wurden, war Potsdam ein Schauplatz geheimnisvoller Sinnenreize.
Im siebzehnten Jahrhundert genoß Kunkel von Löwenstern, der Geheime Kammerdiener des Großen Kurfürsten Friedrich Wilhelm, den Ruf eines unübertroffenen Meisters der Spezialeffekte. Für die zweite Gemahlin seines Gönners, die gern in der Stadt an der Havel weilte, veranstaltete der gefürchtete Alchimist von Zeit zu Zeit in einem der Lustschlösser mysteriöse Nachtfeste. Ein wunderbares Licht erhellte dann dunkle Gartenwege, zauberische Klänge erfüllten die Luft. War es dem Schwarzkünstler danach, so setzte er drei Glühwürmchen, die ihm als Laterne dienten, auf sein Barett und führte die nächtliche Runde auf die Spitze des Panbergs, in dessen Inneres die verwunschene Gräfin bis zum Jüngsten Gericht verbannt war, oder zu den Wiesennixen, die bei den alten Erlen wohnten, genau dort, wo sich heute der Park des Charlottenhofs erstreckt. Die Hoffräulein rissen sich um die Teilnahme an diesen heimlichen Spaziergängen, da der Anblick der Nixen alle Sommersprossen zum Verschwinden brachte. Es gab in Potsdam und seiner Umgebung noch andere magische Orte, und der alte Kammerdiener kannte sie alle. Nur in seinem Haus auf der Pfaueninsel empfing Kunkel von Löwenstern ungern Besucher. Gott weiß, was der Erfinder des berühmten Rubinglases dort verbarg.
Nach dem Tod des Großen Kurfürsten ging der Goldmacher nach Schweden. Dessenungeachtet wurde sein Geist noch oft auf der Pfaueninsel wahrgenommen. War sie vielleicht deswegen ein Lieblingsaufenthaltsort Friedrichs des Großen?
Mehr als dreihundert Jahre war Potsdam Schauplatz einer spannenden Familiensaga. Im Auftrag der Preußenkönige verwandelten die besten Architekten und Künstler die anmutige Havellandschaft in eine faszinierende Scheinwelt voller Paradoxien, die eine passende Kulisse für die Dramen und Komödien des Hohenzollernhauses bildete. Was für schillernde

POTSDAMER MASKENBALL

Sujets bietet diese Familienchronik, was für Gestalten, was für Charaktere!

Da ist Friedrich, der Sohn des Großen Kurfürsten, der seinem Vater nicht traute und aus Potsdam floh, weil er fürchtete, seine Stiefmutter wolle ihn vergiften.

Da ist der Soldatenkönig Friedrich Wilhelm I., der sich allein vor Gott verantwortlich fühlte und seinen Hofnarren zum Präsidenten der Akademie der Wissenschaften ernannte.

Da ist sein ungehorsamer Sohn, Friedrich II., der sich trotz des väterlichen Verbots heimlich mit den schönen Künsten und Naturwissenschaften befaßte und sich als Musiker und Komponist einen Namen machte … Friedrich der Große wird die Welt ihn nennen. Für die Potsdamer bleibt er der Alte Fritz. Sie wissen immer noch genau, wohin er ging, wenn er dem Volk aufs Maul schauen wollte. Es existiert noch die Kneipe, wo er mit der Kantorstochter so gern musizierte und das Zapfbier genoß. Noch heute schmunzeln die Potsdamer über die derben Witze ihres Alten Fritz und behaupten, die drei nackten Grazien, die die preußische Krone auf der Kuppel des Neuen Palais tragen, seien die weiblichen Rivalinnen Friedrichs des Großen: Katharina II. von Rußland, Maria Theresia von Österreich und Madame Pompadour. Nachdem der Glanz seines Sterns erloschen war, zog sich der Alte Fritz, enttäuscht und verbittert, in seine Potsdamer Schlösser zurück. Seine einsamen Spaziergänge durch die Alleen im Rehgarten des Neuen Palais blieben in Erinnerung, so daß nach dem Tod Friedrichs des Großen die Sage entstand, nachts schwebe er immer noch über den gewohnten Pfaden, begleitet von seinen Lieblingshunden.

Die große Geschichte wurde hier privat gelebt. Für die Bewohner der Stadt an der Havel war es im gleichen Maße ein Privileg wie eine Last. »Wir mußten alles abbluten, was in Deutschland geschah«, sagen sie. Die Nähe des Hofes gab den Potsdamern das Gefühl, etwas Besonderes zu sein. Die Not lehrte sie äußerste Sparsamkeit. »Alles aufheben«, heißt das Motto. »Den längsten Kerl aus der Garde des Soldatenkönigs haben wir noch«, scherzen sie. »Wir werfen nichts weg, und schon gar nicht so ein prächtiges Skelett!«

Die »angeborene Arroganz«, die den Potsdamern oft vorgeworfen wird, entpuppt sich beim genauen Hinschauen als jener Selbstschutz, der notwendig ist, um in dieser Allerweltstadt sich selbst nicht zu verlieren. Es ist nicht einfach, die Potsdamer als Freunde zu gewinnen, doch wenn sie sich endlich öffnen, schenken sie eine Wärme und Herzlichkeit, die sich selten finden läßt.

»In Potsdam wird nicht die deutsche, sondern die Potsdamer Identität gelebt.« Sie zu definieren ist schwer, da die Stadt seit eh und je verschiedensten Einflüssen ausgesetzt ist.

Im Potsdamer Telefonbuch finden sich Namen aus aller Welt. Eine multikulturelle Gesellschaft war Potsdam schon immer gewesen. Holländisches Viertel, russisches Dorfviertel, die Römischen Bäder, das chinesische Teehaus.

Was ist Wirklichkeit und was nur ein Traum von der märchenhaften Ferne? Was wurde hier tatsächlich gelebt, was ist nur als ein Zeichen zu verstehen, als eine Maske, die aus Lebenslust, aus Machtlust, aus Täuschungslust getragen wurde?

Masken, zeigt eure Gesichter! Wer seid ihr? Die mächtigsten Männer der Welt. In einem Saal mit getäfelten Wänden

Potsdamer Schlösser und Paläste sind eine einzigartige Familienchronik in Stein. Ihr Stil und ihre Stimmungen wurden nicht nur vom Zeitgeist geprägt, sondern auch von den Ansprüchen und persönlichen Eigenschaften der Preußenkönige. Cecilienhof manifestiert nicht die Großmacht, sondern die Sehnsucht nach menschlichem Glück.

sitzen sie an einem runden Tisch und entscheiden über das Schicksal Europas. Noch vor wenigen Monaten war es ein gemütlicher Wohnraum, nun bestimmt kalte Funktionalität den Stil. Deutschland liegt in Trümmern, in Potsdam beraten Truman, Churchill und Stalin über die Zukunft des Landes. Als Schauplatz der Potsdamer Konferenz wird der Cecilienhof weltberühmt werden. Das Museum hält den Geist jener dramatischen Tage fest. Der Stern aus den roten Blumen im Hof erinnert an die Folgen des Gipfeltreffens.

Eigentlich sollte Cecilienhof ein Ort des Glücks werden. Bescheiden, dabei doch edel und standesgemäß wünschte sich der designierte Thronfolger sein Wohnschloß. Hinter den schlichten Fassaden fanden hundertsechsundsiebzig Zimmer Platz. Der romantische Fachwerkbau fügte sich harmonisch in die freizügige Parklandschaft ein. Es gab aber auch kritische Stimmen, die besagten, der Stil eines englischen Landsitzes passe nicht in die Tradition. Die Überzahl der verschnörkelten Kamine machte die Potsdamer etwas stutzig. Sie tauften daher den Cecilienhof sofort in Schornsteinfegerakademie um.

Der Bau des Schlosses begann am Vorabend des Ersten Weltkriegs. Erst nach den Wirren der Revolution betrat der Kronprinz zum erstenmal seine Räume. Er war kein Thronfolger mehr, und auch nur nominal das Familienoberhaupt. Diese Rolle fiel in den schwierigen Jahren, die der Kronprinz Wilhelm an der Front und als Internierter auf der holländischen Insel Wieringen verbrachte, seiner Gemahlin zu. Couragiert kämpfte sie um das Ansehen des Hauses. Diplomaten verkehrten nun wieder am kronprinzlichen Hof. Bedeutende Künstler wie Herbert von Karajan erschienen

regelmäßig zum Tee. Wie in besseren Jahren wurde der Cecilienhof zu einem gesellschaftlichen Treffpunkt.

Was ist in Potsdam Wirklichkeit und was nur Traum? Was wurde hier tatsächlich gelebt, was ist nur als ein Zeichen zu verstehen, als eine Maske, die aus Lebenslust, aus Machtlust, aus Täuschungslust aufgesetzt wurde?

Erika von Hornstein beschrieb einen Abend im Schloß des entmachteten Kronprinzenpaares: »In Lichtkreisen zahlloser Stehlampen zogen die Gäste wie Zierfische im Aquarium dahin. Sie bewegten sich entlang des Halbrunds, das Fürstlichkeiten gebildet hatten, die Damen knicksend, die Herren unter Verbeugungen. … Nun wurde es vergnüglich. Der Kronprinz zog sich in eine Nische zurück, man sah über die Sessellehne nur noch seinen schmalen Kopf mit dem straff zurückgekämmten weißen Haar; dem Hohen Herrn zu Füßen hockte malerisch auf großem Kissen eine hübsche Dame, vom Kaminfeuer rosa beschienen. Die Kronprinzessin tanzte im ausgeräumten Eßsaal inmitten der Schar ihrer Gäste und Verwandten. Sie tanzte schwerfällig und unermüdlich und verteilte beim Kotillon ihre Sträußchen mit einem kleinen Knicks an die erwählten Tänzer. Eine geisterhafte Gesellschaft!«

Nein, ein Ort des Glücks ist Cecilienhof für das Kronprinzenpaar nicht geworden. Trotzdem liebte Cecilie das Haus, das ihren Namen trug. Kurz vor dem Ende des Zweiten Weltkriegs mußte sie fliehen. Mit dem Verlust der deutschen Krone hat sie sich abgefunden, mit dem Verlust des Cecilienhofes nie.

Auch wenn der Traum von der Rückkehr nach Potsdam nicht in Erfüllung ging, ist die Kronprinzessin im Cecilienhof bis auf den heutigen Tag allgegenwärtig. In den Räumen, die einst zu ihrem intimen Privatbereich gehörten, spüren die Besucher es am stärksten. Wo früher der Prinzeneingang war, befindet sich heute der Hoteleingang. In den Zimmern

erinnert alles an Cecilie. Das Profil der schönen Mecklenburgerin ziert die Möbel und alle anderen Gegenstände, die einen geeigneten Platz dafür bieten. Die Gerichte im Restaurant würden auch Cecilie schmecken. Sie zog die feine Küche vor: Pasteten, Fisch und pikante Saucen. Der Kronprinz dagegen aß lieber »etwas Echtes«, Kartoffelsuppe mit Wiener Würstchen zum Beispiel. Die findet der Besucher im Biergarten, wo deftige Kleinigkeiten serviert werden. Ein Gast, der in diesem besonderen Haus wohnt, erlebt die Sehenswürdigkeiten Potsdams auf andere Weise, vielleicht weil er ein Gast jener Familie ist, der die Stadt an der Havel ihre Schlösser, Gärten und Stimmungen verdankt. Doch Vorsicht! Nichts läßt sich leichter zerstören als die Stimmung! Es genügt, daß Sie an einen falschen Reisebegleiter geraten, der Sie mit nüchternen Zahlen und trockenen Daten bombardiert, und schon ist es vorbei mit dem Zauber. Damit Sie davon verschont bleiben, ein kleiner Tip: Fragen Sie nach Madame Rokoko. Niemand kann besser als sie einen Gast in die Potsdamer Geschichtenwelt einführen. Ein bißchen Schauspielerin, ein bißchen Schriftstellerin, ein bißchen Fremdenführerin, ein bißchen gespenstisch und sehr charmant, erscheint sie, wenn sie gerade dazu Lust hat, in einem selbstgenähten historischen Kostüm mit einer gepuderten Perücke auf dem Kopf und zaubert einen Potsdamer Sagenabend am Ufer des Jungfrauensees hervor. Manche Legende stammt aus der Familienüberlieferung und ist in keinem Buch zu finden. Daß Erika Harder eine »echte Potsdamerin« ist, versteht sich. Sie zeigt auf ihre slawischen Backenknochen und sagt: »Vielleicht haben gerade meine Vorfahren Poztupimi gegründet.« Wer weiß?

In Heiligenstedten spürt man den Atem der Nordsee. Das Schloßhotel ist ein idealer Ausgangspunkt für Ausflüge zu den Halligen oder nach Westerhever. Ein Wattspaziergang am frühen Abend ist ein ebenso unvergeßliches Erlebnis wie der Anblick der surrealen Landschaft im Vogelschutzgebiet um den berühmten Westerhever Leuchtturm.

Tiefe voll Leben: Aale soll es darin geben und Forellen, sogar die Schollen wurden hier geangelt. Im kleinen Vorgarten stehen einladend Tische. Entscheidet sich der Besucher für eine Kaffeepause im Freien, so wird er viel länger verweilen, als er es vielleicht vorhatte. Sein Blick schweift von den mit Efeu bewachsenen Stämmen über die koketten Gipsfiguren, die ihr Spiel mit den Gipsfischen treiben, zu dem alten Reetdachhaus jenseits des Flusses, zu den Seerosen … Ein Pfau stolziert zwischen den beiden Gasthäusern, hin zum Schmiedetor, hinter dem sich das herrschaftliche Hauptgebäude befindet. Hier beginnt der private Bereich. Vielleicht wird irgendwann auch der innere Raum des Herrenhauses zu besichtigen sein, zur Zeit ist es noch nicht soweit. Der neue Schloßbesitzer lebt darin mit seiner Frau. Daß Manfred Milz den Räumen mit sicherem Geschmack Atmosphäre verleiht, kommt den Gästen seines Hauses sehr zugute. Selten findet sich ein historisches Hotel, das so perfekt, großzügig und elegant eingerichtet ist.

Den meisten Besuchern, die nach Heiligenstedten kommen, war vorher selbst der Name des Orts völlig unbekannt. Mit Staunen erfahren sie, daß in der Karolingerzeit ernsthaft darüber nachgedacht wurde, ob die unter Karl dem Großen am Störknie gebaute Esesfeldburg zusammen mit Heiligenstedten die Rolle übernehmen sollte, die letztlich doch Hamburg zufiel. Auch wenn es anders entschieden wurde, war Heiligenstedten, worauf auch sein Name hindeutet, ein besonderer Ort: Hier stand seit Beginn des neunten Jahrhunderts die älteste Kirche Holsteins. Der heilige Ansgar soll im Jahre achthundertvierunddreißig, so die Chronik, »die Leiber der Heiligen, die er geschenkweise von Erzbischof Ebo erhalten

Wenn die Menschen am Unterlauf der Elbe auf die Vergangenheit zu sprechen kommen, dann sagen sie: »Das geschah in jener Zeit, als die Flüsse noch Straßen waren …«

hatte, über die Elbe gebracht haben, den Leib des heiligen Maternus legte er in Heiligenstedten nieder«. Im elften Jahrhundert plante Erzbischof Adalbert von Bremen, Heiligenstedten zum Sitz des Bistums Holstein zu machen. Seit dem fünfzehnten Jahrhundert wird der Ort »an der vierten Krümmung der Stör« mit den bedeutendsten Adelsgeschlechtern des Nordens in Verbindung gebracht. Ende des sechzehnten Jahrhunderts erwarb Baltzer von Alefeldt das adelige Gut und ließ ein neues Herrenhaus errichten. In diesem Renaissanceschloß logierte Dänemarks König Christian IV., als am Schweinebrook in Itzehoe ein Kriegsschiff gebaut wurde. Es war eine geheime Angelegenheit, der schwedische Erzfeind durfte darüber nichts erfahren. Das Schiff war ein Prachtstück geworden, das seinem Namen »Makellos« alle Ehre machte. Als die Makellos vom Stapel ging, schaffte sie es gerade bis Heiligenstedten und kippte in der Nähe des Schlosses um. Um das Traumschiff wieder aufrichten zu können, mußte die Stör abgedämmt werden. Ein hoher Deich wurde errichtet und mit Wasser aufgefüllt. Schließlich setzte das stolze Schiff seine Reise fort, getragen von leeren Weinfässern, die an seinen Bordseiten vertäut wurden.

Auch später weilten hohe Gäste auf Schloß Heiligenstedten. Das Gut gehörte inzwischen den Blomes, die einen Hund, das Symbol der Treue, in ihrem Wappen führten und sich als Gesandte der dänischen Krone verdient machten. Otto Blome I., Ritter des Elefantenordens, ausgezeichnet mit dem Großkreuz des Danebrogordens und der tüchtigste Mann in dem Gesamtstaat, war dreiundzwanzig Jahre Gesandter in Versailles. Dort war er als Maître de plaisir bekannt. Bis heute ist nicht vergessen, wie der Graf eine Wette in Paris gewann,

ORANGERIE

Das Kleinod an der Stör war abbruchreif, als Manfred Milz es entdeckte. Obwohl selbst engste Freunde ihn skeptisch fragten, ob er denn seine »Trauminsel« auch bei Tageslicht einmal angesehen habe, vertraute der erfahrene Geschäftsmann auf seinen siebten Sinn, riskierte – und gewann. Holstein bekam eine exklusive Adresse, ein wichtiges Zeugnis der Landesgeschichte wurde gerettet.

als es darum ging, bei einem Gelage das größte Butterbrot auf den Tisch zu bringen. An dem festgesetzten Tag trugen zwölf Diener einen Mann auf einem riesigen Tablett in den Festsaal. Es war das bekannte Heiligenstedter Original Paul Butterbrodt, der vierhundertsechsundsiebzig Pfund wog. Aus Paris brachte Otto Blome nach Heiligenstedten nicht nur den Siegespreis dieser skurrilen Wette mit, sondern auch eine bedeutende französische Bibliothek. Sie bekam einen würdigen Platz in dem neuen Schloß, das Nicolas Henri Jardin, der Intendant aller königlichen Bauten in Kopenhagen, im Auftrag des Grafen nach der Sturmflut von siebzehnhundertsechsundfünfzig auf dem Gut erbaut hatte.

Auch Otto Blome II. stand in diplomatischen Diensten. Fünfunddreißig Jahre lang war er Gesandter in Sankt Petersburg. Mit dem Zaren Nikolai I. verband ihn ein freundschaftliches Verhältnis. Als der Zar einmal auf Gut Heiligenstedten zu Gast war, brachte er als Geschenk einen eleganten Balkon auf dünnen gußeisernen Säulen mit, der lange Zeit das Schloß zierte. Zahlreiche Petersburger Ansichten und Porträts russischer Zaren erinnerten den alten Diplomaten an seine besten Jahre. In dem Königszimmer durften natürlich die Bildnisse dänischer Könige nicht fehlen, denen die Blomes ergeben dienten. Adolf Blome, der Neffe des Rußlandgesandten, wandte sich später von der Idee eines dänischen Gesamtstaats ab und trug dazu bei, daß Schleswig-Holstein eine preußische Provinz wurde. Adolf Blomes Umgestaltungseifer zeigte sich auch in kleineren Dingen: Er ließ das Schloß Heiligenstedten aufstocken, seitdem prägen die neugotischen Züge das Bauwerk.

Im Jahre neunzehnhundertsechsundzwanzig verließ der

HOTEL JARDIN

letzte Blome das zwangsversteigerte Schloß Heiligenstedten, nachdem er innerhalb kurzer Zeit das beschauliche Familienerbe durchgebracht hatte. Sic transit gloria mundi, wird der Gast denken, der vielleicht am Feuer in der Kaminsuite des Hotels Jardin sitzt und diese Zeilen liest. So angenehm es auch sein mag, sich ganz der melancholischen Stimmung in diesem edlen Ambiente hinzugeben, sollte man es jedoch keinesfalls unterlassen, eine Reise in das ungewöhnliche Umland des Schlosses zu machen.

Für einen Ausflug nach Westerhever sollte man sich etwas Zeit nehmen. Ein Wattspaziergang in den abendlichen Ebbestunden ist ein unvergeßliches Erlebnis, ebenso wie der Anblick der surrealen Landschaft im Vogelschutzgebiet um den berühmten Westerhever Leuchtturm. Würden Sie hier gerne etwas länger bleiben? Kein Problem. Die alte Knutzenswarft der Familie Jörs wäre eine gute Adresse. Es ist zwar kein Schloß, dafür aber ein derartig urfriesisches Haus, daß darin schon Spielfilme gedreht wurden. Abends, bei einem Fläschchen Bier, kann es zu angenehmen Gesprächen kommen. Bleiben Sie dann lieber still, und lassen Sie Ihre Gastgeber reden! Sie erfahren, daß die festen Straßen für die Menschen hier immer noch fast ein Wunder sind. Sie hören Geschichten von den Feinden der Deiche, den Hasen und Maulwürfen, und von den Freunden der Deiche, den Schafen, die mit ihren tausend kleinen Hufen den schutzgebenden Erdwall festtrampeln. Sie hören von nächtlichen Streifzügen, bei denen heimlich Treibgut, das der launische blanke Hans ans Ufer geworfen hat, aufgesammelt wird. Es finden sich immer wieder brauchbare Dinge, auch wenn es bisweilen passierte, daß ein Pulverfaß, das irrtümlich für ein Weinfaß gehalten wurde, in die Luft ging.

Wovon hören Sie noch? Vom Irren im Wattnebel, von den ins Watt verliebten Verrückten, die auf dem Sandkamm in phantastischen »Schlössern« aus Treibholz wohnen; von dem berühmten Seeräuber Störtebecker, der in Westerhever gelebt haben soll. Immer wieder geht es um die Sturmfluten. »Das Meer gibt uns viel, aber wir müssen uns vor ihm auch schützen«, bemerkt Frau Jörs und fügt mit stolzer Lässigkeit hinzu: »Schauen Sie sich diese Balken an, es sind vier, die das ganze Haus tragen. Es kann passieren, daß die Flut die Wände wegdrückt und all das hier wegspült. Aber die Balken bleiben und somit die ganze Konstruktion. Das Haus wird stehen, wie es schon fast vierhundert Jahre hier steht.«

Zum Schluß erfahren Sie vielleicht noch von der Jagd nach den fliegenden Fischen. Nie gehört? Während der Sturmfluten, wenn die Wellen besonders hoch schlagen, springen die fliegenden Fische von einem Wellenkamm auf den anderen hinüber. »Und in diesem Moment schießen wir sie ab, und die Seehunde, die in Pellworm speziell trainiert werden, holen sie uns. Damit sie die Fische nicht selber fressen, wird ihnen ein enges Halsband umgelegt …« Ja, und spätestens jetzt sollten Sie einmal genau in Herrn Jörs' treuherzige Augen schauen …

Wenn auch Sie etwas zu erzählen haben, sind Sie nun endlich dran.

Nordsee
Ostsee
Kieler Bucht
Mecklenburger Bucht
Schleswig-Holstein
Kiel
Heiligen-stedten
Hamburg
Rostock
Mecklenburg-Vorpommern
Schloß Blücher
Müritz See
Bremen
Weser
Elbe
Niedersachsen
Brandenburg
POLEN
Oder
Berlin
Cecilienhof
Potsdam
Hannover
Aller
Warta
Ems
NIEDERLANDE
Teutoburger Wald
Weser
Leine
Magdeburg
Odra
Rhein
Maas
Anholt
Blomberg
Harz
Elbe
Bobr
Nordrhein-Westfalen
Sachsen-Anhalt
Trendelburg
Sababurg
Hardenberg
Neisse
Hugenpoet
Düsseldorf
Schnellenberg
Waldeck
Erfurt
Dresden
Sachsen
Ramersdorf
Bonn
Hessen
Thüringen
Rhein
Fulda
Werra
Thüringer Wald
BELGIEN
Kurfürstliches Amtshaus
Koblenz
Mosel
Daun
DEUTSCHLAND
Jizera
Rhein-fels
Niederwald
Wiesbaden
Rothenbuch
Main
Labe
Rheinland-Pfalz
LUXEMBURG
Hunsrück
Historische Schloßmühle
Schönburg
Thier-garten
Main
Herrenhaus
Steinburg
Steigerwald
Oberpfälzer Wald
TSCHECHISCHE REPUBLIK
Saar
Saarland
Hornberg
Saarbrücken
Vltava
Schwetzingen
Jagst
Eisenhut
Heins-heim
Lehen
Stuttgart
Oberstotzingen
Neufahrn
Weitenburg
Donau
FRANKREICH
Baden-Württemberg
Neckar
Bayern
Schwarzwald
Schwäbische Alb
Rhein
Inn
Donau
Lech
München
Salzach
Enns
Bodensee
ÖSTERREICH
Jägerhaus
Inn
Orte mit Schloßhotel
in diesem Buch besprochenes Schloßhotel

Anhang

Alle Burgen und Schlösser, die in unserem Buch präsentiert wurden, sind Mitglieder von GAST IM SCHLOSS.
Ausführliches Informationsmaterial können Sie über die europäische Informationszentrale von EUROPEAN CASTLE HOTELS & RESTAURANTS erhalten.
Über die Reservierungszentrale können Sie Ihre Schloßreise bzw. Pauschalangebote einzelner Schloßhotels buchen. Ihre Reise wird individuell gestaltet, Sie können sich jedoch auch für eine der elf Routen mit Schwerpunktthemen entscheiden: Weinreise, Gärten & Parks, Reise ins Mittelalter, Gourmetreise, Barockschlösser, Wanderreise, 3-Länder-Reise, Historie & Natur pur, Auf der Burgenstraße, Fahrradreise, Schloß stop over.

EUROPEAN CASTLE HOTELS & RESTAURANTS
Head Office Europe
Weinpalais, P.O. Box
67142 Deidesheim/Weinstraße
Tel. 0 63 26 / 70 00-0
Fax 0 63 26 / 70 00-22

Schloßhotel Oberstotzingen*****
(Baden-Württemberg)

Renaissanceschloß aus dem 17. Jahrhundert, ursprünglich eine Wasserburg aus dem 13. Jahrhundert.
3 Einzelzimmer, 12 Doppelzimmer, 2 Suiten.
Gourmetrestaurant »Vogelherd«, rustikale »Schloßschenke«, auf Wunsch Diätküche und Vollwertkost.
Stettener Str. 35-37
89168 Niederstotzingen
Tel. 0 73 25 / 1 03-0
Fax 0 73 25 / 1 03-70
(Abbildungen S. 11, 15, 17, 19)

Gotisches Kreuzgewölbe der ehemaligen Schloßkapelle, Barockgarten (28 000 qm), Hainbuchenallee, Schloßkonzerte, Kunstausstellungen, Hochzeiten und Galaveranstaltungen mit besonderen Rahmenprogrammen, hauseigene Tennisplätze.

Burghotel Schnellenberg****
(Nordrhein-Westfalen)

Höhenburg der Reichsritter von Fürstenberg aus dem 11. Jahrhundert.
3 Einzelzimmer, 31 Doppelzimmer, 8 Suiten.
Restaurant im Rittersaal, Georgstuben, Gartenterrassen, Bar im Wappenkeller, eigene Fischteiche.
57439 Attendorn am Biggesee
Tel. 0 27 22 / 6 94-0
Fax 0 27 22 / 6 94-169
(Abbildungen S. 97, 99, 101, 103, 104, 105)

Renaissancekapelle im Burgturm, Torgewölbe, Hochzeitskapelle, Museum der Familie Fürstenberg mit Exponaten aus dem 16. und 17. Jahrhundert.
Mittelalterliche Rahmenprogramme (»Eine Nacht am Artushof« und »Barbarossa«), Silvester-Feuerwerk im Burghof, Waldwanderungen, Besichtigung der Attendorner Tropfsteinhöhle.

Burghotel Auf Schönburg***
(Rheinland-Pfalz)

Höhenburg der Ritter von Schönberg aus dem 12. Jahrhundert.
3 Einzelzimmer, 17 Doppelzimmer, 2 Suiten.
3 Restaurants, Kaminzimmer, Burginnenhof, auf Wunsch Bedienung in historischen Kostümen.
55430 Oberwesel/Rhein
Tel. 0 67 4 / 9 39 30
Fax 0 67 44 / 16 13
(Abbildungen S. 111, 113, 115, 117, 118, 119)

Schauplatz der Sage von den »Sieben stolzen Schwestern«. Wehrmauer, Türme, Burgkapelle, Rheinterrasse.
Burgführung, Schönburger Schatzsuche, historische Rahmenprogramme, Schönburger Rittermahl, Schönburger Rätselessen, Weinproben und Weinlehrpfad, Rundflug, Schiffahrt auf dem Rhein, Handwerkermarkt, Weinmarkt.

Historische Schloßmühle***
(Rheinland-Pfalz)

Schloßmühle aus dem 17. Jahrhundert, temporär im Besitz von Kaiser Napoleon.
9 Doppelzimmer, 1 Suite.
Restaurant im ehemaligen Mühlenwerk, Gartenterrasse.
55483 Horbruch/Hunsrück
Tel. 0 65 43 / 40 41
Fax 0 65 43 / 31 78
(Abbildungen S. 123, 125, 126, 127, 129, 130, 131)

Geheimtip im Hunsrück. Persönliches Ambiente mit viel Charme, Treffpunkt von Künstlern, Diplomaten und Prominenten. Boao-Seminare in der Napoleonstube, Kunsthandwerk im Mühlenlädchen. Regelmäßige Vernissagen, Soireen, Dichterlesungen, Plaudereien in Dur und Moll, Musik passend zum Menü. Wanderungen an der deutschen Edelsteinstraße.

Schloß-Hotel Kurfürstliches Amtshaus****
(Rheinland-Pfalz)

Jagdschloß mit Amtssitz der Kurfürsten von Trier aus dem 18. Jahrhundert. Die Geschichte des Baus reicht bis in die Keltenzeit zurück.
17 Einzelzimmer, 24 Doppelzimmer, 1 Fürstensuite.
Gourmetrestaurant »Graf Leopold«, Ritterbar, Kaminhalle, Schloß-Terrasse, Burggarten mit Grillpavillon.
Dauner Burg
54550 Daun/Vulkaneifel
Tel. 0 65 92 / 30 31
Fax 0 65 92 / 49 42
(Abbildungen S. 137, 138, 139, 141, 143, 144, 145)

Fürstliches Ambiente mit viel Liebe zum Detail, historische und musikalische Rahmenprogramme, Feinschmeckerarrangements, exquisite Weinproben (Ahr, Mosel, Ruwer, Saar), Felsenschwimmhalle.
Das Schloß steht auf dem Gipfel eines Vulkans. Idealer Ausgangspunkt für Maarwanderungen und Rundfahrten in der Vulkanlandschaft der Eifel.

Hotel Schloß Hugenpoet*****
(Nordrhein-Westfalen)

Wasserschloß der Familie von Fürstenberg aus dem 17. Jahrhundert, ursprünglich vermutlich Gutshof von Karl dem Großen.
5 Einzelzimmer, 19 Doppelzimmer, 1 Suite, antike Möbel.
Gourmetrestaurant mit anspruchsvoller Gastronomie, Festessen in stimmungsvollen Salons, Sommerterrasse.
August-Thyssen-Str. 51
45219 Essen (Kettwig)
Tel. 0 20 54 / 12 04-0
Fax 0 20 54 / 12 04-50
(Abbildungen S. 151, 153, 155, 156, 157, 159, 161)

Künstlerisch wertvolle Sandsteinkamine aus der Renaissance, eine reichhaltige Gemäldesammlung aus dem Besitz der Familie von Fürstenberg, barocker Marmortorbogen im Foyer, Schloßkapelle für Trauungen und Taufen, Schloßgarten, Tennisplatz.

Parkhotel Wasserburg Anholt****
(Nordrhein-Westfalen)

Wasserburg der Fürsten zu Salm-Salm, 12. Jahrhundert.
7 Einzelzimmer, 19 Doppelzimmer, 2 Suiten.
3 Restaurants, Terrasse zum Wasserpark, Spezialitätenwochen.
Klever Straße
46419 Isselburg
Tel. 0 28 74 / 45 90
Fax 0 28 74 / 40 35
(Abbildungen S. 166, 167, 169, 171, 173, 175)

Sehenswertes Museum der Fürsten zu Salm-Salm, Gemäldesammlung (darunter Rembrandts »Diana mit Aktäon und Kallisto«), Ahnengalerie, Porzellansammlung, Bibliothek, barocke Innenarchitektur, der »Dicke Turm« aus dem 12. Jahrhundert, Schloßpark (42 ha).
Barockfest, Musikherbst, Kunstausstellungen, eigener Golfplatz (18 Loch).

Hotel Schloß Blücher***
(Mecklenburg-Vorpommern)

Schloß aus dem 19. Jahrhundert, erbaut von Graf Ludwig von Blücher.
11 Doppelzimmer, 2 Suiten.
Restaurant, Schloßterrasse, Bierstube.
17213 Göhren-Lebbin
Tel. 03 99 32 / 1 75
Fax 03 99 32 / 17-999
(Abbildungen S. 181, 183, 184)

Eine noble Adresse inmitten der Mecklenburgischen Seenplatte. Jagdzimmer, Parksalon. Provokante Kunstausstellungen, Schloßkonzerte, Jazz-Matineen.
Jagdgesellschaften, Kochseminare, Kutschfahrten, Ballonfahrten, Wandern, Lagerfeuer. In der Nähe: Schwimmen, Segeln, Surfen, Töpferkurse, Schiffahrt auf dem Müritzsee.

Schloßhotel Cecilienhof****
(Brandenburg)

Wohnschloß des letzten deutschen Kronprinzenpaares aus dem 20. Jahrhundert.
9 Einzelzimmer, 27 Doppelzimmer, 6 Suiten.
Restaurant im ehemaligen Speisesaal des Kronprinzenpaares, Terrasse.
Neuer Garten
14469 Potsdam
Tel. 03 31 / 37 05-0
Fax 03 31 / 2 92 44 98
(Abbildungen S. 189, 191, 192, 193)

Historisch bedeutender Ort. Ländlicher englischer Baustil, luxuriöse Designmöbel, Museumsführungen (Tagungsraum der Potsdamer Konferenz, Privaträume des Kronprinzenpaares), Landschaftspark am Ufer des Jungfernsees. Sanssouci und andere Potsdamer Schlösser, Filmstudios Babelsberg.

Schloß Heiligenstedten, Hotel Jardin****
(Schleswig-Holstein)

Barockschloß der königlichen Gesandten, Grafen von Blome aus dem 18. Jahrhundert.
10 Doppelzimmer, 9 Suiten.
Feinschmecker-Restaurant »Orangerie«, Terrassen.
Schloßstraße 13
25524 Heiligenstedten
Tel. 0 48 21 / 8 73 35, 8 73 36, 8 73 37
Fax 0 48 21 / 8 73 38
(Abbildungen S. 204, 205, 207)

Das Schloß wurde vom dänischen Hofbaumeister N. H. Jardin erbaut. Hotel und Restaurant wurden in den beiden Torhäusern eingerichtet. Zwei Suiten mit Kamin, Zugang zum Schloßpark unmittelbar von den Zimmern. Schloßeigenes Gestüt mit edlen Dressurpferden. Angeln und Bootsfahrten auf der Stör, Golfplatz in nächster Nähe.

Quellenhinweis

Uwe Anhäuser, Sagenhafter Hunsrück, Bd. 1,2, Briedel/Mosel 1994/95
Herbert Bahl und Rüdiger Kuhn, Die Spessarträuber – Legende und Wirklichkeit, Würzburg 1990
Hans Beuter, Ritter, Schurken, Schloßgespenster, Morstadt 1997
August Bierhaus, Henk Krosenbrink u. a., Sagen-Safari, Borken 1992
Ludwig Bing, Waldecker Ortsspott, Korbach-Bad Wildungen 1986
Hans Friedrich Brunk, Ostseesagen, Husum 1989
Werner Fahl und Rico Quaschny, Fürstenberger Skizzen, Arnsberg 1995
Hans Frank, Mecklenburgische Sagen und Märchen, Husum 1982
Barbara Grimm und Rüdiger Kuhn, Von Aufhockern, schönen Frauen und anderen Dämonen, Würzburg 1995
Jochen Herzog, Märchen, Sagen und allerlei seltsame Geschichten aus Waldeck und dem Edertal, Waldeck 1996
Wilhelm Hoersch, Beschreibung des Pfarrbezirkes Daun, Daun 1877
Gundula Hubrig-Messow, Sagen und Märchen aus Steinburg, Husum 1993
Lebensbeschreibung des Ritters Götz von Berlichingen, Stuttgart 1962
Märkische Sagen, München 1979
Ernst Meier, Deutsche Sagen, Sitten und Gebräuche aus Schwaben, Stuttgart 1852
Erwin Papke, Heilligenstedten – Ein historisches Kleinod an der Stör, Itzehoe 1995
Dieter Uffelmann, Sagen-Schatz aus Trendelburg, Trendelburg 1995

VǍU

VAU

Wenn Köche Bücher schreiben, dann verbirgt sich hinter den Rezepten ihre ganze Seele, dann sind die Zutaten Mosaiksteine ihres Werdeganges, gewonnene Einsichten und Erfahrungen aus langen Jahren am Herd, Erinnerungen an verschiedene Stationen und Lehrmeister, gesammelte Rückblicke, entsprechend den persönlichen Präferenzen und der eigenen Kreativität geordnet, um etwas Neues entstehen zu lassen. Rezepte sind wie ein Fenster in den Kopf und das Herz eines Koches, ein Blick in dessen Mentalität und damit auch ein Spiegelbild seiner selbst. Jeder Koch bringt in das Rezept ein Stück seiner Persönlichkeit ein, damit beginnt die unverwechselbare Handschrift, die sich im Laufe der Zeit in einen sicheren und wiedererkennbaren Stil verwandelt. Die Rezeptur bringt die ganze Gedankenwelt des Kochs auf den Teller, sie ist, bedingt durch die Produktauswahl und die vom Koch gewählte Zubereitungsmethode, gleichzeitig Zustandsbeschreibung einer sich wandelnden Esskultur und damit auch ein Gradmesser für die Bedeutung und Wertschätzung der Kochkunst innerhalb einer modernen Gesellschaft, die einen permanenten Zugriff auf Essen hat und die Arbeit der Köche nicht mehr nach dem Sättigungsgefühl bemessen muss.

Kochen ist in unserer rastlosen Gesellschaft, die sich in weiten Kreisen nur wenig Zeit fürs Essen und noch weniger Zeit fürs Kochen nimmt, fast schon zur Kunst geworden. Gleichzeitig – und das klingt paradox – ist Kochen Kult, noch nie zuvor war das Medieninteresse an der Zunft so groß wie in den vergangenen Jahren. Auf allen Fernsehkanälen jagen sich die Kochsendungen, geben sich Köche aus der ganzen Republik die Klinke in die Hand und zeigen einem erstaunten Publikum mehr oder weniger einfache Dinge aus der komplizierten Welt der Kochkunst. Diese braucht eine Bühne, muss sich darstellen und ihre Protagonisten öffentlich machen, damit ihre essenzielle Bedeutung für die Kultur eines Landes nicht untergeht im Aufwärmen von industriell gefertigten Speisen für die Tiefkühltruhe. »Schnell mal was essen« impliziert nicht notwendigerweise, dass man etwas kochen muss. Das Sattwerden verlangt heute keinerlei Kenntnisse, wie aus einem rohen Produkt ein schmackhaftes Essen zubereitet werden kann. Je einfacher der Zugriff auf fertige Nahrung wird, umso schneller verliert sich das Wissen um den Herstellungsprozess, umso schneller und weiter entfernt sich der Mensch vom ursprünglichen Produkt.

Ob die diversen Kochsendungen, die derzeit über den Bildschirm flimmern, diesen Prozess letztendlich aufhalten können, wage ich zu bezweifeln. Aber sie verschaffen uns Köchen eine sonst nicht bezahlbare Medienpräsenz und damit unserem Handwerk eine Bühne mit Millionenpublikum. Hier können wir zumindest Flagge zeigen, wenn auch im eingeschränkten Rahmen, und den

Zuschauern das Kochen als Lusthandwerk mit Kopf – im wahrsten Sinne des Wortes – schmackhaft machen. Pfannkuchenteig muss eben nicht aus der Plastikflasche kommen und Saucen nicht aus der Tüte. Und wenn wir mit den Sendungen auch nicht alle eingeschworenen »Fast-Food-Junkies« und »Dosen-Esser« an den heimischen Herd bringen können, so animieren diese Sendungen den einen oder anderen doch, Essen mal wieder als durchaus genüsslichen Zeitvertreib mit Freunden in einem »kochenden« Restaurant zu erleben.

Mit der Popularität der Kochsendungen wachsen auch die Kritik an diesem Sendeformat und vor allem die Kritik an den Köchen, die in den einschlägigen Kochshows auftreten. Mir ist klar, dass man aus dem Fernsehen nicht kochen lernen kann, und dass das so genannte Schaukochen, dazu unter Zeitdruck, eine Gratwanderung zwischen Drama und Komödie ist, eine Aufführung, in der der Koch als Schauspieler fungiert und seine ihm zugedachte Rolle als Mittler zwischen launiger Unterhaltung und kulinarischer Wissensvermittlung bedient. Ich gebe zu, dass mir diese Rolle gefällt, dass ich zumindest für den kurzen Augenblick der Sendung das Rampenlicht genieße, das meine Kochideen in die Öffentlichkeit stellt und mir den Raum bietet, meine Arbeit einem breiten Publikum vorzustellen und damit auch Werbung für mein Restaurant und letztendlich für die ganze Zunft zu machen.

Natürlich geht die Zeit im Studio zu Lasten der Zeit, die ich bei meinem Team im Restaurant verbringen kann. Aber unser Erfolg speist sich auch aus der werbewirksamen Medienpräsenz, nicht ausschließlich, aber doch zu einem gewissen Anteil. Beides unter einen Hut zu bringen ist nicht einfach, wer auf vielen Hochzeiten tanzt, läuft Gefahr, die Kontrolle über das Wesentliche zu verlieren, das letztendlich zu einem guten Teil am Kopf des Wirtschaftsunternehmens Restaurant hängt.

Ich weiß um die Gefahr und ich sehe und spüre den Drahtseilakt, den ich vollführen muss, um TV-Auftritte, Außer-Haus-Veranstaltungen und Restaurant-Präsenz im gesunden Gleichgewicht zu halten. Aber ich habe ein starkes und engagiertes junges Team an meiner Seite, das mir den Rücken freihält und sich – jeder auf seinem Posten – voll und ganz in das Gemeinschaftswerk »Restaurant VAU« einbringt. Auch an Tagen, an denen ich nicht in der Küche stehe, muss die dem Gast gebotene Qualität stimmen, denn Kochen ist in unserer Liga keine One-Man-Show, sondern ein Zusammenführen von verschiedenen Spezialisten zu einer gemeinsamen Leistung. »Im VAU isst man gut«, diese Aussage ist mir – bei aller erlaubter Eitelkeit – wichtiger als die Herausstellung meiner Person. Natürlich habe ich das Rad nicht erfunden, sondern es mit Hilfe meines Teams nur in die gewünschte Richtung zum Laufen gebracht.

Das Restaurant als Bühne bleibt dem Chef vorbehalten, die Gäste kaprizieren sich auf ihn und warten auf den Rundgang in der Kochjacke um Lob und Kritik loszuwerden. Gute, und in den Kritiken geführte Restaurants sind längst Schauplätze einer unverkrampften Lebensart geworden, hier wird Lebensfreude zelebriert und damit der Rahmen für den Auftritt des Essens als Hauptakteur gesetzt. Wer sich darauf einlassen will und kann, erlebt die Entschleunigung der Hektik, kann für einige Momente in einen Genussrhythmus eintauchen, den allein die Küche vorgibt und der von einer permanenten Vorfreude auf den nächsten Gang begleitet wird. Ein bisschen Illusion schwingt dabei mit, es ist eine eigene Welt, die den Vorhang hochzieht, um dem unangenehmen Hungergefühl mit immer neuen kulinarischen Einfällen, ungewöhnlichen Zusammenspielen, undogmatischen und kreativen Arrangements und spannenden Kombinationen auf den Leib zu rücken.

Der Gast will genüsslich unterhalten werden, und ich habe Spaß an dieser Unterhaltung. Ich bin gerne Entertainer und freue mich, wenn etwas von meiner positiven Grundhaltung auf mein Umfeld abstrahlt, wenn in der Arbeit nicht nur Last, sondern auch Erfüllung und Bestätigung gesehen wird, aus denen ein realistisches Selbstwertgefühl entsteht, das ein freundliches Miteinander ermöglicht. Dass ich dieses Lebensgefühl ausgerechnet im Kochberuf gefunden habe, war eine glückliche Fügung, die mich erst auf Umwegen an den Herd gebracht hat. Wenn ich zurückdenke – und ein solches Buch bietet dazu einen idealen Anlass, längst vergrabene Zeiten Revue passieren zu lassen – dann erscheint mir mein Leben wie eine gezielte Aneinanderreihung von Zufällen, die mich schrittweise zu dem gemacht haben, was ich bin und mich dorthin gebracht haben, wo ich heute meine Vorstellungen vom Leben verwirklichen kann.

Grundrezepte

VAU

Hamburger Aalfond nach Josef Viehhauser

Rezept für 6–8 Portionen
Zubereitungszeit: ca. 1 ½ Stunden

800 g Räucheraal
2 mittelgroße Zwiebeln
1 Karotte
¼ Knollensellerie
1 Stange Lauch
300 ml Sherry Amontillado
1–2 EL Pflanzenöl
2 l Rinderconsommé
5 weiße Pfefferkörner, geröstet
Meersalz
2 frische Lorbeerblätter
½ unbehandelte Zitrone, Zesten und Saft
2 Eiweiß
500 g Eiswürfel

Den Räucheraal filieren, die Haut und Gräten klein hacken und aufbewahren. Das Aalfleisch zur weiteren Verwendung kühl stellen. Eine flache Pfanne mit Alufolie auslegen. Die Zwiebeln putzen – aber nicht schälen! – und halbieren, sie dann in der ausgelegten Pfanne auf der Schnittseite kräftig anbräunen. Die Karotte und den Sellerie putzen, waschen und fein schneiden. Von der Lauchstange nur den weißen Abschnitt verwenden, ihn ebenfalls waschen, putzen und fein schneiden. Den Sherry in einem kleinen Topf auf 100 ml einkochen.

Das Pflanzenöl in einen Topf geben. Die gehackte Aalhaut und Aalgräten mit den Gemüsen darin anschwitzen. Beiseitestellen und abkühlen lassen. Die Zwiebeln dazugeben. Die Rinderconsommé mit Sherry, Pfefferkörnern, Meersalz, Lorbeerblättern, Zitronensaft und Zitronenzesten, den Eiweißen sowie den Eiswürfeln vermischen. Alles in den Topf mit den Gemüsen geben und aufkochen. Ständig mit einem Spatel am Topfboden schaben, damit nichts anbrennt. Dann die Hitze um die Hälfte reduzieren und nicht mehr schaben. Den klaren Fond beiseite stellen, etwa 15 Minuten ziehen lassen. Durch ein nasses, kaltes Tuch passieren.

Diesen Fond können Sie als Aalconsommé mit Gemüse, Backpflaumen, Birnenspalten und Aalstücken servieren oder Räucheraal darin erwärmen. Dabei darf der Aal nicht zu heiß werden, da er sonst trocken wird.

Artischockenfond

Rezept für 1 l
Zubereitungszeit: ca. 1 Stunde

10 Artischocken
Saft von 2 Zitronen
3 Knoblauchzehen
1–2 rote Chilischoten, getrocknet
2–3 EL Olivenöl
1 l Geflügelfond

Die Artischocken putzen, dabei die Blätter sorgfältig von den Stielen und dem Heu trennen, die Böden zur weiteren Verarbeitung in kaltes Wasser mit Zitronensaft legen. Die Knoblauchzehen schälen.

Die Knoblauchzehen, Chilischoten und Artischockenblätter in Olivenöl anschwitzen. Das Ganze mit dem Geflügelfond auffüllen, aufkochen und 30 Minuten ziehen lassen. Anschließend den Fond durch ein feines Sieb passieren.

Diesen Fond können Sie als Grundlage für Suppen oder zum Ansetzen eines Artischockenrisotto verwenden. Achten Sie bei der Zubereitung unbedingt darauf, dass Sie sich nach dem Putzen der Artischocken gründlich die Hände waschen. Ansonsten bleiben die Bitterstoffe der Artischocke daran haften und geben den Geschmack auch an andere Produkte ab. Wer will, kann auch mit Einweghandschuhen arbeiten – aber das ist eine Gewöhnungssache.

Rezept für ca. 3 l
Zubereitungszeit: ca. 1 ½ Stunden

2 kg Karkassen von Steinbutt, Seezunge, Heilbutt, Saint Pierre (St. Petersfisch)
4 l Wasser
4 Zehen Knoblauch
4 Schalotten
1 Stange Lauch
3 Stängel Staudensellerie
½ Fenchelknolle
10 kleine weiße Champignons
10 weiße Pfefferkörner, geröstet
5 Pimentkörner
1 TL Senfkörner
1 frisches Lorbeerblatt
Pflanzenöl
300 ml Weißwein
40 ml Noilly Prat
4 Eiweiß
500 g Eiswürfel
20 g Meersalz

Die Fischkarkassen klein hacken und ausgiebig kalt wässern. Den Knoblauch und die Schalotten schälen und grob hacken, den weißen Abschnitt der Lauchstange, den Sellerie und den Fenchel waschen, putzen und klein schneiden. Die Champignons putzen und klein schneiden. Die zerkleinerten Gemüse und Pilze mit Pfeffer-, Piment- und Senfkörnern sowie dem Lorbeerblatt in Pflanzenöl glasig schwitzen. Darauf achten, dass sie ihre Farbe behalten. Alles mit 200 ml Weißwein und Noilly Prat ablöschen, beiseitestellen und abkühlen lassen.

Die Eiweiße mit 100 ml Weißwein, 3 l Wasser, Eiswürfeln und Meersalz verquirlen. Das Ganze anschließend mit dem abgekühlten Gemüse und den Karkassen vermischen.

Den Fond auf höchster Stufe aufkochen, dabei ständig mit einem Spatel am Topfboden schaben, damit nichts anbrennt. Sobald der Ansatz zu kochen beginnt, mit dem Schaben aufhören, die Hitze um die Hälfte reduzieren und den Fond nur sacht 3 bis 4 Minuten köcheln lassen. 30 Minuten beiseitestellen. Durch ein nasses, kaltes Tuch passieren.

Bei meinem Rezept geht man vor, als wollte man eine Brühe klären. Ich bevorzuge die schnelle Variante, weil das Eiweiß nicht so leicht anbrennt. Dafür muss man während des Aufkochens ständig rühren und schaben. Lassen Sie den Fond so lange köcheln, bis er klar und das Eiweiß oben gestockt ist.

Rezept für ca. 3 l
Zubereitungszeit ca. 4 ½ Stunden

3 kg Hühnerkarkassen oder Hühnerflügel
4 l Wasser
graues Meersalz
1 kg Zwiebeln
15 weiße Pfefferkörner, geröstet
1 frisches Lorbeerblatt
1 Staude Staudensellerie
1 Bund Blattpetersilie

Die Hühnerkarkassen in einen breiten Topf geben und mit Wasser auffüllen. Die Zwiebeln waschen, halbieren und ungeschält hinzufügen, das Ganze salzen und schnell aufkochen. Die Flüssigkeit nach dem Aufkochen abschäumen, die Pfefferkörner und das Lorbeerblatt dazugeben und etwa 4 Stunden bei kleiner Hitze sanft köcheln lassen.

Nach rund 3 ½ Stunden den Staudensellerie waschen, putzen, grob zerkleinern und in die Brühe geben. Kurz bevor der Fond fertig gekocht hat, die Blattpetersilie waschen, putzen, grob zerkleinern und in den Fond geben. Den fertig gekochten Fond durch ein grobes Sieb und anschließend durch ein kaltes, nasses Passiertuch gießen. Ihn dann abkühlen lassen und entfetten.

Lassen Sie beim Abkühlen einen Kochlöffel oder einen ähnlichen Gegenstand aus Metall in dem Fond stehen, damit die Hitze abgeleitet wird. Ansonsten gibt es einen Hitzestau und die Brühe könnte – besonders bei warmem Wetter und bei Gewittern – sauer werden und verderben.

Natürlich können Sie anstelle der Karkassen und Flügel auch ein ganzes Suppenhuhn oder Hähnchenkeulen verwenden. Als Faustregel gilt, dass ein Kilogramm Karkassen einen Liter Fond ergeben sollte.

VAU

Heller Kalbsfond

Rezept für ca. 2 l
Zubereitungszeit: ca. 4 ½ Stunden

2 kg Kalbsrückenknochen
3 l Wasser
graues Meersalz
500 g Zwiebeln
10 weiße Pfefferkörner, geröstet
1 frisches Lorbeerblatt
3 Stängel Staudensellerie
1 Stange Lauch
1 Bund Blattpetersilie
1 kleines Bund Thymian
1 kleines Bund Salbei

Die Kalbsrückenknochen walnussgroß hacken und kalt abspülen. Sie in einen breiten Topf geben und mit Wasser auffüllen. Die Zwiebeln putzen, halbieren und ungeschält zu den Knochen geben, das Ganze salzen und schnell bei großer Hitze aufkochen. Die Flüssigkeit nach dem Aufkochen abschäumen, mit Lorbeer und Pfeffer würzen und rund 3 ½ Stunden bei kleiner Hitze sanft köcheln lassen. Nun den Staudensellerie waschen, putzen und grob zerkleinern. Den weißen Abschnitt der Lauchstange ebenfall waschen, putzen und grob zerkleinern. Das Gemüse in die Suppe geben und diese weitere 30 Minuten köcheln lassen. Kurz bevor der Fond fertig gekocht ist, die Petersilie waschen, putzen und grob zerkleinern, Thymian und Salbei waschen. Die Kräuter in den Fond geben und diesen kurz danach erst durch ein grobes Sieb und dann durch ein kaltes, nasses Passiertuch gießen. Ihn dann abkühlen lassen und entfetten.

Dieser Kalbsfond ist Grundlage für eine leichte Kalbsjus. Da der Fond mehrmals reduziert wird, sollten Sie sparsam salzen. Etwas Salz ist aber wichtig, um die Aromen aus Knochen und Gemüse zu ziehen. Nach diesem Grundrezept kann man verschiedene Fonds z. B. Lammfond, Wildfond, Entenfond herstellen. Für einen hellen Fond verfährt man wie beschrieben, für einen dunklen Fond brät man die Knochen und Zwiebeln in Pflanzenöl an und füllt dann erst die übrigen Zutaten auf. Das ergibt die Grundlage für die Jus.

Krustentierfond

Rezept für 10 Portionen
Zubereitungszeit: ca. 3 ½ Stunden

3 kg ausgewaschene Hummerkarkassen
Olivenöl zum Anschwitzen
10 Schalotten
1 kleine Knolle Ingwer
1 Knolle Knoblauch
1 Knolle Fenchel
3 Stängel Staudensellerie
50 g Knollensellerie
1 kleine Karotte
200 g weiße Champignons
1 kleines Bund Thymian
10 weiße Pfefferkörner
2 frische Lorbeerblätter
20 Fenchelsamen
Meersalz
40 ml spanischer Brandy
100 ml trockener Weißwein
40 ml Pastis
100 ml Noilly Prat
1 kg Langustinoscheren und -nasen
400 g geschälte Tomaten aus der Dose
4 l Geflügelfond
5 frische Strauchtomaten
2 unbehandelte Zitronen, Zesten
2 unbehandelte Orangen, Zesten

Die Hummerkarkassen grob hacken und in Olivenöl langsam anrösten. Die Schalotten und den Ingwer schälen und grob würfeln. Den Fenchel, beide Selleriesorten und die Karotte putzen, waschen und in grobe Würfel schneiden. Die Champignons putzen und in große Stücke schneiden. Den Thymian waschen, trocknen und die Blätter abzupfen. Sämtliche Gemüse, den Ingwer und die Pilze zusammen mit den Thymianblättern, Pfefferkörnern, Lorbeer und Fenchelsamen separat in Olivenöl anschwitzen. Diesen Ansatz leicht salzen. Die Hummerkarkassen mit Brandy flambieren, die Gemüse mit Weißwein, Pastis und Noilly Prat ablöschen.

Die Langustinoscheren und -nasen klein hacken und kurz in Ölivenöl anrösten.Mit den Hummerkarkassen, dem Gemüseansatz und den Dosentomaten in einen passenden Topf geben und mit dem Geflügelfond auffüllen. Die frischen Tomaten waschen und putzen. Sie zusammen mit den Zitronen- und Orangenzesten dazugeben und das Ganze unter gelegentlichem Rühren langsam aufkochen. Den Fond 2 ½ Stunden sieden lassen und zwischendurch abschäumen. Dann zuerst durch ein grobes Sieb, danach durch ein feines Sieb, zuletzt durch ein nasses, kaltes Tuch passieren. Den passierten Fond nochmals aufkochen, bei Bedarf abschäumen.

Die Langustinokarkassen nicht stark anrösten, da ihr Eiweiß leicht verbrennt. Der Fond kann schnell bitter werden.

Rezept für ca. 1 l
Zubereitungszeit: ca. 1 Stunde

4 Schalotten
1 Stängel Staudensellerie
1 frisches Lorbeerblatt
5 weiße Pfefferkörner, geröstet
4 EL Butter
1 unbehandelte Zitrone, Zesten
graues Meersalz
40 ml Noilly Prat
200 ml Rieslingsekt
1 l heller Geflügelfond oder Gemüsefond

Schalotten schälen und grob zerschneiden, Staudensellerie waschen, putzen und grob zerkleinern. Schalotten und Sellerie zusammen mit dem Lorbeerblatt und den Pfefferkörnern in der Butter anschwitzen. Die Zitronenzesten zugeben und salzen. Das Ganze mit Noilly Prat und Sekt ablöschen und die Flüssigkeit komplett einkochen. Nun mit Geflügelfond oder Gemüsefond auffüllen und den Fond 30 Minuten ziehen lassen. Ihn zum Schluss durch ein feines Sieb passieren.

Hierbei ist es sehr wichtig, dass der Alkohol komplett einkocht. Ansonsten bleibt ein säuerlicher Geschmack stehen, der den Fischgeschmack überlagern wird.

Rezept für ca. 1 l
Zubereitungszeit: ca. 1 Stunde

4 Schalotten
4 Knoblauchzehen
1 Tomate
1 Stängel Staudensellerie
¼ Fenchelknolle
1 g Safranfäden
2 frische Lorbeerblätter
10 Korianderkörner, geröstet
5 weiße Pfefferkörner, geröstet
Olivenöl
1 unbehandelte Zitrone, Zesten
graues Meersalz
100 ml Weißwein
1 l heller Geflügelfond oder Gemüsefond

Schalotten und Knoblauch putzen, schälen und grob zerkleinern. Tomate, Sellerie und Fenchel waschen, putzen und grob zerkleinern. Alles zusammen mit den Gewürzen in Olivenöl anschwitzen. Die Zitronenzesten zugeben, salzen, mit Weißwein ablöschen und diesen komplett einkochen. Das Ganze nun mit Geflügelfond oder Gemüsefond auffüllen und bei kleiner Hitze 30 Minuten ziehen lassen. Zum Schluss durch ein feines Sieb passieren.

Dieses Rezept ergibt einen kräftigen, mediterranen Fischfond für Gerichte, die in diese Richtung gehen sollen. Nach dem Pochieren müssen Sie den Fond nicht weggießen, sieben Sie ihn durch ein kaltes, nasses Passiertuch und Sie erhalten eine wunderbare Fischbrühe. Das Passiertuch muss nass sein, damit es sich nicht mit der Brühe voll saugt, und kalt, damit die fetthaltigen Trübstoffe besser gebunden werden.

Entenjus

Rezept für ca. 1 ½ l
Zubereitungszeit: ca. 3 ½ Stunden

2 kg Entenkarkassen
Pflanzenöl zum Anrösten
500 g Egerlinge (braune Champignons)
3 mittlere Zwiebeln
1 Apfel
100 g Knollensellerie
1 große, mehlig kochende Kartoffel
graues Meersalz
0,2 l Apfelsaft
0,2 l roter Portwein
0,4 l trockener Rotwein
2 l dunkler Entenfond
1 frisches Lorbeerblatt
10 geröstete, weiße Pfefferkörner
10 geröstete Korianderkörner
4 Zweige Thymian
4 Zweige Majoran

Die Entenkarkassen klein hacken und in einem flachen Bräter in Pflanzenöl anrösten. Das austretende Entenfett zwischendurch abschöpfen. Die Egerlinge eventuell von Sand befreien und grob schneiden. Zwiebeln, Apfel und Sellerie waschen und ungeschält grob schneiden. Die Kartoffel schälen und grob schneiden. Alles zu den Karkassen geben und anbraten.

Leicht salzen, nach und nach mit Apfelsaft, Portwein und Rotwein ablöschen, jeweils komplett verkochen lassen und den dunklen Entenfond auffüllen.

Nach dem Aufkochen abschäumen, Lorbeer, Pfeffer und Koriander zugeben und ca. 4 Stunden sanft köcheln lassen. 30 Minuten vor Ende die Kräuter zufügen. Erst durch ein grobes Sieb, dann durch ein feines Sieb und dann durch ein kaltes, nasses Passiertuch gießen. Abkühlen lassen und entfetten. Das Entenfett aufbewahren. Noch einmal aufsetzen und nach Geschmack reduzieren.

Als einziger Jus darf – für mich – die Entenjus einen leichte Süße haben, darum der Apfel und der Knollensellerie.

Kalbsjus (erste Stufe)

Rezept für ca. 1 ½ l
Zubereitungszeit: ca. 4 ½ Stunden

2 kg Kalbsknochen vom Rücken
Pflanzenöl zum Anrösten
500 g Schalotten
500 g Egerlinge (braune Champignons)
2 Tomaten
2 Stängel Staudensellerie
4 EL Butter
graues Meersalz
200 ml trockener Weißwein
2 l heller Kalbsfond
10 weiße Pfefferkörner, geröstet
1 frisches Lorbeerblatt
1 Bund Blattpetersilie
4 Zweige Thymian
4 Zweige Salbei

Die Kalbsknochen walnussgroß hacken, kalt abspülen, gut abtropfen lassen und in einem flachen Bräter in Pflanzenöl leicht anrösten. Die Schalotten putzen – aber nicht schälen! – und halbieren. Die Egerlinge putzen und gegebenenfalls entsanden. Tomaten und Staudensellerie waschen, putzen und grob zerkleinern. Die Butter zu den Knochen geben, das Gemüse und die Pilze hinzufügen und leicht anbraten. Das Ganze leicht salzen, mit dem Weißwein ablöschen und diesen komplett verkochen lassen. Danach mit dem hellen Kalbsfond auffüllen und bei großer Hitze aufkochen. Den Fond nach dem Aufkochen abschäumen und mit Pfeffer und Lorbeer würzen. Das Ganze rund 3 ½ Stunden bei kleiner Hitze sanft köcheln lassen. Nun die Petersilie waschen, putzen und grob zerkleinern sowie den Thymian und den Salbei waschen. Die Gewürze in den Fond geben und diesen weitere 30 Minuten köcheln lassen. Ihn dann erst durch ein grobes Sieb, danach durch ein feines Sieb und durch ein kaltes, nasses Passiertuch gießen. Die Jus abkühlen lassen und entfetten, das abgeschöpfte Fett aufbewahren und kalt stellen. Die Jus noch einmal aufsetzen und nach Geschmack reduzieren.

Für eine sämigere Konsistenz die Jus mit etwas in kaltem Wasser angerührtem Pfeilwurzmehl (Arrowroot, im Feinkosthandel erhältlich) binden. Rühren Sie etwas von dem Kalbsfett ab, das gibt eine leichte Bindung und betont den typischen Geschmack.

Kalbsjus (zweite Stufe)

Rezept für ca. 1 l
Zubereitungszeit: ca. 3 ½ Stunden

1 kg Kalbsparüren (Abschnitte vom Zurechtschneiden des Fleisches)
Pflanzenöl zum Anrösten
200 g Schalotten
200 g Egerlinge (braune Champignons)
1 Tomate
1 Stängel Staudensellerie
4 EL Butter
200 ml trockener Weißwein
100 ml Madeira
1 ½ l Kalbsjus
1 Bund Blattpetersilie
4 Zweige Thymian
4 Zweige Salbei

Die Kalbsparüren klein schneiden und in einem flachen Bräter in Pflanzenöl leicht anrösten. Die Schalotten putzen – aber nicht schälen! – und halbieren. Die Egerlinge putzen und gegebenenfalls entsanden. Tomate und Staudensellerie waschen, putzen und grob zerkleinern. Die Butter und die Gemüse zum Fleisch zugeben und alles leicht braten. Das Ganze mit Weißwein und Madeira ablöschen. Die Flüssigkeit komplett verkochen lassen und nun die Kalbsjus zugeben. Die Jus 2 Stunden leicht köcheln lassen. Zum Schluss die Petersilie waschen und putzen, Thymian und Salbei waschen. Die Kräuter in die Jus geben und darin ziehen lassen. Schließlich die Jus durch ein feines Sieb passieren, abkühlen lassen und entfetten. Das abgeschöpfte Fett aufheben und kalt stellen.

Bei der zweiten Stufe wird der Fleischgeschmack der Kalbsjus verstärkt, die dafür notwendigen Kalbsparüren müssen Sie beim Fleischer vorbestellen. Die beste Jus gewinnt man jedoch beim Schmoren einer Kalbshaxe. Warum braten Sie also nicht einfach eine 1 ½ kg schwere Kalbshaxe an und füllen das Ganze mit Kalbsjus 1. Stufe auf? So erhalten Sie eine herrliche Sauce und ganz nebenbei eine köstliche Kalbshaxe für 2 bis 4 Personen!

Rezept für ca. 1 ½ l
Zubereitungszeit: ca. 3 ½ Stunden

1 kg Lammrückenknochen
1 kg Lammrippchen oder Lammbrust
Olivenöl zum Anrösten
4 EL Butter
1 Knolle junger Knoblauch
500g Schalotten
2 Tomaten
2 Stengel Staudensellerie
½ Fenchelknolle
10 Fenchelsamen
1 frisches Lorbeerblatt
10 geröstete, weiße Pfefferkörner
200 ml l trockener Weißwein
2 l dunkler Lammfond
graues Meersalz
1 Bund Blattpetersilie
4 Zweige Thymian
4 Zweige Salbei
2 Zweige Rosmarin

Lammknochen und Rippchen (oder Brust) walnussgroß hacken, in einem flachen Bräter in Olivenöl leicht anrösten. Knoblauch und Schalotten ungeschält halbieren, Tomaten, Staudensellerie und Fenchel grob schneiden. Die Butter zu den Knochen geben, Gemüse zugeben und leicht anbraten. Leicht salzen, mit dem Weißwein ablöschen, komplett verkochen lassen und den dunklen Lammfond auffüllen.

Nach dem Aufkochen abschäumen, Fenchelsamen, Lorbeer und Pfeffer zugeben und ca. 4 Stunden sanft köcheln lassen. 30 Minuten vor Ende die Kräuter zufügen. Erst durch ein grobes Sieb, dann durch ein feines Sieb und dann durch ein kaltes, nasses Passiertuch gießen. Abkühlen lassen und entfetten. Noch einmal aufsetzen und nach Geschmack reduzieren.

Ich finde, dass eine Sauce zu Lamm vor allem leicht sein muss, damit der Lammgeschmack des gesamten Gerichtes nicht zu stark erscheint. Eine frische, sommerliche Sauce erhalten Sie z.B., wenn Sie 100 ml Lammjus mit Pfeilwurzmehl binden, mit 100 ml Geflügelfond und 100 ml Olivenöl verrühren und dann mit abgeriebener Zitronenschale aufkochen.

Rezept für ca. 1 ½ l
Zubereitungszeit: ca. 3 ½ Stunden

1 kg Wildknochen vom Rücken
1 kg Wildknochen von der Brust
Pflanzenöl zum Anrösten
4 EL Butter
500 g Egerlinge (braune Champignons) oder Pilzabschnitte von Pfifferlingen oder Steinpilzen
3 mittlere Zwiebeln
100 g Knollensellerie
1 große, mehlig kochende Kartoffel
graues Meersalz
50 g Tomatenketchup (kein Witz)
0,4 l trockener Rotwein
2 l dunkler Wildfond
1 unbehandelte Orange
1 frisches Lorbeerblatt
10 geröstete, weiße Pfefferkörner
10 geröstete Korianderkörner
5 Wacholderbeeren
3 Gewürznelken
4 Zweige Thymian
4 Zweige Majoran

Die Wildknochen walnussgroß hacken und in einem flachen Bräter in Pflanzenöl anrösten. Die Egerlinge eventuell von Sand befreien und grob schneiden. Zwiebeln und Sellerie waschen und ungeschält grob schneiden. Die Kartoffel schälen und grob schneiden. Die Butter in den Bräter geben, die Gemüse zugeben und zusammen mit den Knochen Farbe nehmen lassen.

Leicht salzen, den Ketchup unterrühren und nach und nach mit dem Rotwein ablöschen, jeweils komplett verkochen lassen und den dunklen Wildfond auffüllen.

Nach dem Aufkochen abschäumen, die halbierte Orange und die Gewürze zugeben und ca. 4 Stunden sanft köcheln lassen. 30 Minuten vor Ende die Kräuter zufügen. Erst durch ein grobes Sieb, dann durch ein feines Sieb und dann durch ein kaltes, nasses Passiertuch gießen. Abkühlen lassen und entfetten. Noch einmal aufsetzen und nach Geschmack reduzieren.

Ich verwende ungern Tomatenmark für Saucen, weil … es mir einfach nicht schmeckt. Bei Wildsaucen gibt der Tomatenketchup aber die richtige Süße und Säure. Kein Witz!

VAU

Rezept für ca. 1 ½ l
Zubereitungszeit: ca. 45 Minuten

1 mittlere, weiße Zwiebel
4 Schalotten
3 Knoblauchzehen
2 Lauchstangen
200 g weiße Champignons
1 Fenchelknolle
2 Stängel Staudensellerie
Olivenöl zum Anschwitzen
15 g Meersalz
50 ml Weißwein
1 ½ l Wasser
10 weiße Pfefferkörner
1 Lorbeerblatt
1 kleines Bund Liebstöckel
1 kleines Bund Blattpetersilie

Zwiebel, Schalotten, Knoblauch schälen und fein schneiden. Nur das Weiße vom Lauch klein schneiden und waschen, alle anderen Gemüse putzen, wenn nötig waschen und klein schneiden.

Olivenöl in einem Topf leicht erhitzen, alle Gemüse nach und nach ohne Farbe anschwitzen, salzen, mit dem Weißwein ablöschen, das Wasser zugeben, aufkochen, die Gewürze und Kräuter zugeben, 30 Minuten ziehen lassen, dann durch ein feines Sieb passieren.

Karotten und Knollensellerie verwende ich nicht für eine Gemüsebrühe, da beides zu viel Süße mitbringt.

Ebenso ist es wichtig, dass die Gemüse nicht zu lange angeschwitzt werden, da auch dies zu viel Süße ergibt.

VAU

Hausvinaigrette

Rezept für ½ l
Zubereitungszeit: Ruck Zuck

50 ml Rotweinessig
50 ml weißer Portwein
25 ml junger Balsamico
25 ml Himbeeressig von Erwin Gegenbauer
25 ml Sherry Amontillado
40 ml Kalbsjus
100 ml Olivenöl
200 ml kalt gepresstes Sonnenblumenkernöl
10 g Zucker
10 g Salz

Alle Zutaten mischen, in ein oder zwei Flaschen füllen, vor der Verwendung gut durchschütteln.

Der Name Vinaigrette leitet sich vom französischen Vinaigre für Essig ab. Das Verhältnis Essig zu Öl bestimmen Sie einfach nach Geschmack. Hier sind es 1 Teil Essig zu 3 Teilen Öl, wenn Sie es weniger säuerlich mögen, erhöhen Sie den Ölanteil auf 4 zu 1. Alle anderen Zutaten runden das Dressing ab. Charakter geben aber hauptsächlich der Essig und das Öl.

Rezept für 4 Personen
Zubereitungszeit: Ruck Zuck

200 ml kalt gepresstes Sonnenblumenöl
25 ml Rotweinessig
25 ml Sherryessig
Salz, schwarzer Pfeffer aus der Mühle
Zucker
100 ml Riesling
1 Spritzer Angostura Bitter

Für dieses Dressing werden die Zutaten einfach in einer Schüssel verrührt und dann in eine Flasche gefüllt. Vor der Verwendung einfach gut durchschütteln.

Dieses Dressing passt wunderbar zu einem Salat von jungem Spinat mit frischem Ziegenkäse.

Wenn der Alkohol stört, kann man den Wein aufkochen, man zerstört aber das fruchtige Aroma des Weins.

Angostura ist ein Enzianbitter, ursprünglich aus Angostura in Venezuela, der hauptsächlich für Cocktails benutzt wird.

Schwarze Sepiasauce

Rezept für ca. 200 ml
Zubereitungszeit: ca. 50 Minuten

500 g Sepia (Tintenfisch)
2 Schalotten
1 Knoblauchzehe
¼ Fenchelknolle
Olivenöl
1 frisches Lorbeerblatt
100 ml Weißwein
40 ml Noilly Prat
200 ml Fischfond
1 Tütchen Sepiatinte
(im Fischladen erhältlich)

Sepia von innen und außen putzen und mit Wasser ausspülen. Die Tube in Würfel schneiden und zur späteren Verwendung beiseitestellen. Die Schalotte und den Knoblauch schälen und halbieren. Die Fenchelknolle waschen, putzen und würfeln. Den Sepiakopf zusammen mit den Armen in etwas Olivenöl anschwitzen, Schalotte, Knoblauch, Fenchel und Lorbeerblatt zugeben. Das Ganze mit Weißwein und Noilly Prat ablöschen und die Flüssigkeit reduzieren. Nun mit Fischfond auffüllen, die Sepiatinte dazugeben und alles 30 Minuten köcheln lassen. Durch ein feines Sieb passieren nach Geschmack weiter einkochen. Zum Schluss die Sauce mit Olivenöl binden und abschmecken.

Diese Sauce ist als zusätzliche Sauce zu Meeresfrüchten, Fisch- und Krustentiergerichten gedacht. Ihre Wirkung entfaltet sie eher bei sparsamer Dosierung.

Gekochter Pulpo (Octopus, Krake)

Rezept für 6–8 Portionen
Zubereitungszeit: ca. 1 ½ Stunden

800 g–1200 g Pulpo
Meersalz
1 unbehandelte Zitrone
2 frische Lorbeerblätter
10 weiße Pfefferkörner
5 Champagnerkorken

Den Schnabel aus dem Kopf des Pulpo schneiden und den Körper gut waschen. Ihn in einen hohen Topf geben, mit Wasser bedecken und kräftig salzen. Die Zitrone halbieren und zusammen mit Lorbeer, Pfeffer und den Champagnerkorken dazugeben. Das Ganze langsam aufkochen und etwa 40 bis 60 Minuten kochen lassen, bis der Pulpo weich ist. Testen Sie dies zwischendurch mit einem eisernen Cocktailspieß. Sobald der Pulpo weich ist, ihn im Fond auskühlen lassen.

Dieses Rezept bewahrt den reinen, echten Geschmack des Pulpo, weil der Fond sehr neutral ist. Um einen kräftigeren Geschmack zu erhalten, kann man den Fond beispielsweise mit Rotweinessig, Rotwein und Knoblauch oder mit Weißwein, Weißweinessig, Safran und getrocknetem Fenchel aromatisieren. Karotten, Sellerie, Lauch oder Knollensellerie verwende ich beim Kochen des Pulpo nicht gerne, weil ich den Gemüsegeschmack dabei als störend empfinde.

Die Champagnerkorken enthalten als Nebenprodukt von Eichen Gerbsäure. Diese trägt dazu bei, dass der Pulpo weich wird. Er darf allerdings nicht zu weich geraten, da er sonst ganz faserig wird.

Geschmorte Schweineohren

Rezept für ca. 1 kg
Zubereitungszeit: ca. 7 Stunden

10 Schweineohren à ca. 130–150 g
3 mittelgroße Zwiebeln
1 Knoblauchknolle
2 Karotten
100 g Knollensellerie
1 Bund Salbei
1 Bund Thymian
1 Bund Majoran
Pflanzenöl
400 ml Rotwein
300 ml roter Portwein
Meersalz aus der Mühle
schwarzer Pfeffer aus der Mühle
5 Wacholderkörner
5 Pimentkörner
10 weiße Pfefferkörner
2 frische Lorbeerblätter

Die Schweineohren von verbliebenen Borsten befreien, den Knorpel am Kopfansatz wegschneiden und die Ohren gründlich wässern. Die Zwiebeln und den Knoblauch schälen und grob zerkleinern. Die Karotten und den Sellerie waschen, putzen und in grobe Würfel schneiden. Die Kräuter waschen, putzen und trocknen.

Die Gemüse in Pflanzenöl anschwitzen, mit Rotwein und Portwein nach und nach ablöschen. Wenn die Flüssigkeit fast verkocht ist, salzen, pfeffern, die abgetropften Schweineohren, die Kräuter und die Gewürze zugeben. Das Ganze mit heißem Wasser auffüllen, bis die Schweineohren bedeckt sind. Den Ofen auf 150 °C Umluft vorheizen. Die Ohren mit einem Deckel oder Backpapier abgedeckt im Ofen in ca. 3 Stunden weich schmoren. Sie danach aus dem Schmorfond nehmen, die Kräuter und Gewürze abstreifen. Den Schmorfond durch ein feines Sieb gießen, entfetten und nach Geschmack einkochen.

Die noch warmen Schweineohren in eine flache Form schichten, dabei zwischendurch nachsalzen und pfeffern. Sie mit Schmorfond begießen, mit Klarsichtfolie abdecken und mit einem passenden Gegenstand beschweren, um die Ohren zu pressen. Das Ganze mindestens 3 Stunden im Kühlschrank auskühlen lassen.

Wir schneiden das fertige »Schweineohrengelee« in 2 cm mal 2 cm große Würfel, die wir panieren und in 170 °C heißem Fett ausbacken. Serviert werden sie dann als saftige Beigabe zu rosa gebratenem Schwein oder solo mit einer Sauce Remoulade oder aber zu unseren »Berliner Eisbeinscheiben mit Flusskrebsen«.

Da besonders in Deutschlands Norden Schweineohren eher als Tierfutter verkauft werden, muss man sie bei einem Fleischer, der noch selbst produziert, vorbestellen.

Eingemachte Zitronen

Rezept für 2 kg Zitronen
Zubereitungszeit: 6 Wochen und 30 Minuten

2 kg unbehandelte Zitronen
3–5 l Wasser
200–300 g Zucker

Die Zitronen abwaschen und ihre Schalen rundum kreuzweise einritzen. Die Zitronen fünfmal hintereinander in jeweils frischem Wasser blanchieren und mit kaltem Wasser abschrecken. Sie dann in große Weckgläser füllen. Einen Sud aus Zucker und Wasser kochen, wobei man 100 g Zucker auf 1 l Wasser rechnet. Den heißen Sud über die Zitronen geben und die Gläser verschließen. Sie im Ofen bei 85 °C Umluft mit Dampf 20 Minuten einkochen. Anschließend die eingemachten Zitronen 6 Wochen lang an einem kühlen Ort ziehen lassen.

In vielen Rezepten werden die Zitronen in grobem Salz eingemacht. Bei meinem Rezept werden für meinen Geschmack Säure, bittere Aromen und Süße besser ausbalanciert, so dass man die so eingemachten Zitronen universell einsetzen kann.

Nikolaus

VAU

Alles fängt damit an, dass ich eigentlich nicht Kolja heiße, sondern auf den Namen Gerhard Nikolaus Kleeberg getauft wurde. Seit Kindesbeinen an werde ich aber Kolja genannt, es ist die russische Abkürzung für Nikolaus, also kein Grund für eine Identitätskrise. Auch meine Geburt verlief anders als geplant. Der Ausflug meiner Eltern aus dem Bergischen nach Köln im Mai des Jahres 1964 über holprige Landstraßen leitete für alle überraschend meine Geburt ein und ich erblickte unvorhergesehen und etwas zu früh das Licht der Welt in der alten Domstadt. Mein erstes Gastspiel. Nun war ich also von Geburt Kölner, und die legendäre rheinische Fröhlichkeit hat sich offenkundig durchgesetzt, das offene Wesen der Rheinländer, ihr entspannter Blick auf die ernsten Dinge der Welt, die Selbstironie und der Hang zum fröhlichen Genießen waren mir nie fremd.

Nach einem kurzen Intermezzo in einem kleinen Dorf im Bergischen, verschlug es die Familie Kleeberg nach Koblenz, der geografischen Schnittstelle zwischen Rhein und Mosel. Im Vorort Güls verbrachte ich meine Kindheit und Jugend, es war eine unbeschwerte Zeit mit allen Vor- und Nachteilen des Lebens in der Provinz. Wir wohnten direkt am Waldrand und nach der Schule ging es zum Spielen raus in die Natur. Die elterliche Ansicht, dass frische Luft das Beste für ein gesundes Wachstum sei, setzte ich zu allen Jahreszeiten und bei jedem Wetter in die Tat um. Der Wald wurde mein kleines Refugium mit Baumhaus und dunklen Verstecken in den alten Bombenkratern und als ich mich mit acht Jahren bei den Pfadfindern anmeldete, bekam mein Hang zur Natur zusätzlich eine organisierte Komponente. Zeltlager mit Lagerfeuer, Geländespiele und das Gemeinschaftsgefühl begeisterten mich, das Einzelkind Kolja fühlte sich in der Pfadfinder-Familie so wohl, dass ich bis zum Alter von 20 Jahren mit viel Spaß und Engagement aktiv dabeigeblieben bin.

Weniger Spaß und Engagement zeigte ich dagegen bei der von meinen Eltern gewünschten musikalischen Erziehung, die spätestens an den Klavierübungen von Béla Bartók scheiterte. Der Unterricht bei dem Kantor der Schule, an der meine Mutter als Lehrerin unterrichtete, war für beide Seiten kein reines Vergnügen. Mir fehlten für das Klavierspiel die Muse und der Biss, die wenige Zeit, die ich in meine Fingerübungen investierte, reichte am Ende doch nicht für eine aussichtsreiche Pianistenkarriere. Besser ging es mit der Gitarre, die ich eines Tages geschenkt bekam und auf der ich mich relativ schnell zurechtfand. Ohnehin war das Instrument für Pfadfinderlieder am Lagerfeuer wesentlich praktischer als ein Klavier. Ich blieb bei der Gitarre, konnte bald nicht nur die alten Wander- und Fahrtenlieder fehlerfrei spielen, sondern entdeckte für mich den Sound von Folk und Country. Und während im Radio die Hits der damals angesagten Gruppen ABBA und Bay City Rollers dudelten, war ich schon beim Irish- und Scottish-Folk gelandet, einer Musik, die mich heute noch begeistert und an der ich mich kaum satthören kann. Irgendwann kam die Idee, mit Schulfreunden eine Band zu gründen, um in die Popgeschichte einzugehen. Der Anfang unserer Musiker-Karriere war verheißungsvoll, wir spielten unseren Südstaatenrock – gedanklich immer ein Glas Southern Comfort on the rocks in der Hand – auf Schulfeten und Dorffesten und hatten einen legendären Auftritt vor rund 2000 Soldaten auf einer US-Army-Base in Butzbach bei Frankfurt. Mit »Sweet Home Alabama« von Lynyrd Skynyrd hatten wir schnell die ganze Truppe auf unserer Seite, nur ein Song genügte, um die Base in ein tobendes Rockfestival zu verwandeln. Da man auf dem Höhepunkt seiner Karriere aufhören soll – die Masche haben wird uns bei den Beatles abgeschaut – löste sich die Band mit dem näher rückenden Abitur auf. Doch neben dem geringen Arbeitsaufwand, den ich für den bevorstehenden Schulabschluss veranschlagte, blieb die Gitarre durch alle Sturm- und Drangzeiten meine tröstende und aufmunternde Begleiterin.

Das Abi kam und es wurde, wie erwartet, ein mäßiger Erfolg. Aber immerhin, ich hatte es in der Tasche und war mir sicher, dass nun alle Tore der Welt offen standen und dass ich nur durch eines hindurchgehen musste. Aber durch welches? Große Neigungen hatten sich während meiner Schulzeit nicht herausgebildet, ich war der Prototyp des »er könnte, wenn er wollte«: weder besonders dumm noch hochbegabt, sondern einfach nur faul. Was ich nicht durch natürliche Intelligenz lösen konnte, fand kaum mein Interesse, das Büffeln und Lernen von Dingen, die ich im jugendlichen Leichtsinn als überflüssigen Hirnballast empfand, fiel mir nicht nur schwer, sondern fiel einfach flach. Ich war einfach keine verbissene Kämpfernatur mit Ehrgeiz, dagegen gelangen mir Dinge, die ich gerne tat, besonders gut und ich konnte dafür eine zähe Ausdauer aufbringen. Viele Dinge kann man nicht erzwingen, um sein Ziel dennoch zu erreichen, bedarf es Ausdauer, einer Portion Demut, gesundes Selbstbewusstsein und den Glauben, dass alles gut wird. Irgendwie fügen sich die Dinge zusammen, das hatte ich bereits als Kind gelernt. Also suchte ich nach meinen Talenten, denn darin versprach ich mir die Chance, meine Zukunft möglichst komfortabel gestalten zu können, ohne mich gegen die Fügung, wer immer die arrangiert hat, auflehnen zu müssen. Denn meine Talente mussten ja irgendwo schlummern.

Als Einzelkind war ich viel auf mich allein gestellt, zu dem hatten sich meine Eltern getrennt und mein Vater war in die Nähe von Mannheim gezogen. Einsam fühlte ich mich aber nicht, schließlich hatte ich meine Pfadfinder und den Judosport, der mich zweimal die Woche ins Training zwang. Dass in meinem Leben eine Lücke war, realisierte ich zwar an vielen Stellen, aber es gehörte zu meinem Alltag. Ich war ein Träumer, mit viel

EUROPA
M BILD
Das Architektenbüro
COFFEE

Musik im Kopf, ein heranwachsender junger Mann mit langen Haaren und einem kleinen Spitzbart, eine Mischung zwischen d'Artagnan von den Drei Musketieren und Rasputin. Fantasie hatte ich reichlich, konnte mich tief in Dinge hineinversetzen, tauchte beim Lesen in die Abenteuerwelt von Karl May ein und dachte mir spannende Geschichte aus, die ich mit dem Kassettenrecorder aufnahm und meiner Mutter vorspielte. Das Leben erschien mir zu dieser Zeit wie eine durchdachte Inszenierung, in der ich zwar eine Rolle spielte, mir aber über den Ausgang des Stückes noch nicht im Klaren war.

Im Schultheater spielten wir »Biedermann und die Brandstifter« und ich schwankte zwischen schwarzer Lederkombi, fetziger E-Gitarre und den komischen Rollen des deutschen Kleinbürgertums. Es reizten mich die Verwandlung, die Illusion des Theaters, das in der Komödie wie im Drama das reale Leben widerspiegelt, literarisch verpackt, aber dennoch nah an der Wirklichkeit. Theater war für mich die Entdeckung der Welt auf dem engen Raum der Bühne, das plötzliche Verstehen von sozialen, kulturellen und historischen Zusammenhängen in der schauspielerischen Hintergründigkeit eines Stückes, der unverblümte Blick hinter die Kulissen des wahren Lebens. In der Darstellung verschiedener Charaktere sah ich meine Herausforderung, im intelligenten Komödiantentum den Reiz, das Hintersinnige zu entlarven, ohne dabei den Intellekt überzustrapazieren. Ich musste also Schauspieler werden, musste ans Theater. Hier schlummerte mein Talent, davon war ich überzeugt. Oder zumindest meine Passion, wie sich später herausstellte. Meine Mutter ermöglichte mir schon seit geraumer Zeit Gesangs- und Schauspielunterricht, dennoch beschlich mich in all den Stunden immer wieder eine gewisse Orientierungslosigkeit, das Gefühl, nicht wirklich an dem entscheidenden Punkt angekommen zu sein, an dem sich ein Leben in die eine oder andere Richtung dreht.

Nach dem Zivildienst ging ich im Sommer 1985 an das Stadttheater Koblenz, zunächst als Regieassistent, später als Inspizient. Ich kümmerte mich um den technischen Ablauf der Vorstellung und übernahm dazu kleine Rollen. Meine Premiere gab ich als Kellner, Soldat, Saboteur und Stimme hinter der Wand, alles an einem Abend und alles in einem Stück. »Des Teufels General« hieß die Aufführung, das tragische deutsche Lehrstück von Carl Zuckmayer war mit Claus Biederstaedt in der Hauptrolle besetzt, der zu den Großen seines Faches zählte und mit Filmen wie »Drei Männer im Schnee« oder »Nachtschwester Ingeborg« zu einem der Stars des deutschen Nachkriegsfilms wurde. Spätestens nach dieser Begegnung und dem tosenden Applaus des Publikums – der natürlich vorwiegend Biederstaedt galt, um keine Missverständnisse aufkommen zu lassen – war ich davon überzeugt, meine Welt gefunden zu haben.

Die Verantwortlichen des Koblenzer Stadttheaters waren nicht meiner Meinung und wollten mich zunächst auf eine Schauspielschule schicken. »Von der Pike auf«, hieß die Devise, damit man nicht irgendwann in der Bühnenversenkung eines Provinztheaters verschwindet, die Erklärung. Ich hatte mich schon als Mitglied des Koblenzer Ensembles gefühlt, als Teil der verschworenen Theater-Familie, jetzt aber stand ich etwas ratlos vor der Herausforderung, die richtige Schauspielschule zu finden. Essen, Bochum, Hannover, München: mit einer gehörigen Portion Selbstbewusstsein betrat ich die Bühnen der empfohlenen Schulen, spielte kurze Szenen aus »Der Erzbischof ist da« und »Blick zurück im Zorn«, sprach scherzhafte, ironische und satirische Monologe, warf mich dramatisch in Pose und hörte aus dem Dunkel des Zuschauerraumes immer wieder das Wort, das in wenigen Sekunden den Traum vom Ruhm des Schauspielers zerplatzen lässt: Dankeschön!

Amuse-Bouches

VAU

Schwarze Kabeljaubrandade mit Kokos-Aioli

Rezept für 8 Personen
Zubereitungszeit: 2 Stunden

1 Kabeljaubrandade
(Rezept siehe Seite 118)
1 kleines Tütchen Sepiatinte
(im Fischgeschäft erhältlich)
1 Knoblauchzehe
Salz
1 Ei
100 ml Traubenkernöl
30 ml Olivenöl
20 g Kokosmilch
½ Limone, Saft

Die Kabeljaubrandade nach Rezept vorbereiten, jedoch das Mie de pain mit Sepiatinte einfärben und danach erneut trocknen.

Die Knoblauchzehe schälen und mit etwas Salz fein reiben.

Ei, Knoblauch und Traubenkernöl in einen hohen Mixbecher geben und mit dem Stabmixer zu einer Mayonnaise schlagen. Diese mit Olivenöl, Kokosmilch, Salz und Limonensaft abschmecken. Die Brandade zusammen mit der Kokos-Aioli servieren.

Die Faustregel 1 Ei auf 100 ml Öl gilt für alle meine Mayonnaisen. Dabei schlage ich niemals das Olivenöl mit auf, weil es so bitter und ranzig erscheint, sondern verwende zum Mixen ein neutrales Öl. Zum Schluss aromatisiere ich die Mayonnaise mit Olivenöl oder einem anderen kalt gepressten Öl.

Chinesische Krautwickel »Choi Bao«
mit Hoi-Sin-Sauce und gerösteten Garnelen

Rezept für 8 Personen
Zubereitungszeit: 45 Minuten

2 Salatherzen
1 rote Paprika
1 Knoblauchzehe
1 daumengroße Ingwerknolle
100 g Wasserkastanien aus der Dose (im Asialaden erhältlich)
100 g frische Tongku-Pilze (Shiitake-Pilze, im Asialaden erhältlich)
1 Bund Frühlingszwiebeln
1 rote Chilischote
1 Bund Koriandergrün
1 Bund Minze
1 Bund Blattpetersilie
8 wilde Salzwassergarnelen mit Kopf und Schale
Erdnussöl
400 g grobes Hackfleisch vom Schwein
2 El Hoi-Sin-Sauce (Sojasauce aus roten Sojabohnen, im Asialaden erhältlich)
2 EL Sojasauce
Salz
schwarzer Pfeffer aus der Mühle
200 g kleine, geschälte Garnelen

Die Salatherzen in einzelne Blätter teilen, waschen und trocknen. Die Paprikaschote mit einem Sparschäler schälen und in feine Würfel schneiden. Knoblauch und Ingwer schälen und fein würfeln, Wasserkastanien fein hacken, Pilze würfeln. Frühlingszwiebeln waschen, trocknen, putzen und in feine Ringe schneiden. Die Kräuter waschen, trocknen und fein schneiden. Die Salzwassergarnelen schälen, den Kopf entfernen.

Etwas Erdnussöl im Wok erhitzen und das Hackfleisch darin anbraten, so dass es etwas Farbe nimmt. Paprika, Knoblauch, Ingwer mit anbraten, die Wasserkastanien zugeben, mit Hoi-Sin-Sauce, Sojasauce, Salz und Pfeffer würzen und die kleinen geschälten Garnelen untermischen. Kurz vor dem Servieren die Frühlingszwiebeln, Kräuter und Chili unterschwenken.

Die wilden Salzwassergarnelen mit Öl bepinseln, kurz und heiß in einer beschichteten Pfanne rösten und danach salzen.

Die Hackfleischmischung auf den Salatblättern anrichten und den Choi Bao zusammen mit den Wildgarnelen servieren.

Beim chinesischen Originalgericht wird die fertige Masse am Tisch in Eisbergsalatblätter eingerollt. Zum Dippen reichen Sie dazu Hoi-Sin-Sauce. Wir wickeln die Füllung gerne ähnlich wie Frühlingsrollen in Reisteig und dämpfen sie anschließend.

Safranrisotto mit geschmolzenem Schwertfisch und Zitronengremolata

Rezept für 8 Personen
Zubereitungszeit: 45 Minuten

Für den Risotto
100 ml Weißwein
5 g Safran
4 Schalotten
100 g Butter
200 g Acquerello-Risottoreis
600 ml Geflügelfond, heiß
Meersalz
50 g Parmiganio Reggiano
½ Zitrone, Saft

Für den Schwertfisch
200 g Schwertfisch
Meersalz aus der Mühle
schwarzer Pfeffer aus der Mühle

Für die Zitronengremolata
1 Bund Blattpetersilie
1 Bund Thymian
1 Knoblauchzehe
100 ml Olivenöl
1 unbehandelte Zitrone, Abrieb

Für die Zitronengremolata die Schalotten schälen und fein würfeln. Die Blattpetersilie und den Thymian waschen und trocknen. Die Petersilie fein schneiden, den Thymian fein zupfen. Den Knoblauch schälen, würfeln und mit dem Olivenöl, der Petersilie, dem Thymian und dem Zitronenabrieb mischen.

Den Schwertfisch in hauchdünne Scheiben schneiden.

Für den Risotto den Weißwein aufkochen und den Safran zugeben. Die Schalotten schälen und in etwas Butter ohne Farbe anschwitzen. Den Reis kurz mit anschwitzen, mit dem Weißwein ablöschen und komplett einkochen. Nach und nach unter ständigem Rühren den heißen Geflügelfond angießen, dabei zwischendurch salzen. Nach ca. 15 bis 20 Minuten die restliche Butter und den Parmesan einarbeiten. Den Risotto mit Salz und Zitronensaft nachschmecken.

Den Schwertfisch salzen, pfeffern und mit der Gremolata marinieren. Den Risotto auf Tellern anrichten und mit den rohen Schwertfischscheiben bedecken.

In Italien gibt man eigentlich zu Pasta oder Risotto mit Fisch keinen Parmesan. Wen der Parmesan hier stört, kann Mascarpone verwenden. Wichtig: Lassen Sie den Schwertfisch durch den Risotto etwas Temperatur nehmen! Dafür müssen Sie nur wenig Zeit veranschlagen, da dies sehr schnell geht.

4 Per

Sautierter Minzspinat mit Pancetta und geflämmtem Ziegenfrischkäseschaum

Rezept für 8 Personen
Zubereitungszeit: 30 Minuten

Für den Spinat
500 g junger Blattspinat
5 Bund Nana-Minze
Meersalz aus der Mühle
schwarzer Pfeffer aus der Mühle

Für die Ziegenkäsemasse
100 ml Milch
250 g Ziegenfrischkäse
3 Eiweiß
1 unbehandelte Zitrone, Schale
1 unbehandelte Orange, Schale
Olivenöl
Meersalz aus der Mühle
schwarzer Pfeffer aus der Mühle

Zusätzlich
16 dünne Scheiben Pancetta (italienischer Bauchspeck)
2 EL Piemonteser Haselnüsse

Den Spinat putzen, waschen und trocken schleudern. Die Minze waschen, trocknen und zupfen.

Für die Ziegenkäsemasse Milch, Ziegenkäse, Eiweiß, Zitronen- und Orangenschale im Thermomix bei 38 °C glatt mixen, dabei etwas Olivenöl einlaufen lassen. Die Masse durch ein feines Sieb passieren und in eine Halbliter-Espumasflasche von Isi füllen. Diese mit 2 Patronen befüllen und 30 Minuten kalt stellen.

Die Haselnüsse leicht rösten und ganz grob zerstoßen.

Den Spinat in Olivenöl zusammenfallen lassen. Die Minze dazugeben, salzen und pfeffern. Alles auf einem Sieb abtropfen lassen und dann in tiefen Schälchen anrichten. Die Pancetta darauflegen und mit der Ziegenmasse eine Haube aufspritzen. Diese mit einem Bunsenbrenner abflämmen. Dann die Haselnüsse darüberstreuen und servieren.

Die Ziegenkäsemasse eignet sich ebenfalls zum Gratinieren von Lachs oder Saibling.
Hat man keinen Thermomix zur Verfügung, kann man sich mit Mixstab und einem Bratenthermometer behelfen. Es ist jedoch ratsam, dies zuvor etwas zu üben. Wer keine Espumasflasche besitzt, kann die Ziegenkäsemasse vor dem Servieren mit den Schneebesen etwas aufschlagen.

Joselito Iberico Bellota
Gran Reserva mit Paprikasenf und Migas

Rezept für 4 Personen
Zubereitungszeit: 1 Stunde

Für den Paprikasenf
12 rote Paprikaschoten
3 Schalotten
1 Knoblauchzehe
1 TL englisches Senfpulver
Olivenöl
Gelierzucker nach Menge des Paprikasaftes
1 TL grober Senf
80 ml Sherryessig
1 Limone, Saft
Salz

Für die Migas
400 g Weißbrot
Olivenöl

Zusätzlich
200 g Joselito-Schinken, in dünne Scheiben geschnitten

10 Paprikaschoten entsaften. 2 Paprikaschoten mit dem Sparschäler schälen und in Brunoises (sehr kleine Würfel) schneiden. Die Schalotten und den Knoblauch schälen und fein würfeln. Das Senfpulver in etwas Paprikasaft anrühren, 15 Minuten quellen lassen.

Für den Paprikasenf Paprikabrunoises, Schalotten und Knoblauch in Olivenöl anschwitzen und auf einem Sieb abtropfen lassen. Den abgetropften Fond auffangen und zum Paprikasaft geben. Diesen mit Gelierzucker im Verhältnis ¾ Saft zu ¼ Gelierzucker aufkochen. Das Ganze mit Senf, Sherryessig, Limonensaft und Salz abschmecken und noch einmal aufkochen. Den Paprikasenf anschließend abfüllen und kalt stellen.

Für die Migas das Weißbrot in fingerdicke Streifen schneiden und in Olivenöl knusprig rösten.

Den Joselito-Schinken Zimmertemperatur annehmen lassen und zusammen mit den Migas und dem Paprikasenf servieren.

Beim Jamón Joselito bezieht sich »Iberico« oder »Pata negra« auf die schwarze Schweinerasse, von der der Schinken stammt. »Bellota« heißt Eichel und bezeichnet Schinken von Schweinen, die zweimal im Leben eine Eichelmast im Herbst genießen durften, »Gran Reserva« steht für eine mindestens 24-monatige Reifung. Alles zusammen macht den Reiz dieses speziellen Schinkens aus.

Türkische Linsensuppe mit Kreuzkümmel und Joghurt

Rezept für 4 Personen
Zubereitungszeit: 30 Minuten

Für die Suppe
3 Schalotten
1 Knoblauchzehe
100 g rote Linsen
Olivenöl
1 TL Kreuzkümmel, ganz
100 ml Weißwein
1 Dose geschälte Tomaten oder Polpa di Pomodoro à 800 g
200 ml Geflügelfond (Grundrezept)
1 Chilischote, getrocknet
Meersalz aus der Mühle
schwarzer Pfeffer aus der Mühle
½ Zitrone, Saft
50 ml Olivenöl
100 g türkischer Joghurt (40 %)

Die Schalotten und den Knoblauch schälen und fein würfeln. Die Linsen waschen und gut abtropfen lassen.

Die Schalotten und den Knoblauch in Olivenöl anschwitzen. Den Kreuzkümmel und die Linsen dazugeben, mit Weißwein ablöschen und komplett einkochen lassen. Nun mit Tomaten und Geflügelfond auffüllen. Das Ganze mit zerriebener Chilischote, Salz und Pfeffer abschmecken und 30 Minuten bei geringer Hitze köcheln lassen. Danach die Suppe mit dem Stabmixer mixen und anschließend passieren. Sie zum Schluss mit Zitronensaft nachschmecken und Olivenöl einmixen. Nun den Joghurt ganz leicht mit Salz und Zitronensaft abschmecken und beim Anrichten über die Suppe löffeln.

Eiskalt serviert ist diese Suppe auch eine köstliche sommerliche Vorspeise.

Ährenbrot (Pain d’épi)

Rezept für ca. 15 Stück
Zubereitungszeit: ca. 1 ½ Stunden

1 kg Weizenmehl T 550
40 g Salz
30 g Hefe
700 ml lauwarmes Wasser
Mehl zum Verarbeiten
Wasser zum Backen

Das Mehl und Salz am besten in der Küchenmaschine gut vermischen. Die Hefe in das lauwarme Wasser bröckeln und darin auflösen. Das Ganze mit der Mehl-Salz-Mischung zu einem Teig verkneten und diesen 5 Minuten ruhen lassen. Ihn dann zu 15 Stangen formen, diese zum Beispiel mit einem Küchentuch abdecken und 30 Minuten bei 37 °C gehen lassen. Danach den Ofen auf 230 °C Umluft vorheizen. Ein Backblech mit Backpapier auslegen, die Stangen drauflegen und mit Mehl stauben. Für die typische Ährenform die Stangen mit einer Schere links und rechts einschneiden, und die Segmente nach außen ziehen.

Die vorbereiteten Brote in den vorgeheizten Ofen schieben, dabei ein Glas Wasser auf den Boden des Ofens gießen. Den Ofen danach sofort schließen und die Brote 10 bis 12 Minuten backen.

Dieses typisch französische Brot ist richtig gebacken, wenn die Spitzen schon braun und knusprig sind, der Körper aber noch elastisch ist.

Fougasse

Rezept für 1 großes Gastronormblech oder
zwei Haushaltsbleche
Zubereitungszeit: 1 ½ Stunden

1 kg Weizenmehl T 550
20 g Salz
20 g Zucker
50 g Hefe
700 ml lauwarmesWasser
300 ml Olivenöl
1 kleines Bund Thymian
1 kleines Bund Rosmarin
2 EL Maldon Sea Salt (englisches Meersalz, im Feinkosthandel erhältlich)
1 EL Piment d'Espelette (baskisches Paprikapulver, im Feinkosthandel erhältlich)

Mehl, Salz und Zucker am besten in der Küchenmaschine gründlich vermischen. Die Hefe in das lauwarme Wasser bröckeln und darin auflösen, die Mischung anschließend zusammen mit dem Mehl und 300 ml Olivenöl zu einem relativ flüssigen Teig verkneten. Zwei tiefe Backbleche oder Saftpfannen mit dem restlichen Olivenöl bestreichen und den Teig darauf verteilen. Thymian und Rosmarin waschen und trocknen, die Blätter abzupfen und fein hacken. Sie zusammen mit dem Meersalz und dem französischen Pfeffer auf den Teig streuen. Den Teig 20 Minuten lang abgedeckt gehen lassen. Den Ofen auf 200 °C Umluft vorheizen und die Fougasse 10 bis 15 Minuten backen. Sie danach aus dem Ofen nehmen und etwas auskühlen lassen.

Der Grundteig lässt sich mit unterschiedlichen Belägen, etwa verschiedene Kräuter, zerbröckelter Ziegenkäse oder Oliven, hervorragend variieren.

Gefüllte Brötchen

Rezept für ca. 35 Stück à 20 g
Zubereitungszeit ca. 1 ½ Stunden

500 g Weizenmehl T 550
40 g Salz
350 ml lauwarmes Wasser
15 g Hefe
Mehl zum Verarbeiten
Wasser zum Backen

Das Mehl und das Salz am besten in der Küchenmaschine gut vermischen. Die Hefe in das lauwarme Wasser bröckeln und darin auflösen. Dies mit der Mehl-Salz-Mischung zu einem geschmeidigen Teig verkneten. Den fertigen Teig 5 Minuten ruhen lassen.

Zwei Bleche mit Backpapier belegen. Aus dem Teig 20 g schwere Brötchen abdrehen und auf die Bleche setzen. Die Brötchen 15 Minuten lang bei 37 °C zugedeckt gehen lassen. Danach mit einem hölzernen Kochlöffelstiel eine Kuhle in die Teigstücke drücken und diese mit der jeweils gewünschten Zutat füllen. Den Teig über der Füllung etwas zusammendrücken und ihn weitere 10 Minuten gehen lassen.

Den Ofen auf 220 °C Umluft vorheizen und die Bleche einschieben. Dabei ein Glas Wasser auf den Boden gießen, den Ofen sofort schließen und die Brötchen 12 bis 15 Minuten backen.

Als Füllung können Sie jede etwas festere Würzpaste verwenden, also Tapenade (Olivenpaste), grünen Pesto, roten Pesto, Sardellenpaste, Hummus (Kichererbsenpüree), Paprikapaste, Nusspaste usw.

Gougeres (Burgundische Brandteigbällchen mit Käse)

Schwedisches Knäckebrot

Rezept für ca. 75 Stück
Zubereitungszeit: 30 Minuten

200 ml Wasser
Salz
weißer Pfeffer aus der Mühle
125 g Butter
250 g Mehl T 550
6 Eier
225 g Gruyère, in Würfel geschnitten

Das Wasser zusammen mit einer Prise Salz, Pfeffer und der Butter aufkochen. Das Mehl auf einmal dazugeben und das Ganze gründlich zu einem Brandteig abrühren. Den Teig vom Herd nehmen und 5 Eier einarbeiten. Schließlich die Käsewürfel dazugeben und gründlich unterarbeiten.

Nun von dem Teig etwa 15 g schwere Kugeln abdrehen, ein Backblech mit Backpapier belegen. Den Ofen auf 200 °C Ober- und Unterhitze vorheizen. Inzwischen das verbliebene Ei trennen und das Eigelb mit etwas Wasser verschlagen. Die Kugeln mit dem Eigelb bestreichen und auf das Backpapier setzen. Schließlich die Bällchen in den Ofen geben und in 15 Minuten goldbraun backen.

Es ist wichtig, dass der Brandteig gut abgebrannt und der Käse gut untergearbeitet wird, damit er nicht ausläuft.

Rezept für ca. 1 ½ kg Teig
Zubereitungszeit: ca. 3 Stunden

25 g Hefe
500 ml lauwarmes Wasser
600 g Roggenmehl T 997
400 g Weizenmehl T 550
20 g Kümmel
40 g Salz

Alle Zutaten am besten in der Küchenmaschine zu einem gleichmäßigen Teig verkneten. Den Teig in Klarsichtfolie einschlagen und 2 Stunden im Kühlschrank ruhen lassen.

Den Ofen auf 190 °C Umluft vorheizen. Ein Backblech mit Backpapier auslegen. Den Teig mit einer Nudelmaschine zu dünnen Platten ausrollen und auf das vorbereitete Blech legen. Die Platten mit Backpapier abdecken und mit einem zweiten Blech beschweren. Das Knäckebrot in 15 bis 20 Minuten ohne Abdeckung backen. Es danach auskühlen lassen und in Stücke brechen.

Anstatt Kümmel kann man auch Kreuzkümmel, Sesam, Mohn oder andere kleinkörnige Gewürze nehmen. Größere Gewürzkörner müssen im Mörser zerkleinert werden, ansonsten haften sie nicht im Teig.

Kapernbrot

Rezept für 2 kg Teig bzw. 5 Brote
Zubereitungszeit: ca. 1 ½ Stunden

1 kg Weizenmehl T 550
500 ml lauwarmes Wasser
17 g Salz
80 g Hefe
400 g Kapern, gewässert und gehackt
1 Zweig Rosmarin, gehackt
1 Zweig Thymian, gehackt
Wasser zum Befeuchten und Backen

Mehl, Wasser, Salz und Hefe gründlich zu einem Teig verkneten. Nach rund 5 Minuten Kneten die Kapern, den Rosmarin und den Thymian dazugeben und den Teig weitere 5 bis 7 Minuten kneten. Ihn dann 10 bis 15 Minuten unter einem Tuch ruhen lassen.

Anschließend 380 g schwere Teigstücke zu 50 cm langen Baguettes formen und diese um drei Viertel ihrer Größe aufgehen lassen. Den Ofen auf 210 °C bis 215 °C Umluft vorheizen. Die Teigstücke fünf- bis sechsmal längs schräg einschneiden und mit etwas Wasser leicht an der Oberfläche befeuchten. Sie dann in den Ofen schieben und dabei ein Glas Wasser auf den Ofenboden stellen. Den so entstehenden Dampf nach etwa 2 bis 3 Minuten entweichen lassen. Die Kapernbrote in insgesamt 20 bis 25 Minuten backen.

Der Dampf im Ofen treibt den Hefeteig schnell nach oben und ergibt eine feine Kruste. Die Feuchtigkeit darf aber nicht die komplette Zeit im Ofen stehen, sonst bleibt das Brot zu weich.

Laugenbrötchen

Rezept für ca. 35 Stück à 10 g
Zubereitungszeit: ca. 1 ½ Stunden

250 g Weizenmehl T 550
16 g Butter
6 g Salz
25 g Hefe
85 ml Milch
65 ml Wasser
Mehl zum Verarbeiten
Natronlauge zum Tauchen
Meersalz zum Bestreuen

Alle Zutaten am besten in der Küchenmaschine zu einem geschmeidigen Teig verarbeiten und ca. 10 Minuten durchkneten. Ein Backblech mit Backpapier auslegen. Den Teig zu kleinen Brötchen à 10 g formen und auf dem Blech 30 Minuten lang bei 37 °C gehen lassen. Die Lauge in eine tiefe Schüssel geben, und die Brötchen nach und nach mit einer Schaumkelle durchziehen. Den Ofen auf 180 °C Ober-/Unterhitze vorheizen. Die Brötchen mit Meersalz bestreuen und in 15 bis 20 Minuten backen.

Natronlauge oder »Brötchenlauge« bekommen Sie am ehesten bei Ihrem Bäcker.

Maisbrot

Rezept für 3 Kastenformen
Zubereitungszeit: 1 Nacht und ca. 4 Stunden

725 g Weizenmehl T 405
325 g Bramata
(grober Maisgrieß für Polenta)
20 g Salz
20 g Backpulver
42 g Hefe
575 ml Wasser
15 g Butter
Butter zum Auspinseln der Kastenformen

Mehl, Polentagrieß, Salz, Backpulver, Hefe, Wasser und Butter zu einem Teig kneten und über Nacht im Kühlschrank gehen lassen. Am Tag der Zubereitung drei Kasten- oder Terrinenformen mit Butter auspinseln. Den Teig nochmals durchkneten, in die Formen verteilen und eine weitere Stunde gehen lassen. Den Ofen auf 120 °C Ober-/Unterhitze vorheizen, die Formen ins Wasserbad stellen und im Ofen 1 ½ Stunden dämpfen. In regelmäßigen Abständen etwas Wasser auf den Ofenboden gießen.

Nach dem Dämpfen den Ofen auf 160 bis 170 °C Ober-/Unterhitze vorheizen und die Brote darin 40 Minuten backen. Sie anschließend in der Form abkühlen lassen, stürzen und zum Schneiden komplett auskühlen lassen.

Dieses Brot muss gedämpft und gebacken werden, damit der Maisgrieß richtig ausquillt. Wir benutzen dafür den Kombidämpfer und dämpfen das Brot darin 1 Stunde lang bei 100 °C. Zu Hause können Sie auch einen asiatischen Bambusdämpfkorb benutzen. Er muss allerdings groß genug sein, damit die Backform hineinpasst.

Bühne

VAU
VAU

Aus der kleinen heilen Welt des Koblenzer Stadttheaters hatte ich mich in die raue Wirklichkeit der Schauspielerei gewagt und ich hatte verloren. Selbstzweifel blieben nicht aus, mein Traum, auf der Bühne zu stehen, die Menschen zum Lachen zu bringen, den Applaus zu genießen und sich vor dem geneigten Publikum zu verbeugen, scheiterte an einem einzigen Wort. Dankeschön. Regieassistent oder Inspizient wollte ich nicht bleiben, also ging meine »Talentsuche« von Neuem los. Der Zufall wollte es, dass ich nur wenige Wochen nach meinem Theaterdebakel Christian Kaever traf. Wir waren ehemalige Schulkameraden und hatten immer einen guten Draht zueinander. Christian hatte nach dem Abi eine Kochlehre in Bonn begonnen und erzählte mir begeistert von der Arbeit am Herd und den sicheren Zukunftsaussichten, die der Kochberuf bot. Ich erzählte ihm von den Nackenschlägen, die ich gerade empfangen hatte, von den geringen Aussichten, unter 1200 Bewerbern einen der begehrten elf Plätze auf der Schauspielschule zu bekommen. Es war, trotz Wiedersehensfreude, ein merkwürdiges, fast theatralisches Gespräch, in dem wir aneinander vorbei redeten und uns dann in der Mitte verständigten.

Warum eigentlich nicht? Warum sollte ich nicht Koch werden, immerhin fordert der Beruf Kreativität und auch ein gewisses Maß an Selbstdarstellung, will man damit Erfolg haben. Welche Vielfalt sich allerdings wirklich hinter dem Beruf verbirgt, ahnte ich zu diesem Zeitpunkt noch nicht. Kochen war für mich bis dahin lediglich die zeitliche und vor allem lustvolle Vorstufe des Essens. Es bereitete mir zwar viel Spaß, aber ich hätte damals nie in Erwägung gezogen, jemals Profikoch zu werden. Eines der ersten Küchengeräte, mit dem ich als Kind in Berührung kam, war der Toaster, aus dem das warme Roggenbrot sprang, das ich mit Butter bestrich und mit einer Prise Salz verfeinerte. Die beiden anderen Lieblingsspeisen meiner Kindheit und Jugend waren das mit Salami belegte Graubrot und Nudelauflauf.

Gekocht wurde bei den Kleebergs die Woche über klassische Hausmannskost ohne große kulinarische Ambitionen, manchmal habe ich meiner Mutter am Herd geholfen. Sonntags werkelte meist mein Vater in der Küche, dann gab es zur Saison frisches Wild, das er den Jägern im Ort abgekauft hatte. Mit Hingabe beschäftigte sich Vater mit der schmackhaften Zubereitung von Fasanen, Hasen und Frischlingen, alles nach Rezepten aus einschlägigen Kochbüchern oder dem Gourmetmagazin »Der Feinschmecker«, das ich als Kind gerne durchblätterte. Nach der Trennung meiner Eltern wurde das Mittagessen in den nahen Gasthof verlegt. Da meine Mutter als Lehrerin meist nach mir von der Schule nach Hause kam, blieb ihr nur wenig Zeit zum Kochen und wir trafen uns zum so genannten »Stammessen« in der Gastwirtschaft. Highlights der bodenständigen Küche waren der »Ratsherrentopf« und der »Don-

Quichote-Teller«, mein Limo kostete damals 80 Pfennig. Nur zu Weihnachten lief Mutter in der Küche zur Höchstform auf und kochte Menüs aus Wolfram Siebecks Büchern, perfekt arrangiert und liebevoll serviert. An Sylvester, das ich meist mit meinem Vater zum Skilaufen im Berner Oberland verbrachte, stand das klassische Fondue auf dem Programm.

Der Besuch hochdekorierter Gourmet-Restaurants war während meiner Schulzeit kein Thema, doch unmittelbar nach dem Abitur unternahm ich mit Holger Strüder, den ich aus meiner Bandzeit kannte, eine unvergessene Schlemmertour durch das Elsass. Holger hatte sich dazu den alten klapprigen 2-CV seiner Schwester geliehen, mit der »Ente« fuhren wir standesgemäß und sympathisch französisch über die Grenze. Ausgerüstet mit den bunten Broschüren des Tourismusverbandes legten wir unsere Route fest, an jedem Restaurant wurde angehalten und in Andacht die Speisenkarte studiert. Wir wollten keine Fehler machen, uns nicht vom Hunger in irgendeine Lokalität überreden lassen, sondern das beste, das allerbeste Restaurant finden. Der Etat für diese Vorhaben war bescheiden, aber wir waren bereit, für die Gaumenfreuden Opfer zu bringen und übernachteten im Auto auf einem dunklen Parkplatz. Die Entscheidung zu Gunsten eines Restaurants fiel unsagbar schwer, jede Menge großer Namen und einladende Gasthäuser hatten wir auf unserer Tour nun schon gesehen. Glückliches Frankreich, dachte ich. Doch der erste Abend ging total in die Hose. Wir hatten vergessen in unserem Favorit des Abends »Aux Armes de France« zwei Plätze zu reservieren, verfolgten danach Plan B und landeten zu spät in Colmar. Das Restaurant nahm keine neuen Gäste mehr an. Bei Cola und Hamburger in »Sams Quick« wurden neue Pläne für den nächsten Tag geschmiedet. Diesmal sollte es gleich der Gourmet-Tempel »Le Cerf« in Marlenheim sein. 300 Francs kostete das Menü, für uns ein kleines Vermögen. Holger im weißen Anzug mit grauen Streifen und ich in dunklem Gewand mit Espandrilles an den Füßen, betraten wir voller Ehrfurcht die Kultstätte Elsässer Kochkunst. Es wurde großzügig aufgetischt, von Broccoli-Mousse über winzige lauwarme Quiches, eine sensationelle klare Tomatensuppe, St. Pierre mit Gemüsespaghetti, Steinbuttroulade, Lammrücken bis hin zu Käsewagen und Dessert. Dazu zwei Flaschen Riesling, für mehr reichte unser Budget nicht. Mit 12 Francs Trinkgeld wurden wir dennoch vom befrackten Service herzlich verabschiedet und machten uns, trunken vor Wein und Freude über dieses einmalige Genusserlebnis, zurück in Richtung Koblenz. Wenn ich diese Erfahrungen zwischen Hausmannskost, Silvester-Fondue und der Schlemmertour ins Elsass heute Revue passieren lasse, dann erscheint es mir wie eine typisch deutsche Ess-Karriere, die ich niemals missen möchte und die mich ziemlich unbefangen in die Kochlehre starten ließ.

LA CÉSARDE

Vorspeisen

Gebackene Kabeljaubrandade

Rezept für 4 Personen
Zubereitungszeit: ca. 1 ½ Stunden

1 Kabeljaufilet à ca. 800 g ohne Haut, ohne Gräten
300 g graues Meersalz
400 g Kartoffeln, mehlig kochend
Meersalz aus der Mühle
2 Knoblauchzehen
2 Zweige Thymian
2 Zweige Rosmarin
1 ½ l Milch
weißer Pfeffer aus der Mühle
1 Limone, Saft
3 Zweige Zitronenthymian, gezupft
Mehl
Ei
Mie de pain (feines Paniermehl)
Pflanzenöl

Das Kabeljaufilet gleichmäßig mit dem Salz bedecken und im Kühlschrank 1 Stunde ziehen lassen.

Die Kartoffeln in Salzwasser gar kochen. Sie abgießen, leicht ausdampfen lassen und durch eine Kartoffelpresse drücken.

Das Kabeljaufilet aus dem Kühlschrank nehmen und sorgfältig abwaschen. Die Knoblauchzehen schälen und andrücken. Thymian und Rosmarin waschen und abtrocknen. Knoblauch, Thymian und Rosmarin in die Milch geben und diese erwärmen. Dann das Kabeljaufilet dazugeben und für 10 bis 15 Minuten in der Milch bei ca. 60 °C sanft ziehen lassen. Es anschließend herausnehmen und abtropfen lassen. Das Filet in einer Schüssel mit einer Gabel zerpflücken und mit den Kartoffeln vermischen. Das Ganze mit Salz, Pfeffer, Limonensaft und den gezupften Zitronenthymianblättern würzen.

Den Teig zu Nocken formen. Diese mit Mehl, verschlagenem Ei und Mie de pain panieren und in Pflanzenöl bei 170 °C langsam goldgelb ausbacken. Sie vor dem Servieren auf Küchenpapier abtropfen lassen.

Die Brandade lässt sich vielfältig variieren. Sie schmeckt beispielsweise mit einer Füllung aus Crème fraîche und Kaviar oder zu einem kleinen Salat und gehobeltem Bottarga (getrockneter Rogen von der Meeräsche oder vom Thunfisch).

Berliner Eisbeinscheiben mit Flusskrebsen, gebackenen Schweineohren, Kohlrabi und Angostura-Vinaigrette

Rezept für 4 Personen
Zubereitungszeit: ca. 2 Stunden plus
1 Nacht

Für die Eisbeinscheiben
1 Eisbein, gepökelt, à ca. 700 g
2 Karotten
2 Stängel Staudensellerie
1 große Gemüsezwiebel
1 kleine Petersilienwurzel
1 Lorbeerblatt
6 Nelken
1 TL Kümmel
3 Wacholderbeeren
5 Pimentkörner
1 TL weiße Pfefferkörner
100 ml Weißwein-Essig
1 EL grober Senf
40 ml weißer Balsamico-Essig
Meersalz aus der Mühle
weißer Pfeffer aus der Mühle

Für die Flusskrebse
5 Schalotten
1 Fenchelknolle, geviertelt
1 Staude Staudensellerie, geputzt und gewaschen
1 Lorbeerblatt
1 TL Kümmel
1 TL weiße Pfefferkörner
4 Sternanis
Meersalz
1 kleine rote Chilischote
8 frische Flusskrebse à 100–120 g
Eiswasser, gesalzen
braune Butter
Limonensaft

Für die Vinaigrette
100 ml trockener Riesling
30 ml Rotwein-Essig
30 ml Sherry-Essig
200 ml Sonnenblumenöl
1 Spritzer Angostura
Salz
Zucker

Zusätzlich
4 bis 8 Würfel geschmorte Schweineohren (Cromesquis von Schweineohren, siehe Seite 54)
Mehl
Eier
Mie de Pain (feines Paniermehl)
Pflanzenöl zum Ausbacken
3 Kohlrabi
Kalbsjus (Grundrezept)
Petersilienöl für die Garnitur

Das Eisbein in kaltem Wasser aufsetzen, aufkochen und eventuell abschäumen. Karotten, Sellerie und Petersilienwurzeln waschen, schälen und zusammen mit der geschälten Zwiebel, Lorbeer, Nelken, Kümmel, Wacholderbeeren, Piment- und Pfefferkörnern sowie dem Weißwein-Essig dazugeben. Das Ganze bei milder Hitze etwa 1 ½ Stunden – bzw. bis das Fleisch weich ist – köcheln lassen. Dann das Eisbein herausnehmen und das Fleisch noch heiß auslösen. Dabei Fett, Knochen, Sehnen und Schwarten entfernen. Die Fleischstücke mit Senf, Balsamico-Essig, Salz und Pfeffer kräftig abschmecken. Dann in eine Terrine schichten, pressen und über Nacht kalt stellen.

Für die Krebse Schalotten, Fenchel, Staudensellerie, Lorbeer, Kümmel, Pfefferkörner, Salz und Chilischote in Wasser geben und aufkochen. Das Ganze zehn Minuten ziehen lassen, noch einmal aufkochen und dann die Krebse hineingeben. Sie 1 Minute ziehen lassen, dann sofort herausnehmen, in gesalzenem Eiswasser abschrecken und ausbrechen. Die Schwänze und Scheren in brauner Butter warm schwenken, salzen und mit Limonensaft beträufeln.

Die Schweineohrwürfel kurz vor dem Anrichten mit Mehl, verschlagenem Ei und Mie de Pain panieren. Sie dann in 170 °C heißem Öl 2 bis 3 Minuten ausbacken.

Für die Vinaigrette den Riesling mit beiden Essigsorten und dem Sonnenblumenöl verrühren. Die Mischung mit Angostura, Salz und etwas Zucker abschmecken. Den Kohlrabi schälen, in hauchdünne Scheiben schneiden und mit der Vinaigrette anmachen.

Die Eisbein-Terrine auf der Aufschnittmaschine dünn aufschneiden. Die Scheiben auf Teller legen und mit der Vinaigrette beträufeln. Nun die Flusskrebse, die Cromesquis vom Schweineohr und die mit Vinaigrette angemachten Kohlrabischeiben darauf anrichten. Zum Schluss das Ganze mit der erwärmten Kalbsjus und Petersilienöl garnieren und servieren.

Flusskrebse werden trocken und hart, wenn man sie zu lange kocht. Man kann anstelle der Flusskrebse auch gut einen Krautsalat zu den Eisbeinscheiben servieren.

Ich nenne dieses Gericht ein Zitat aus der Berliner Küche, da Berliner Produkte wie das Eisbein verwendet werden – das Endergebnis sieht allerdings nicht mehr klassisch aus. Flusskrebse gab es vor der großen Flusskrebspest gegen 1907 in der Oder in Massen. Bei Fontane liest man, dass nach der jährlichen Oderüberschwemmung die Krebse in den Bäumen hingen und nur heruntergeschüttelt werden mussten. Sie sind also ein »Berlin-Brandenburger Urprodukt«.

Entenmastleberterrine mit teegeräucherter Taubenbrust und Stachelbeerchutney

Rezept für 1 Terrinenform à 1 ½ kg
Zubereitungszeit: ca. 1 Stunde plus 1 Tag

Für die Terrine
900 g Langkornreis
450 g Earl Grey Teeblätter
500 g Früchteteeblätter
500 g brauner Rohrzucker
12 Taubenbrüste von Etouffé-Tauben
3 Entenstopflebern à ca. 600 g
Meersalz
250 ml roter Portwein
250 ml Madeira
200 g dünne Scheiben Lardo di Colonnata
(fetter, italienischer Speck)
weißer Pfeffer aus der Mühle

Für das Stachelbeerchutney
250 g brauner Zucker
1 kg rote Stachelbeeren
250 g Tomaten-Concassée (Würfel von blanchierten und gehäuteten Tomaten)
250 g Sultaninen
250 g Schalottenwürfel
2 rote Chili, getrocknet
1 Knoblauchzehe, geschält und gewürfelt
70 g Ingwer, geschält und gerieben

Zusätzlich
Maldon Sea Salt
(im Feinkosthandel erhältlich)
100 g Korianderkörner
200 g frische, grüne Stachelbeeren
50 ml Entenjus (Grundrezept)

Den Reis mit beiden Teesorten und dem Zucker gut vermischen. Die Mischung in die Räucherpfanne eines Räucherofens geben und erhitzen, bis sie raucht. Nun die Taubenbrüste dazugeben und kurz anräuchern, dann die Temperatur herunterschalten. Die Brüste insgesamt etwa 6 bis 9 Minuten räuchern, so dass sie noch rosa sind. Anschließend die Haut und das Filet entfernen und die Brüste sofort kalt stellen.

Die Entenstopflebern von Adern und Sehnen befreien und in daumendicke Scheiben schneiden. Sie leicht salzen und in einer beschichteten Pfanne von beiden Seiten heiß anbraten, dann auf einem Gitter abtropfen lassen. Den Portwein und den Madeira zusammen auf 400 ml reduzieren. Die Mischung auf Handtemperatur abkühlen lassen. Die Leberscheiben in eine Schüssel geben und die Portwein-Madeira-Mischung daraufgeben. Die Leberscheiben 10 bis 15 Minuten darin ziehen lassen.

Eine Terrinenform mit den Lardo-Scheiben auskleiden. Die Leber aus der Portweinmischung nehmen und abtropfen lassen. Sie mit weißem Pfeffer und gegebenenfalls noch etwas Salz würzen. Die Leber abwechselnd mit den Taubenbrüsten in die Terrine einschichten, jede Schicht stets gut andrücken. Das überschüssige Fett mit Küchenpapier abtupfen und die fertig geschichtete Terrine mit Lardo-Scheiben abdecken. Die Terrine 24 Stunden kalt stellen.

Für das Stachelbeerchutney den Zucker karamellisieren. Sobald er karamellisiert, Stachelbeeren, Tomaten, Sultaninen, Schalotten, Chili, Knoblauch und Ingwer dazugeben und das Ganze kompottartig einkochen.

Etwa 10 bis 15 Minuten vor dem Servieren die Terrine in daumendicke Scheiben schneiden und auf Zimmertemperatur temperieren lassen. Mittlerweile die Korianderkörner rösten, im Mörser grob zerkleinern und mit Maldon Salt mischen. Die grünen Stachelbeeren waschen, trocknen und halbieren. Zum Servieren die Terrinescheiben zusammen mit dem Stachelbeerchutney anrichten und die halbierten Stachelbeeren dazugeben. Das Ganze mit Koriandersalz bestreuen, mit etwas Entenjus beträufeln und servieren.

Anstelle von Tauben- können Sie auch Entenbrust verwenden. Entenbrust muss jedoch länger geräuchert werden, rechnen Sie mit ca. 12 bis 15 Minuten.

Froschschenkel, sautiert und gebacken mit Petersiliensauce, Trüffelgelee und gekochtem Schinken

Rezept für 4 Personen
Zubereitungszeit: 3 Stunden

Für das Gelee
300 ml Kalbsconsommé
2 Blatt Gelatine à 2 g

Für die Petersiliensauce
3 Eier
1 großes Bund Blattpetersilie
3 EL Crème fraîche
Meersalz aus der Mühle
weißer Pfeffer aus der Mühle
Limonensaft

Für die Froschschenkel
1 kleines Bund Blattpetersilie
24 fleischige Froschschenkel
1 junge Knoblauchknolle
Salz
Mehl
Ei
Semmelbrösel
Butterschmalz zum Ausbacken
Zitronensaft
2 EL Butter

Für den Salat
4 Handvoll Mesclunsalat (eine provençalische Mischung von jungen Schnittsalaten) oder Wildkräutersalat mit Blüten
40 ml Champagneressig
150 ml kalt gepresstes Sonnenblumenöl
Meersalz aus der Mühle
weißer Pfeffer aus der Mühle
Zucker
2 EL Trüffeljus (im Feinkosthandel erhältlich)

Zusätzlich
200 g getrüffelter Kochschinken
80 g schwarzer Trüffel aus dem Glas

Die Kalbsconsommé, sofern sie nicht schon leicht geliert ist, mit der Gelatine binden. Dafür die Gelatine in kaltem Wasser einweichen, ausdrücken und in die erhitzte Kalbsconsommé einrühren. Das Ganze erkalten und gelieren lassen.

Für die Petersiliensauce die Eier 10 Minuten kochen, abschrecken, schälen und Eigelb und Eiweiß trennen. Für die Sauce und die Froschschenkel die Blattpetersilie waschen, zupfen und trocknen. Die Blattpetersilie für die Sauce mit Crème fraîche, Eigelb, Salz und Pfeffer vermischen. Die Mischung mit Limonensaft nachschmecken, das Eiweiß fein hacken und unterheben.

Für die Froschschenkel die restliche Petersilie fein schneiden. Die Froschschenkel einzeln putzen. Den Knoblauch schälen und die Zehen in feine Scheiben schneiden.

Den Salat putzen, waschen und trocken schleudern.

Den Kochschinken dünn aufschneiden und in mundgerechte Stücke zupfen.

Die Hälfte der Froschschenkel salzen, mit Mehl, verschlagenem Ei und Semmelbröseln panieren. Das Butterschmalz erhitzen und die panierten Froschschenkel darin goldgelb ausbacken. Sie auf Küchenpapier gut abtropfen lassen und mit Zitronensaft beträufeln. Die restlichen Froschschenkel in ausschäumender Butter gut durchbraten. Je nach Größe dauert dies etwa 3 bis 5 Minuten. Die Froschschenkel beim Braten salzen, die Knoblauchscheiben und etwas fein geschnittene Petersilie zugeben.

Nun den Trüffel in Scheiben schneiden. Die Abschnitte fein hacken und mit den Schinkenflecken sowie dem Kalbsgelee behutsam vermischen. Die Mischung auf einem kalten Teller locker anrichten und die Trüffelscheiben darübergeben. Den Salat mit Champagneressig, Sonnenblumenöl, Salz, Pfeffer, Zucker und Trüffeljus anmachen und locker anlegen.

Die Petersiliensauce auf Teller geben und die Froschschenkel darauf anrichten.

In diesem Gericht habe ich ganz klassische Elemente der burgundischen Küche zusammengefügt: Froschschenkel mit Knoblauch und gekochter Schinken in Gelee mit Petersilie (Jambon persilée). Demzufolge passt dazu am besten ein Weißwein aus dem Burgund, ein Chardonnay oder ein einfacherer Bourgogne Aligoté.

Gebratener Hummer
mit Melone, Erdbeeren und Cordifol-Salat

Rezept für 4 Personen
Zubereitungszeit: ca. 1 Std.

Für den Hummer
4 kanadische Hummer à 550–650 g
Meersalz
Eiswasser
4 Zweige Basilikum
Olivenöl zum Braten
50 g Butter

Für die Erdbeersauce
250 g Erdbeeren
2 EL Erdbeeressig von Erwin Gegenbauer (über das Internet erhältlich)
Salz
weißer Pfeffer aus der Mühle
brauner Zucker
8 EL Arbequina-Olivenöl (ein besonders mildes Öl aus nordspanischen Arbequina-Oliven)

Für die marinierten Melonen
2 Charentais-Melonen
50 g brauner Zucker
100 ml weißer Portwein
100 ml Riesling Beerenauslese

Für den Salat
200 g Cordifol-Salat (Herzblattsalat)
2 EL Balsamico-Essig
8 EL Hojiblanca-Olivenöl (ein mildes, fruchtiges Olivenöl aus spanischen Hojiblanca-Oliven)
Salz
schwarzer Pfeffer aus der Mühle
brauner Zucker

Die Hummer in kochendem, kräftig gesalzenem Wasser 2 Minuten kochen. Sie dann herausnehmen, die Scheren und Gelenke abtrennen und 2 weitere Minuten kochen. Den Schwanz in gesalzenem Eiswasser abkühlen, die Gelenke und Scheren ebenfalls abschrecken. Die Scheren und Gelenke später auslösen, dabei vorsichtig das Chitinplättchen herausziehen, die Schwänze längs halbieren.

Für die Erdbeersauce die Erdbeeren waschen, putzen und abtropfen lassen. Sie mit dem Essig, Salz, Pfeffer und Zucker im Mixer pürieren. Das Püree in eine Schüssel geben und mit dem Schneebesen das Olivenöl einrühren. Die Sauce kalt stellen.

Für die Melonen die Melonen halbieren, entkernen und mit einem Löffel Nocken ausstechen. Dann den braunen Zucker leicht karamellisieren, mit Portwein und Beerenauslese ablöschen und aufkochen. Die Flüssigkeit leicht abkühlen lassen. Sie dann über die Melonennocken geben und kalt stellen.

Basilikum waschen und abtrocknen. Die Hummerschwänze mit Küchenpapier abtrocknen und in Olivenöl auf der Fleischseite anbraten. Nach ca. 1 Minute Butter und Basilikum dazugeben und salzen. Nun die Schwänze herausnehmen, sie bis auf das letzte Schwanzende schälen und warmstellen. Die Scheren in dieser Bratbutter lediglich temperieren.

Den Cordifol-Salat waschen und abtropfen lassen. Essig mit Olivenöl, Salz, Pfeffer und Zucker verrühren und die Marinade über den Salat geben.

Zum Servieren die Melonennocken abtropfen lassen und zusammen mit der Erdbeersauce anrichten. Daneben die Hummerstücke legen, den Cordifol-Salat zu den Melonennocken geben.

Wenn Sie die Erdbeersauce zusammen mit dem Olivenöl im Mixer zubereiten, wird die Sauce leider milchig und unansehnlich.
Achten Sie unbedingt darauf, dass die Weine zum Einlegen der Melone durch das Ablöschen etwas reduziert werden, sonst bleibt ein spitzer, scharfer Geschmack.

Lauwarm gelierter Hummerborschtsch mit Krautsalat

Rezept für 10 Personen
Zubereitungszeit: viel zu lange, um es zu Hause zu machen

Für das Rote-Bete-Gelee
6 Schalotten
4 Knoblauchzehen
100 g Champignons
3 Stängel Staudensellerie
3 rote Bete, gekocht
6 Hummernasen
600 g Entenkeulenfleisch
1 TL Kümmel
10 weiße Pfefferkörner, geröstet
1 EL brauner Zucker
100 ml Rote-Bete-Saft
50 ml Sherryessig
400 g Crushed Ice
6 Eiweiß
3 l Entenfond
12 g Agar-Agar (im Asialaden erhältlich)

Für den Hummer
2 kanadische Hummer à 550–650 g
Meersalz
Eiswasser

Für den Krautsalat
1 kleiner Kopf Spitzkohl
Meersalz
1 EL Kümmel (eventuell aus der Gewürzmühle)
weißer Pfeffer aus der Mühle
40 ml Champagneressig
120 ml Traubenkernöl

Für die Einlage
2 rote Bete, gekocht
2 mittelgroße Karotten
Meersalz
1 kleines Bund Majoran

Zusätzlich
400 ml Hummersuppe
50 ml rosé Champagner

Für das Gelee Schalotten und Knoblauch schälen, Champignons putzen, Staudensellerie waschen und putzen, rote Bete schälen. Die Hummernasen hacken. Sie zusammen mit dem Entenfleisch, dem vorbereiteten Gemüse und den Pilzen durch den Wolf lassen. Unter die Masse Kümmel, Pfefferkörner, Zucker, Rote-Bete-Saft und Essig mischen. Das Ganze mit dem Crushed Ice, den Eiweißen und dem Entenfond mit dem Schneebesen aufschlagen. Die Mischung in einem flachen Topf aufsetzen und unter stetem Rühren aufkochen. Kurz vor dem Aufkochen mit dem Rühren aufhören. Die Suppe einmal durchköcheln, danach abkühlen lassen und anschließend durch ein Tuch passieren. Die nun klare Consommé aufkochen und dabei mögliche Eiweißreste abschäumen. Pro Liter Consommé 4 g Agar-Agar zugeben. Das Ganze noch mindestens 2 Minuten kochen und dann beiseitestellen.

Nun die Hummer in kochendem, kräftig gesalzenem Wasser 2 Minuten kochen. Sie herausnehmen, die Scheren und Gelenke abtrennen und weitere 2 Minuten kochen. Den Schwanz in gesalzenem Eiswasser abkühlen, die Gelenke und Scheren ebenfalls abschrecken. Die Scheren und Gelenke später auslösen, dabei vorsichtig das Chitinplättchen herausziehen. Die Schwänze längs halbieren.

Für den Krautsalat den Spitzkohl in einzelne Blätter trennen. Diese waschen und die Blattrippen entfernen. Die Blätter in feine Streifen schneiden und in eine Schüssel mit Meersalz geben. Sie mit dem Meersalz gut durchkneten und 1 Stunde ziehen lassen. Sie danach herausnehmen und gut ausdrücken. Kümmel, Pfeffer, Champagneressig und Traubenkernöl vermischen und die Kohlblätter damit anmachen.

Für die Einlage rote Bete und Karotte schälen und in Würfel schneiden. Die Gemüsewürfel in kochendem Salzwasser blanchieren, in gesalzenem Eiswasser abschrecken. Den Majoran waschen, trocknen und die Blätter zupfen.

Die lauwarme Consommé in eine flache Form füllen, die Hummerschwänze und -scheren, Karotten- und Rote-Bete-Würfel sowie die Majoranblättchen darin verteilen. Nun die Consommé steif werden lassen – durch die Zugabe von Agar-Agar erfolgt dies schon bei 54 °C. Das entstandene Gelee zurechtschneiden und in einen tiefen Teller geben. Nun die Hummersuppe aufkochen und mit dem Champagner aufmixen. Sie zusammen mit dem Krautsalat und dem Gelee servieren.

Diese Vorspeise wird zu einem üppigen Hauptgang, wenn man zusätzlich gekochtes oder konfiertes (gepökeltes, in Entenfett gekochtes) Entenfleisch als Einlage verwendet.

Rosa gebratener Kalbsrücken mit Imperial-Kaviar, Erbsen und Haselnüssen

Rezept für 4 Personen
Zubereitungszeit: ca. 2 ½ Stunden

Für den Kalbsrücken
1 Kalbsrücken à ca. 500 g
Meersalz aus der Mühle
schwarzer Pfeffer aus der Mühle
100 g Butter
Olivenöl
5 Schalotten
2 Knoblauchzehen
10 Champignons
1 kleines Bund Thymian
1 kleines Bund Salbei

Für die Erbsensauce und den Erbsensalat
1 kg frische Erbsen
ca. 100 ml Geflügelfond (Grundrezept)
Meersalz aus der Mühle
Zucker
20 ml weißer Balsamico-Essig
20 ml Haselnussöl

Für die Crème fraîche
4 EL Crème fraîche
Meersalz aus der Mühle
1 Zitrone, Saft
2 EL geriebene Haselnüsse

Zusätzlich
80 g Imperial-Kaviar

Für den Kalbsrücken den Ofen auf 120 °C Ober-/Unterhitze vorheizen. Den Kalbsrücken salzen und pfeffern. Die Butter und das Olivenöl zusammen in einer flachen Pfanne bräunen. Den Kalbsrücken darin rundum sanft aber sorgfältig anbraten und danach herausnehmen. Die Schalotten und den Knoblauch schälen und in Scheiben schneiden. Die Champignons putzen und in Scheiben schneiden. Thymian und Salbei waschen und trocknen. Schalotten und Knoblauch in der Bratbutter anschwitzen. Die Champignonscheiben mitbraten und die Kräuter zugeben. Nun den Kalbsrücken darauflegen und das Ganze in den vorgeheizten Ofen schieben. Das Fleisch bis zu einer Kerntemperatur von 60 °C braten, es dann herausnehmen und kalt stellen.

Für die Erbsensauce die Erbsen aus den Schoten palen. Die Kerne blanchieren, abschrecken und aus der inneren Haut drücken. 4 EL Erbsenkerne beiseitelegen, den Rest mit dem Geflügelfond zu einer sämigen Sauce vermixen. Die Masse salzen, zuckern und mit weißem Balsamico-Essig abschmecken. Dann durch ein feines Sieb streichen.

Die Crème fraîche glattrühren und mit Salz und Zitronensaft abschmecken. Den Kalbsrücken auf der Aufschnittmaschine aufschneiden. Die Erbsen mit einer Marinade aus Salz, Zucker und Haselnussöl marinieren. Zum Servieren die Erbsensauce zusammen mit den Erbsen anrichten und Kalbsrückenscheiben daneben legen. Die Crème fraîche mit den geriebenen Haselnüssen bestreuen und neben dem Kaviar anrichten.

Dieses Gericht ist ein Klassiker im VAU. Zu Hause kann man den sehr teuren Imperial-Kaviar durch Saiblingskaviar (zum Beispiel aus Kärnten) ersetzen. Schmeckt … fast genauso gut.

Kalbskopfstulle
mit sautierten Langostinos und Schmelzzwiebeln

Rezept für 4 Personen
Zubereitungszeit: 3 ½ Stunden
plus 2 Nächte

Für den Kalbskopf
1 Kalbskopfmaske à ca. 1 ½ kg, eventuell gepökelt (beim Fleischer vorbestellen)
1 Zitrone
1 gepökelte Kalbszunge
4 mittelgroße Zwiebeln
2 frische Lorbeerblätter
10 weiße Pfefferkörner
3 Pimentkörner
50 ml Champagneressig
2 Schalotten
1 Stange Lauch
Eiswasser
50 ml Sherryessig
200 ml Traubenkernöl

Für die Schmelzzwiebeln
4 mittelgroße Zwiebeln
Pflanzenöl
Meersalz aus der Mühle

Für die Paprikasauce und den Paprikabelag
4 rote Paprikaschoten
2 Schalotten
etwas Pflanzenöl
100 ml Traubenkernöl
Meersalz aus der Mühle
schwarzer Pfeffer aus der Mühle
Zucker
etwas Zitronensaft

Für die Schalottenringe
4 Schalotten
Mehl
Piment d'Espelette
Pflanzenöl zum Ausbacken

Für die Langostinos
8 Langustinos
Meersalz aus der Mühle
etwas Pflanzenöl

Für den Fenchelbelag
1 Fenchelknolle
Meersalz aus der Mühle
100 ml Traubenkernöl
schwarzer Pfeffer aus der Mühle

Zusätzlich
4 Scheiben Berliner Landbrot (ein Sauerteigbrot aus Roggen oder einer Roggen-Weizen-Mischung)

Die Kalbskopfmaske mit der halbierten Zitrone abreiben und über Nacht wässern. Am nächsten Tag mit der Zunge in einen hohen Topf geben und mit kaltem Wasser bedecken. Die Zwiebeln putzen, aber nicht schälen, halbieren und mit den Lorbeerblättern, den Pfeffer- und den Pimentkörnern dazugeben. Aufkochen, abschäumen und ca. 2 Stunden bei geringer Hitze weich kochen. Zu Beginn den Salzgehalt des Sudes prüfen – gepökeltes Fleisch bringt genug Salz mit. Nach dem Kochen die Zunge herausnehmen und noch warm häuten. Die Adern und Sehnen entfernen, das parierte Fleisch in große Stücke schneiden. Den Kalbskopf herausnehmen, sauber putzen und in große Stücke schneiden. Die Zungen- und Kalbskopfstücke in eine Schüssel geben und mit dem Champagneressig vermischen. In eine Terrinenform pressen, über Nacht kalt stellen.

Den Ofen auf 180 °C Umluft vorheizen. Die Zwiebel für die Schmelzzwiebeln schälen, halbieren und in Streifen schneiden. Die Zwiebelstreifen in eine Pfanne mit wenig Pflanzenöl geben und bei mittlerer Hitze ohne Deckel langsam goldbraun werden lassen, leicht salzen. Dann beiseitestellen.

Die Paprikaschoten halbieren, putzen und auf einem Backblech 30 Minuten in den vorgeheizten Ofen geben. Die Schalotten schälen, 2 Schalotten würfeln. Die garen Paprikaschoten aus dem Ofen nehmen und häuten. Die Schoten grob zerpflücken, das Fleisch von 2 Paprikaschoten mit den Schalottenwürfeln in etwas Pflanzenöl anschwitzen. Alles pürieren und mit 100 ml Traubenkernöl zu einer sämigen Sauce mixen. Diese mit Salz, Pfeffer, Zucker und einem Spritzer Zitronensaft abschmecken. Die Sauce und das Paprikafleisch beiseitestellen.

4 Schalotten in Ringe schneiden, mit wenig Mehl und Piment d'Espelette stauben und in 170 °C heißem Öl knusprig ausbacken. Die Langostinos ausbrechen, kochfertig vorbereiten.

Den Lauch waschen, putzen und in breite Streifen schneiden. Diese in Salzwasser garen und in Eiswasser abschrecken. Die Fenchelknolle dünn hobeln, salzen, gut vermischen und kurz ziehen lassen. Mit Traubenkernöl und schwarzem Pfeffer aus der Mühle anmachen. Die restlichen Schalotten würfeln. Den Kalbskopf auf der Aufschnittmaschine in feine Scheiben schneiden. Sherryessig, Schalottenwürfel und Traubenkernöl vermengen, die Lauchstreifen locker unterheben. Den Kalbskopf damit anmachen. Die Langostinos salzen und in einer beschichteten Pfanne mit wenig Öl braten. Die Brotscheiben im Toaster oder unter dem Grill rösten. Mit den Schmelzzwiebeln bestreichen, mit dem Paprikafleisch, dem Fenchel- und dem Kalbskopfsalat belegen. Mit der Paprikasauce, Schmelzzwiebeln und Piment d'Espelette anrichten. Die Langostinos auf die »Stulle« setzen, mit schwarzem Pfeffer bestreuen.

Krabbensalat auf Krupuk, Räuchermatjes mit Kartoffelbrot und Wacholder, Bohnengelee und Radieschen

Rezept für 4 Personen
Zubereitungszeit: ca. 1 ½ Stunden

Für Krupuk und Kartoffelbrot
200 g Mais- oder Kartoffelstärke
10 g Backpulver
200 g Eiswasser
80 g Eiweiß
250 g Kartoffeln, mehlig kochend, geschält
200 g Büsumer Krabbenfleisch
Meersalz aus der Mühle
weißer Pfeffer aus der Mühle
Pflanzenöl

Für das Bohnengelee
300 g grüne Bohnen
Salz
Eiswasser
2 Blatt Gelatine à 2 g
200 ml Geflügelfond (Grundrezept)

Für den Krabbensalat
200 g Büsumer Krabbenfleisch
4 EL Crème fraîche
1 EL Joghurt 3,5 %
etwas Limonensaft
2 EL Blattpetersilie, gewaschen und gezupft

Zusätzlich
1 EL schwarzer Pfefferkörner
1 TL Wacholderbeeren
2 Doppelfilets Räuchermatjes
1 Bund Schnittlauch, gewaschen und fein geschnitten
1 Bund Radieschen
Meersalz aus der Mühle
weißer Pfeffer aus der Mühle
etwas Zitronensaft
2 EL Sonnenblumenöl
2 Handvoll Radieschenblättersalat, geputzt und gewaschen

Die Stärke mit dem Backpulver vermischen und das Eiswasser gründlich einrühren. Die Eiweiße leicht anschlagen und unterheben. Eine Hälfte des Teiges zusammen mit den geschälten, rohen Kartoffeln pürieren. Das Krabbenfleisch spülen und trocken tupfen. Es zusammen mit der anderen Hälfte des Teiges pürieren. Beide Pasten mit Salz und Pfeffer abschmecken, flach auf Backpapier aufstreichen und so lange einfrieren, bis die Platten fest sind.

Für das Bohnengelee die Bohnen putzen und waschen. Salzwasser aufkochen und die Bohnen darin garen. Die garen Bohnen in gesalzenem Eiswasser abschrecken und gleichmäßig in eine flache Form legen. Die Gelatine in kaltem Wasser einweichen. Sie danach ausdrücken, in den erwärmten Geflügelfond geben und darin gründlich auflösen. Den Fond so über die Bohnen gießen, bis sie gerade bedeckt sind. Das Ganze kalt stellen, bis die Gelatine fest geliert ist.

Für den Krabbensalat die Krabben spülen und trocken tupfen. Crème fraîche mit dem Joghurt verrühren, mit Salz, Pfeffer und einen Spritzer Limonensaft abschmecken. Petersilie dazugeben und damit die Krabben anmachen.

Die Pfefferkörner und Wacholderbeeren in einer beschichteten Pfanne nacheinander leicht rösten und dann im Mörser zerkleinern. Sie anschließend vermischen.

Die Krabben- und Kartoffelteigplatten in Stücke brechen und in 170 °C heißem Pflanzenöl knusprig ausbacken. Auf Küchenpapier gut abtropfen lassen.

Das Bohnengelee in Streifen schneiden und auf einem kalten Teller anrichten.

Den Räuchermatjes in mundgerechte Stücke schneiden, zur Hälfte mit Wacholderpfeffer, zur Hälfte mit fein geschnittenem Schnittlauch bedecken und mit den Kartoffelbrotstücken neben dem Bohnengelee anrichten.

Den Krabbensalat mit dem Krabbenbrot schichten und ebenfalls anrichten.

Die Radieschen waschen, putzen und fein hobeln. Aus Salz, Pfeffer, Zitronensaft und Sonnenblumenöl eine Marinade mischen. Die Radieschenhobel zusammen mit dem Radieschenblättersalat damit anmachen und auf dem Bohnengelee anrichten.

Wie Kaviar und Eier sollte Matjes nicht auf Silber angerichtet oder mit Silberbesteck gegessen werden, da das Silber oxidiert und einen metallischen Geschmack hinterlässt.
Als Getränk eignet sich zu dieser Vorspeise am besten ein norddeutsches Bier. Wer lieber Wein trinkt, dem sei dazu ein badischer Grauburgunder empfohlen.

»Arancino nero« mit Pulpo, Artischockenpüree und Blutorange

Rezept für 10 Portionen
Zubereitungszeit: mindestens 3 bis 4 Stunden, also lieber gleich im VAU essen

Für die Arancini
4 Schalotten
100 g Butter
200 g Acquerello-Risottoreis
100 ml Weißwein
600 ml Geflügelfond (Grundrezept)
Meersalz aus der Mühle
50 g Parmiganio Reggiano
Zitronensaft
2 kleine Tütchen Sepiatinte
4 Tomaten
200 g Pulpofleisch, gekocht
4 Artischockenböden, geputzt
1 Bund Rucola
schwarzer Pfeffer aus der Mühle
Mehl
2 Eier
Semmelbrösel
Olivenöl zum Ausbacken

Für das Artischockenpüree
2 Schalotten
4 Artischockenböden
2 Zweige Rosmarin
Olivenöl
300–400 ml Geflügelfond (Grundrezept)
Meersalz aus der Mühle
weißer Pfeffer aus der Mühle
Piment d'Espelette (baskisches Paprikapulver)

Für die Blutorange
2 Blutorangen
Olivenöl
schwarzer Pfeffer aus der Mühle
Meersalz aus der Mühle
Zucker

Zusätzlich
3 Bund Löwenzahn, gewaschen, geputzt, getrocknet
500 g Sepiatuben (Fleisch von mittelgroßen Tintenfischen, ca. 1 cm dick)
Meersalz
2 Artischockenböden, geputzt
schwarzer Pfeffer aus der Mühle
Zitronensaft
Olivenöl
10 dünne Pulpoarme, gekocht
1 dicker Pulpoarm, gekocht
100 ml schwarze Sepiasauce (Grundrezept)

Für den Risotto die Schalotten schälen, würfeln und in 50 g Butter ohne Farbe anschwitzen. Den Reis kurz mit anschwitzen. Mit dem Weißwein ablöschen und komplett einkochen. Salzen. Nach und nach unter ständigem Rühren heißen Geflügelfond angießen. Nach ca. 15 bis 20 Minuten die restliche Butter und den Parmesan einarbeiten. Den Risotto mit Salz und Zitronensaft abschmecken. Die Sepiatinte einrühren und den Risotto erkalten lassen.

Für das Artischockenpüree die Schalotten und die Artischockenböden putzen, den Rosmarin waschen und trocken. Die Schalotten und Artischockenböden würfeln und zusammen mit dem Rosmarin in Olivenöl anschwitzen. Das Ganze mit Geflügelfond auffüllen und die Artischocken darin ca. 20 Minuten weich schmoren. Den Rosmarin entfernen, den Fond abgießen und aufheben. Den Fond mit dem Stabmixer mit den Artischocken mixen, bis das Püree die gewünschte Konsistenz hat. Das Püree mit Salz, weißem Pfeffer und Piment d'Espelette abschmecken. Die Hälfte des Sepiafleisches anfrieren und auf der Aufschnittmaschine in dünne Streifen schneiden. Mt kochendem Salzwasser übergießen und gut abtropfen lassen. 2 Artischockenböden in dünne Streifen hobeln und mit den Sepiastreifen mischen. Das Ganze mit einer Marinade aus Salz, schwarzem Pfeffer, Zitronensaft und Olivenöl abschmecken. Das restliche Sepiafleisch kreuzweise einritzen, in einer beschichteten Pfanne kurz und heiß in wenig Olivenöl rösten und salzen.

Die Blutorange filieren, dabei den Saft auffangen. Diesen einkochen und mit etwas Olivenöl mit dem Schneebesen emulgieren. Die Mischung mit schwarzem Pfeffer, Salz und Zucker abschmecken.

Für die Arancini die Tomaten blanchieren, häuten, in Würfel schneiden. Das Pulpofleisch und die Artischockenböden in Würfel schneiden. Den Rucola waschen, trocknen, fein schneiden und mit den Tomaten-, Pulpo- und Artischockenwürfeln vermischen. Mit Salz, schwarzem Pfeffer und Zitronensaft abschmecken.

Den schwarzen Risotto in etwa tischtennisballgroße Kugeln formen und mit der Pulpomischung füllen. Den Ofen auf 60 °C Ober-/Unterhitze vorheizen. Die Arancini in Mehl, verschlagenen Eiern und Semmelbrösel wälzen und klassisch panieren. In Olivenöl goldgelb ausbacken und warm halten.

Den dicken Pulpoarm in Scheiben schneiden, zusammen mit den dünnen Armen mit Salz, Zitronensaft, Olivenöl und schwarzem Pfeffer marinieren. Die Arancini auf je einem dünnen Stück Pulpoarm anrichten. Das Artischockenpüree etwas erwärmen. Die gerösteten Sepiastücke auf dem Artischockenpüree mit etwas Löwenzahn anrichten. Die Blutorangenfilets in Blutorangenemulsion marinieren und anrichten. Den Salat von Sepia und rohen Artischockenstreifen auf je zwei marinierten Scheiben vom dicken Pulpoarm anrichten. Das Ganze mit schwarzer Tintenfischsauce beträufeln.

Kross gebratener Saibling mit Rahmgurkensalat, Minze und Borretsch

Rezept für 4 Personen
Zubereitungszeit: 1 ½ Stunden

Für den Gurkensalat
2 Salatgurken
Meersalz aus der Mühle
Zucker
weißer Pfeffer aus der Mühle
2 EL Crème fraîche
1 EL weißer Balsamico-Essig
½ Limone, Saft
1 Bund Minze

Für den Saibling
1 Seesaibling à ca. 800 g
Meersalz
Mehl
Pflanzenöl
2 EL Butter
½ Limone, Saft

Zusätzlich
80 g Kürbiskerne
1 Bund Borretsch
40 ml Kürbiskernöl

Die Gurken schälen, halbieren und entkernen. Sie quer in 2 bis 3 mm dicke Scheiben schneiden, leicht salzen, durchkneten und 1 Stunde stehen lassen. Sie danach gut ausdrücken, dabei das Gurkenwasser aufheben. Nun die Gurken mit der Crème fraîche vermengen. Sie mit Zucker, Pfeffer, Balsamico-Essig und dem Limonensaft abschmecken. Mit den Fingern oder einer Gabel den Salat luftig schlagen, dabei nach und nach etwas vom Gurkenwasser hinzufügen.

Den Saibling filieren und die Gräten ziehen. Den Fisch portionieren.

Die Kürbiskerne ohne Fett in einer Pfanne langsam rösten, bis sie sich aufblähen.

Den Fisch salzen und die Hautseite sehr sparsam mit Mehl stauben. In Pflanzenöl auf der Hautseite knusprig braten. Dabei die Stücke kurz mit einem kleinen Topf beschweren, um sie in die Pfanne zu drücken.

Kurz vor Ende der Garzeit den Fisch aus der Pfanne nehmen. Das Bratfett abgießen und in der Pfanne die Butter aufschäumen lassen. Den Limonensaft zufügen und die Saiblingsstücke neben dem Herd in der braunen Butter gar ziehen lassen.

Die Minze waschen, trocknen, fein schneiden und in den Gurkensalat geben. Den Borretsch waschen, trocknen und zupfen.

Den Fisch mit Gurkensalat, etwas Bratbutter und den Borretschblättern anrichten. Das Ganze mit Kürbiskernen bestreuen und etwas Kürbiskernöl beträufeln.

Der Gurkensalat enthält absichtlich wenig Dressing, damit er nicht »ausläuft«. Er passt auch wunderbar zu einem Rindfleischsalat.

Knusprige Sardinenstulle
mit Tomatensalat, Minze und jungem Knoblauch

Rezept für 4 Personen
Zubereitungszeit: ca. 1 Stunde

8 frische Sardinen à ca. 100–120 g
Maldon Sea Salt
(im Feinkosthandel erhältlich)
Zitronensaft
2 Weizen-Sauerteigbaguette
10 feste, aromatische Tomaten
brauner Zucker
2 EL Xanthan (fermentierte Maisstärke, im Lebensmittelfachhandel erhältlich)
2 Knollen junger Knoblauch
Olivenöl
schwarzer Pfeffer aus der Mühle
1 Bund junge Nana-Minze

Die Sardinen schuppen, waschen, filieren und in eine flache Form legen. Leicht salzen und mit Zitronensaft beträufeln.

Das Baguette in 10 cm lange Stücke schneiden. Diese im Tiefkühlfach anfrieren und danach längs in 2 mm dicke Scheiben schneiden.

Die Tomaten waschen, trocknen und putzen. 6 Tomaten in dicke Scheiben schneiden. Sie salzen, leicht zuckern und mit wenig Xanthan stauben. Die Tomatenscheiben zwischen 2 Brotscheiben legen und diese etwas andrücken.

Die Sardinen ebenfalls zwischen zwei Brotscheiben legen und andrücken.

Den Knoblauch schälen, in dicke Scheiben schneiden und bei niedriger Hitze in Olivenöl weich braten.

Die Tomaten- und Sardinenstullen separat in einer flachen Pfanne in Olivenöl von beiden Seiten knusprig braten und gut auf Küchenpapier abtropfen lassen.

Die restlichen 4 Tomaten ebenfalls in dicke Scheiben schneiden. Sie anrichten, salzen, zuckern, pfeffern und mit Olivenöl beträufeln. Dazu die Knoblauchscheiben und die Stullen anrichten. Die Minze waschen, trocknen und die Blätter zupfen. Die Blätter über die angerichteten Stullen streuen.

Vitello verkehrt

Rezept für 4 Personen
Zubereitungszeit: ca. 3 ½ Stunden plus
2 Nächte

Für den Kalbskopfsalat
1 Kalbskopfmaske (ausgelöster Kalbskopf)
à ca. 1 ½ kg, eventuell gepökelt (am besten
beim Fleischer vorbestellen)
1 Zitrone
1 gepökelte Kalbszunge
4 mittelgroße Zwiebeln
2 frische Lorbeerblätter
10 weiße Pfefferkörner
3 Pimentkörner
50 ml Champagneressig
2 Schalotten
50 ml Sherryessig
200 ml Traubenkernöl

Für den Thunfisch
200–300 g Thunfischfilet in Sushiqualität
Olivenöl
Maldon Sea Salt
(im Feinkosthandel erhältlich)
weißer Pfeffer aus der Mühle
schwarzer Pfeffer aus der Mühle

Zusätzlich
3 Limonen
8 Kapernäpfel
100 ml Kalbsjus (Grundrezept)

Die Kalbskopfmaske mit einer halbierten Zitrone abreiben und über Nacht wässern.

Am folgenden Tag den Kalbskopf zusammen mit der Zunge in einen hohen Topf geben und mit kaltem Wasser bedecken. Die Zwiebeln halbieren, nicht schälen und zusammen mit dem Lorbeer, den Pfeffer- und Pimentkörnern zugeben. Das Ganze aufkochen, abschäumen und in ca. 2 Stunden weich kochen. Bereits zu Beginn den Salzgehalt des Sudes kontrollieren, da gepökeltes Fleisch schon genug Salz liefert.

Die gare Zunge herausnehmen, noch warm häuten und an der Unterseite die Adern und Sehnen entfernen. Die Zunge in große Stücke schneiden. Den Kalbskopf herausnehmen, sauber putzen und in große Stücke schneiden. In einer Schüssel die Zungen- und Kalbskopfstücke mit dem Champagneressig anmachen und das Ganze in eine Terrinenform pressen. Die Terrine über Nacht kalt stellen.

Den Kalbskopf auf der Aufschnittmaschine in feine Scheiben schneiden. Die Schalotten schälen und fein würfeln. Sie mit Sherryessig und Traubenkernöl vermischen und die Kalbskopfscheiben damit anmachen.

Die Limonen filieren, die Kapernäpfel in dünne Scheiben schneiden.

Zum Servieren den Thunfisch leicht anfrieren und auf der Aufschnittmaschine oder mit dem Messer dünn aufschneiden. Ihn auf kalten Tellern dünn und gleichmäßig auslegen, mit Olivenöl beträufeln und mit Maldon Sea Salt und Pfeffer würzen. Dazu den Kalbskopfsalat zusammen mit den Limonenfilets und Kapernäpfeln anrichten. Etwas Kalbsjus erwärmen und dazuträufeln.

Unterschiedliche Produkte entfalten sich bei verschiedenen Temperaturen optimal. So schmeckt der Kalbskopfsalat am besten bei Zimmertemperatur, direkt aus dem Kühlschrank wirkt er leicht gummiartig. Der Thunfisch hingegen sollte kühl serviert werden, um sein natürliches Aroma zu behalten.

Perspektive

VAU

Christian kannte einen jungen Koch, gerade mal ein Jahr älter als ich, der in Bonn das Restaurant »L'Olivier« eröffnet hatte und nun einen Lehrling suchte. Die Einstellung ging formlos über die Bühne, ich blieb nach dem ersten Gespräch gleich in der Küche und legte los. Die ersten beiden Wochen meiner Lehrzeit stand ich in Jeans und T-Shirt am Herd, putzte ununterbrochen Pfifferlinge, zur Abwechslung wurden Seezungen abgezogen. Die ganze Küchenmannschaft bestand aus Michael und mir, die 28 Restaurantplätze waren gut ausgebucht und das hieß schnell Verantwortung übernehmen. Unser Kochprogramm war typisch für die Zeit, Entenbrust mit Cassis-Sauce, Seezunge mit Sauce Bearnaise, Entrecôte mit Senfkruste, Lammrücken mit Ratatouille und natürlich dem Dessert-Klassiker Mousse au chocolat. Im ersten Jahr gab es keinen freien Tag, wenn ich nicht in der Küche stand, dann saß ich in der Berufsschule, die neben meiner Lehre absolviert werden musste. Trotz dieser Belastung spürte ich, dass am Herd meine berufliche Zukunft liegt. Vom ersten Tag an haben mir die Arbeit in der Küche und das Kochen Spaß gemacht – ich hatte endlich die Perspektive gefunden, in die ich all meine Lebenslust und Lebensfreude packen konnte.

Doch so schnell wie ich in das Kochabenteuer »L'Olivier« geraten war, so schnell war es auch wieder zu Ende. An einem kalten und grauen Novembertag eröffnete mir Michael völlig überraschend, dass heute mein letzter Arbeitstag sei, da er das Restaurant am nächsten Tag schließen würde. Fairerweise hatte er sich um die Fortsetzung meiner Lehre gekümmert und mich in das Restaurant »Felix Krull« vermittelt. Ich konnte also in Bonn bleiben und lernte bei dieser Gelegenheit Petra Fontaine kennen, die als Restaurantfachfrau im »FK« arbeitete und in die ich mich schlicht und einfach verlieben musste. Geheiratet haben wir dann im Jahr 2000.

Nach einem halben Jahr Bewährungszeit im »Felix Krull« schickte mich der Küchenchef zu Peter Himbert ins »Le Marron«, der damals ersten Gourmet-Adresse in Bonn. Hier begann meine Lehre eigentlich noch einmal von vorne. Die gesamte Küchen-Mannschaft brachte mir als Lehrling viel Vertrauen entgegen und übertrug mir von Anfang an Verantwortung. Ich bekam direkt den Posten des Sauciers, gleichzeitig konnte ich allen fünf Köchen über die Schulter schauen, Tricks und Kniffe lernen und vor allem erlebte ich im »Le Marron« eine straffe Küchenorganisation, die den reibungslosen Ablauf des mit einem Michelin-Stern ausgezeichneten Restaurants garantierte. Ich war ein wenig erstaunt über das schnelle und präzise Ineinandergreifen von Arbeitsschritten und dem gekonnten Zusammenspiel der einzelnen Posten. Es war ein richtiges »Aha-Erlebnis« und ich begriff sehr schnell, wie eine so genannte »Sterne-Küche« organisiert sein muss. Im Mai 1989 kam die Gesellenprüfung und ich verließ den Prüfungssaal als bester Lehrling im Rhein-Sieg-Kreis. Noch ein Jahr blieb ich im »Le Marron« und kümmerte mich um die Patisserie, obwohl ich selbst kein »Süßmaul« bin. Sei's drum, die Erfahrungen auf diesem verantwortungsvollen Posten waren sehr wichtig für mich, denn hier wird noch einmal entschieden, mit welchem Eindruck der Gast das Restaurant verlässt. Das Dessert als Abschluss ist der letzte Geschmackseindruck, der gleichsam über Wohl und Wehe entscheidet.

Im Sommer 1990 folgte ein kurzes Gastspiel im »Friesdorfer Hof«, doch es wurde Zeit, mich aus Bonn zu verabschieden. Einmal im Leben, dachte ich, sollte ein Koch in Frankreich gearbeitet haben und wenn schon, dann am besten gleich in Paris. Heute kann ich sagen: es stimmt. Denn mein Abstecher in die Rue Jean Mermoz im 8. Bezirk wurde zu einer intensiven Erfahrung zwischen Staunen und Ernüchterung. Frankreich war mir nicht unbekannt, ich wusste um die besondere Mentalität der Grande Nation und ihr inniges Verhältnis zu Essen und Trinken. Als Schüler war ich Ende der Siebzigejahre zum Sprachurlaub in einer Gastfamilie in Dijon, der Hauptstadt der Burgund. Es waren einfache, sehr freundliche Leute, die eine Tankstelle und Autowerkstatt betrieben. Monsieur lief den ganzen Tag mit ölverschmierten Händen herum, die er ständig an seinem blauen Overall abwischte. Bei aller Hektik und Aufgeregtheit, die Monsieur wie ein Ritual in jeden Kundenauftrag legte, war das Mittagessen der Familie heilig. Wenn Madame, die täglich einkaufen ging und mittags und abends kochte, zum Essen läutete, dann blieb alles stehen und liegen und man traf sich für mindestens eine Stunde am Tisch. Jedes Wochenende fuhr die gesamte Familie raus aufs Land in ihr kleines Wochenendehaus im Grünen. Noch heute sehe ich die duftenden Würste und Schinken in der Garage hängen, die dazu mit gestapelten Weinkisten voll gestellt war. Das Auto musste draußen bleiben, welche Symbolik für den Unterschied zur typisch deutschen Autoliebe.

Drei Wochen hatte ich mir für das Pariser Abenteuer gesetzt und es wurde tatsächlich eine spannende Zeit. Das Restaurant »Le petit Yvan« lag unweit der Champs Elysées, hier brummte das Geschäft während der gesamten Öffnungszeiten, der Service ging bis Mitternacht. Die Küche war nicht in allen Bereich auf dem neusten Stand, aber sie rotierte. Einfallsreichtum und Improvisation waren gefragt und ich erkannte ziemlich schnell, dass auch in Frankreich nur mit Wasser gekocht wird. Aber die französischen Köche können täglich auf ein riesiges Angebot an besten frischen Produkten zurückgreifen. Was in die kleine Restaurantküche in der Rue Jean Mermoz geliefert wurde, waren Spitzenqualitäten aus den französischen Provinzen, fast ausschließlich bäuerliche Produkte, die der Produzent meist selbst vorbeibrachte, jedes Mal mit großem Hallo und einem Glas

Wein im Stehen begrüßt. Frankreich tickt einfach anders und es scheint mir, als haben hier die heimischen Produkte, das Essen, das Ansehen der Köche und das Zelebrieren eines Restaurantbesuches immer noch einen breiten Platz in der französischen Kultur.

Von Paris ging es nach Köln, ich wollte wenigstens einmal in meinem Berufsleben in meiner Geburtstadt arbeiten. Nach den Pariser Erfahrungen interessierte mich nun die italienische Küche des »Rino Casati« am Ebertplatz, das schicke Restaurant gehörte jahrelang zu den Besten seiner Zunft. Aber es hatte ein wenig den Anschluss an die Szene verloren, auch wenn dieses Eingeständnis für den Patrone schwer zu akzeptieren war. Rino Casati hielt voller Selbstvertrauen an seinen Klassikern fest und veränderte seine Speisenkarte nur wenig. In der Küche ein charismatischer Küchenchef, dem es nicht immer gelang, den richtigen Ton zu treffen, war er im Restaurant ein galanter Grandseigneur der alten Schule, der den Stolz seines Berufsstandes in der strahlend weißen Kochjacke nach außen trug. Ein fast perfekter Gastgeber.

Zwischengänge

Cavatelli mit Passepierre, St. Pierre und Tomate

Rezept für 4 Personen
Zubereitungszeit: 3 ½ Stunden

Für die Cavatelli
200 g Kartoffeln, mehlig kochend
Meersalz
500 g Mehl T 405 plus Mehl zum Verarbeiten
100 ml Wasser
3 EL Hojiblanca-Olivenöl (mildes spanisches Olivenöl aus der Hojiblanca-Olive)
1 Tütchen Sepiatinte (im Fischgeschäft erhältlich)

Für den Tomatenfond
3 kg saftige, sehr reife Tomaten (keine Fleischtomaten, sondern z.B. Flaschentomaten)
1 Bund Basilikum
1 Dose Dosentomaten à 400 g
Zucker
Meersalz
schwarzer Pfeffer
1 unbehandelte Orange, Abrieb
1 unbehandelte Zitrone, Abrieb
1 TL Pfeilwurzmehl, in kaltem Wasser angerührt

Als Einlage
4 Tomaten
Meersalz
Eiswasser
300 g Passepierre (Salicorn, Queller)

Für den Saint Pierre
2 Zweige Basilikum
4 Filets vom Saint Pierre (St. Petersfisch, auch Heringskönig genannt) à ca. 70–120 g
Meersalz
Olivenöl
40 g Butter
½ Limone, Saft

Zusätzlich
Hojiblanca-Olivenöl

Für die Cavatelli die Kartoffeln waschen und ungeschält in Salzwasser gar kochen. Abgießen und die Kartoffeln sofort pellen. Sie durch eine Kartoffelpresse drücken und noch warm mit dem Mehl, Wasser und Olivenöl zu einem Teig verkneten. Diesen halbieren und eine Hälfte mit Sepiatinte einfärben. Beide Teighälften für 2 Stunden abgedeckt ruhen lassen.

Für den klaren Tomatenfond die Tomaten waschen, putzen und grob zerschneiden. Das Basilikum waschen und trocknen. Tomaten und Basilikum im Mixglas zusammen mit den Dosentomaten, Salz, Zucker, Pfeffer und dem Orangen- und Zitronenabrieb zerkleinern. Ein Nudelsieb auf einen Eimer oder Topf stellen und mit einem Küchentuch auslegen. Die Tomatenmasse in das Sieb gießen, das Tuch zubinden und an einem kühlen Ort über Nacht aufhängen. Den Eimer oder Topf darunter lassen, um den klaren Tomatensaft aufzufangen. Am nächsten Tag den klaren Fond nochmals durch ein Tuch laufen lassen, aufkochen und bis zum gewünschten Geschmack reduzieren. Zum Schluss das angerührte Pfeilwurzelmehl einrühren und den Fond so leicht abbinden.

Die Tomaten in Salzwasser blanchieren, in gesalzenem Eiswasser abschrecken, häuten, entkernen und das Fleisch in Würfel schneiden.

Passepierre putzen und von den holzigen Stielen befreien.

Den Cavatelliteig auf einer bemehlten Fläche zu dünnen Stangen rollen. Die Stangen in Stücke schneiden und diese einzeln mit der Fingerkuppe oder einem Kochlöffelstiel eindrücken. Die weißen und schwarzen Cavatelli separat in kochendem, gesalzenem Wasser garen. Sie danach zusammen mit den Tomatenwürfeln und dem Passepierre in den warmen Tomatenfond geben.

Für den Saint Pierre das Basilikum waschen und trocknen. Die Fischfilets salzen und in Olivenöl glasig braten. Kurz bevor sie glasig gebraten sind, die Butter, das Basilikum und etwas Limonensaft dazugeben.

Zum Servieren den Fisch zusammen mit den Cavatelli in dem warmen Fond anrichten und jeweils einen Faden Hojiblanca-Olivenöl auf das Gericht träufeln.

Passepierre oder Salicorn, in Deutschland auch als Queller bekannt, wächst im Übergangsbereich von Meer und Land und ist deshalb von Natur aus salzig. Das sollten Sie beim Abschmecken berücksichtigen.

Artischockenrisotto

Rezept für 4 Portionen
Zubereitungszeit: ca. 1 Stunde

4 Artischocken
Saft einer Zitrone
3 Schalotten
1 l Artischockenfond (Grundrezept)
150 g Butter
300 g Risottoreis, z.B. Acquerello
100 ml Weißwein
Meersalz aus der Mühle
Olivenöl
3 Zweige Thymian
60 g Parmesan, gerieben
½ Zitrone, Saft
80 ml süße Sahne

Die Artischocken putzen, die Böden sofort in Wasser mit Zitronensaft legen. Die Schalotten schälen, halbieren und würfeln. Den Artischockenfond erhitzen.

Die Hälfte der Butter in einem flachen Topf aufschäumen und die Schalottenwürfel darin anschwitzen. Den Reis mit anschwitzen und mit dem Weißwein ablöschen. Nun die Flüssigkeit komplett einkochen lassen und das Ganze salzen. Anschließend den Reis mit etwas heißem Artischockenfond angießen, ihn bei mittlerer Hitze 15 bis 20 Minuten lang garen und dabei nach und nach den heißen Artischockenfond dazugeben.

In der Zwischenzeit die Artischockenböden würfeln und abtrocknen. Sie in Olivenöl gar braten. Die Thymianzweige waschen und trocknen, Die Artischockenböden zum Schluss salzen und die Thymianzweige dazugeben. Das Ganze beiseitestellen.

Wenn der Reis gar ist, die restliche Butter und den geriebenen Parmesan unterrühren. Den Risotto mit Zitronensaft abschmecken. Die Sahne leicht schlagen und unterheben. Zum Schluss die Artischockenwürfel ohne die Thymianzweige einrühren.

Dieser Risotto passt am besten zu einem kräftigen Fisch, etwa einem Loup de mer.
Selbstverständlich ergibt er aber auch ein köstliches vegetarisches Gericht.

Gebackene Schweinebäckchen im Wildkräuterfond mit gehobelter Entenstopfleber

Rezept für 4 Personen
Zubereitungszeit: ca. 2 Stunden

Für die Bäckchen
600 g gepökelte Schweinebäckchen
1 Zwiebel
1 Bouquet garni (Lauch, Thymian, Petersilie, Lorbeer)
Mehl
Ei
Semmelbrösel
Butterschmalz

Für die Wildkräutersauce und den Wildkräutersalat
500 g Wildkräutermischung, gewaschen und geputzt
Salz
200 ml Geflügelfond (Grundrezept)
weißer Pfeffer aus der Mühle
1 Limone, Saft
50 ml süße Sahne
Zucker
Sherryessig
kalt gepresstes Sonnenblumenöl
weißer Pfeffer aus der Mühle

Für die gehobelte Entenleber
1 kleine Entenstopfleber à ca. 600 g
50 ml weißer Portwein
50 ml Noilly Prat
50 ml Beerenauslese
25 ml Madeira
40 ml spanischer Brandy
Maldon Sea Salt
(im Feinkosthandel erhältlich)
schwarzer Pfeffer aus der Mühle

Die Schweinebäckchen mit der geschälten Zwiebel und dem Bouquet garni in kaltem Wasser aufsetzen und in ca. 60 Minuten weich kochen. Die Bäckchen herausnehmen, von Fett und Sehnen befreien und in walnussgroße Stücke schneiden.

Zwei Handvoll Wildkräuter für den Salat beiseitestellen, den Rest in kochendem Salzwasser blanchieren, abschrecken und gut ausdrücken.

Die Haut der Entenstopfleber abschaben, Adern und Sehnen ziehen. Die Leber ca. 30 Minuten anfrieren. Portwein, Noilly Prat, Beerenauslese und Madeira sirupartig einkochen und die Reduktion mit Brandy abschmecken. Die blanchierten Wildkräuter mit kaltem Geflügelfond mixen, bis ein leicht gebundener Fond entstanden ist. Diesen durch ein feines Sieb streichen und mit Salz, weißem Pfeffer und Limonensaft abschmecken. Den Kräuterfond erwärmen. Die Sahne anschlagen und unter den erwärmten Kräuterfond rühren.

Die Schweinebäckchen in Mehl, verschlagenem Ei und Semmelbröseln panieren und in Butterschmalz goldbraun ausbacken.

Zum Servieren die Entenstopfleber auf der Aufschnittmaschine in dünne Scheiben schneiden und einrollen. Salz, Zucker, schwarzen Pfeffer, Sherryessig und Sonnenblumenöl zu einer Marinade verrühren und die restlichen Wildkräuter damit anmachen. Den Kräuterfond in einen tiefen Teller geben und den Wildkräutersalat dazugeben. Die Leberröllchen anrichten, mit der Reduktion beträufeln, mit Maldon Sea Salt salzen und pfeffern. Die gebackenen Schweinebäckchen zum Schluss anrichten.

Lassen Sie die Leber nur kurz anfrieren. Ist sie zu stark gefroren, bricht sie zu leicht.

Steckrübensuppe mit Räucheraal, Rauchgelee, Arganöl und Balsamkristallen von Erwin Gegenbauer

Rezept für 4 Personen
Zubereitungszeit: 60 Minuten

Für die Steckrübensuppe
4 Schalotten
1 Steckrübe à ca. 1,2 kg
20 g Butter
Salz
weißer Pfeffer aus der Mühle
Muskat von der Reibe
100 ml Weißwein
1 l Geflügelfond (Grundrezept)
200 ml süße Sahne
40 ml weißer Balsamicoessig

Für die Einlage
1 Räucheraal à ca. 800 g
700 ml Räucheraalfond (Grundrezept)
2 g Agar-Agar (im Asialaden erhältlich)

Zum Anrichten
4 EL Arganöl
2 EL Balsamkristalle von Erwin Gegenbauer
(im Internetversand erhältlich)
Pflanzenöl zum Frittieren
Salz

Für die Suppe die Schalotten und die Steckrübe schälen. 200 g Steckrübe aufheben, den Rest grob würfeln. Die Würfel in der Butter anschwitzen. Salzen, pfeffern, mit Muskat würzen und mit dem Weißwein ablöschen. Den Wein komplett einkochen, mit Geflügelfond auffüllen. Die Steckrübe weich kochen und die Suppe durch ein Sieb passieren. Nach und nach die Suppe mit der weichen Rübenmasse pürieren, bis die gewünschte Konsistenz erreicht ist. Die Sahne zugeben und mit dem Balsamico nachschmecken.

Für die Einlage den Räucheraal filieren und das Filet in daumenlange Stücke portionieren. 500 ml Aalfond erwärmen und das Agar-Agar einrühren. Das Ganze 2 Minuten kochen lassen und dann in ein flaches Blech gießen. Das Aalgelee kalt stellen.

Die restliche Steckrübe in feine Streifen schneiden und in 170 °C heißem Pflanzenöl frittieren. Die Streifen auf Küchenpapier gut abtropfen lassen und leicht salzen. Das Aalgelee in gleichmäßige Stücke brechen und im Ofen bei 50 °C Ober-/Unterhitze leicht erwärmen. Die Aalstücke in dem restlichen Aalfond erwärmen. Die Suppe wieder aufkochen und nachschmecken.

Zum Servieren die Aalstücke zusammen mit dem Gelee in der Suppe anrichten. Zum Schluss die Suppe mit wenig Arganöl beträufeln und den Aal mit den Balsamkristallen pudern. Dazu die frittierten Steckrübenstreifen reichen.

Bei Suppen und Saucen sollte man die Sahne immer erst zum Schluss zugeben, andernfalls karamellisiert die Sahne am Topfrand und erzeugt einen unangenehmen, süßlichen Nebengeschmack. Durch das spätere Zugeben ergibt sich zudem eine schönere, hellere Farbe.

Gebratene Steinpilze und Maronen mit Datteln, frischen Mandeln und Joghurtschaum

Rezept für 4 Personen
Zubereitungszeit: ca. 1 ½ Stunden

Für den Joghurtschaum
1 Blatt Gelatine à 2 g
30 ml Milch
300 g Joghurt (10 %, erhältlich beim türkischen Lebensmittelhändler)
50 ml süße Sahne
Meersalz aus der Mühle
Zitronensaft

Für die Sherryemulsion
12 getrocknete Datteln
Eiswasser
500 g frische Mandeln in der Schale
300 ml Geflügelfond (Grundrezept)
100 g brauner Zucker
200 ml Sherry Amontillado
30 g Butter, kalt
40 ml Sherry Manzanilla
1 Bund Thymian

Zusätzlich
500 g Steinpilze
500 g Maronenpilze
Olivenöl
Salz
schwarzer Pfeffer aus der Mühle
20 g Butter

Für den Joghurtschaum die Gelatine in kaltem Wasser einweichen. Etwas Milch abnehmen, erhitzen und die ausgedrückte Gelatine darin auflösen. Das Ganze mit Joghurt, Sahne, Milch verrühren und mit Salz und Zitronensaft abschmecken. Die Mischung in eine Espumaflasche von ISI füllen, diese mit einer Gaspatrone befüllen und 30 Minuten kalt stellen.

Für die Sherryemulsion die Datteln für 15 Minuten in Eiswasser legen. Sie danach schälen und entkernen. Die Mandeln schälen und die dünne Haut entfernen. Je einen Mandelkern in eine Dattel stecken.

Den Geflügelfond auf die Hälfte einkochen. Den Zucker karamellisieren, mit Sherry Amontillado ablöschen und etwas reduzieren. Nun den reduzierten Geflügelfond zugeben, die kalte Butter einrühren und die Flüssigkeit damit binden. Danach die gefüllten Datteln einlegen. 4 Zweige Thymian waschen, trocknen und im Fond ziehen lassen.

Die Pilze mit einem trockenen Tuch abreiben und putzen.

Die Datteln in der Sherryemulsion leicht erwärmen.

Die geputzten Pilze in Olivenöl braten, salzen und pfeffern. Nun die Butter zugeben und die restlichen Mandelkerne darin anschwenken.

Die Pilze zusammen mit den Mandeln, Datteln und etwas Emulsion anrichten. Den restlichen Thymian zupfen und darüberstreuen. Zum Schluss den Joghurtschaum in einen tiefen Teller sprühen und dazu reichen.

Im Spätsommer ist dies ein schönes vegetarisches Gericht, man kann aber auch sehr gut eine Scheibe gebratene Gänseleber dazu reichen. Die Abschnitte der Leber rühren Sie unter die Sherryemulsion zum zusätzlichen Aromatisieren.

Wer keine Espumaflasche hat, zieht zusätzlich 2 steif geschlagene Eiweiß unter die Joghurtmasse, um eine mousseartige Konsistenz zu erreichen.

Geröstete Grießsuppe mit Pancetta und Radicchio

Rezept für 4 Personen
Zubereitungszeit: 30 Minuten

50 g Weichweizengrieß
60 g Butter
100 ml Weißwein (Soave)
1 l Kalbsbrühe
Salz
Piment d’Espelette
(baskisches Paprikapulver)
Tellicherry-Peffer aus der Mühle
(sehr aromatischer schwarzer Pfeffer)
Muskat
1 Kopf Radicchio
12 Scheiben Pancetta (italienischer,
ungeräucherter Bauchspeck)
1 Zweig Rosmarin

Den Grieß in etwa 20 g Butter leicht anrösten und mit Weißwein ablöschen. Den Wein komplett einkochen lassen und die Brühe angießen. Die Suppe mit Salz, Piment, Pfeffer und Muskat abschmecken und 15 bis 20 Minuten leise köcheln lassen.

Währenddessen den Radicchio putzen, waschen und trocken schleudern, die Blätter dabei möglichst groß lassen.

Zum Servieren die Suppe wieder aufkochen und nachschmecken. Den Rosmarin waschen und trocknen. Die restliche Butter bräunen, den Rosmarin zugeben und den Radicchio darin zusammenfallen lassen. Die Pancetta darin anwärmen, ohne sie zu braten.

Die Suppe anrichten und den Rosmarin entfernen. Zum Servieren die Pancetta, den Radicchio sowie braune Butter obenauf geben.

Diese Suppe brennt gerne an, rühren Sie deshalb während des Kochens immer wieder mit einem flachen Saucenschneebesen am Topfboden. Einmal angebrannt, retten diese Suppe auch keine weißen oder auch schwarzen Trüffeln mehr, die ansonsten sehr gut dazu passen.

Soufflierter Kartoffelschmarrn mit Imperial-Kaviar

Rezept für 4 Personen
Zubereitungszeit: ca. 1 Std.

Für den Schmarrnteig
150 g Kartoffeln, festkochend
100 g Kartoffeln, mehlig kochend
2 EL Butter
1 EL Quark (40 %)
1 Eigelb
2 ½ EL Mehl
150 ml Milch
Meersalz aus der Mühle
weißer Pfeffer aus der Mühle
1 Eiweiß

Zusätzlich
40–80 g Imperial-Kaviar
120 g Crème fraîche
1 Zitrone, Saft
60 g Butter
Meersalz
1 Bund Schnittlauch, geschnitten

Für den Schmarrnteig beide Kartoffelsorten gar kochen und schälen. Die festkochenden Kartoffeln noch warm durch die Kartoffelpresse drücken. 1 EL Butter zerlassen, zusammen mit Quark, Eigelb, Mehl und Milch unter die zerdrückten Kartoffeln mischen und die Masse mit Salz und Pfeffer würzen. Die mehlig kochenden Kartoffeln abkühlen lassen und grob reiben. Das Eiweiß zusammen mit einer Prise Salz steif schlagen und zusammen mit den geriebenen Kartoffeln vorsichtig unter die erste Mischung heben.

Den Ofen auf 250 °C Ober-/Unterhitze vorheizen. Die restliche Butter in einer ofenfesten Pfanne aufschäumen. Die Kartoffelmasse hinzugeben und 1 bis 2 Minuten leicht anbraten. Sie auf der mittleren Schiene des Backofens in etwa 8 bis 10 Minuten fertig garen und weitere 90 Sekunden unter dem Grill bräunen. Den gebackenen Schmarrn aus dem Ofen nehmen und vorsichtig mit 2 Esslöffeln zerteilen.

Zum Servieren vom Imperial-Kaviar je nach gewünschter Menge eine Nocke abstechen und in die Mitte des Tellers setzen. Die Crème fraîche mit Salz und Zitronensaft verrühren und abwechselnd mit dem Kaviar anrichten. Drei Stück Kartoffelschmarrn in die Zwischenräume stecken. Die Butter leicht bräunen, salzen, mit frisch geschnittenem Schnittlauch vermengen und über den Schmarrn träufeln.

Minestrone von Krustentieren mit Carabiniero und Olivenölnudeln

Rezept für 10 Portionen
Zubereitungszeit: ca. 4 bis 6 Stunden
plus 1 Tag

Für die Olivenölnudeln
80 ml Milch
2 g Methylzellulose (zum Verdicken, im Lebensmittelfachhandel erhältlich)
240 ml Arbequina-Olivenöl (mildes Olivenöl aus spanischen Arbequina-Oliven)
1 Spritze mit 3-mm-Kanüle

Für die gedörrten Kirschtomaten
40 Kirschtomaten am Strauch
Salz
1 unbehandelte Orange, Schale
1 unbehandelte Zitrone, Schale
5 Zweige Thymian
5 Zweige Rosmarin
5 Zweige Salbei
4 Zehen Knoblauch
Olivenöl

Für die Bohnen
100 g getrocknete Cocos-blanc-Bohnen
Salz

Für die Krustentierconsommé
6 ganze Hummernasen
1 kg Geflügelfleisch
5 Schalotten
½ Fenchelknolle
2 Tomaten
2 frische Lorbeerblätter
6 Eiweiß
4 l Krustentierfond (Grundrezept)
500 g Crushed Ice
1 Bund Basilikum

Für die Aioli
1 Knoblauchzehe
1 Ei
120 ml Pflanzenöl
½ Zitrone, Saft
40 ml Hojiblanca-Olivenöl (sehr mildes Olivenöl aus spanischen Hojiblanca-Oliven)

Für die Krustentiere
10 Carabinieros
30 Calamaretti
200 ml Weißwein
200 ml Wasser
Salz
Olivenöl

Für die Einlage
200 g Schneidebohnen
Salz
2 Stängel Staudensellerie
2 Fenchelknollen
Olivenöl
40 ml Noilly Prat
1 Limone, Saft

Zusätzlich
30 Scheiben Baguette
Olivenöl
60 Scheiben Chorizo
Olivenöl
Pesto

Für die Olivenölnudeln Milch und Methylzellulose mit dem Stabmixer zu einer zähflüssigen Paste mixen. Diese für mindestens 24 Stunden kühl stellen, danach wieder Zimmertemperatur annehmen lassen und im feinen Strahl das Olivenöl einrühren. Die Paste weiter bei Zimmertemperatur aufbewahren.

Für die gedörrten Kirschtomaten die Kirschtomaten in kochendem Salzwasser blanchieren, abschrecken, häuten und auf einem Blech mit Backpapier verteilen. Die Kräuter waschen und trocknen, den Knoblauch schälen und in Scheiben schneiden. Die Orangen- und Zitronenschalen, Kräuter und Knoblauchscheiben sowie ein wenig Olivenöl über die Tomaten verteilen. Diese 12 Stunden bei 70 °C Umluft im Ofen trocknen, sie dabei nach 6 Stunden wenden.

Die Cocos-blancs-Bohnen über Nacht einweichen und am nächsten Tag in ungesalzenem Wasser weich kochen. Erst kurz vor Ende der Garzeit salzen.

Am Tag der Zubereitung für die Krustentierconsommé die Hummernasen und das Geflügelfleisch durch den Fleischwolf lassen. Schalotten schälen, Fenchel und Tomaten waschen, trocknen und putzen. Schalotten und Gemüse zusammen mit dem Lorbeer ebenfalls durch den Fleischwolf lassen. Alles gut vermischen, die Eiweiße und das Crushed Ice untermengen und das Ganze gut durchschlagen. Den kalten Krustentierfond zugeben, sorgfältig verrühren und aufsetzen. Die Suppe unter ständigem Rühren schnell aufkochen, dabei mit einem Spatel immer wieder am Boden entlangschaben, damit nichts anbrennt. Das Rühren bis kurz vor dem Aufkochen fortsetzen, jedoch im letzten Moment aufhören, um das geronnene Eiweiß nicht zu zerstören. Die Suppe einmal durchköcheln lassen. Zuletzt das Basilikum waschen, dazugeben und die entstandene Consommé abkühlen lassen. Wenn sich der Klärkuchen abgesetzt hat, die Consommé vorsichtig durch ein Passiertuch laufen lassen. Sie dann noch einmal aufkochen und eventuell restliches Eiweiß abnehmen.

Für die Aioli die Knoblauchzehe schälen und fein schneiden. Das Ei zusammen mit dem Pflanzenöl, Zitronensaft, Salz und dem Knoblauch in einen hohen Mixbecher geben. Das Ganze zu einer Mayonnaise mixen und das Olivenöl einrühren.

Die Carabinieros ausbrechen, die Calamaretti putzen.

Die Schneidebohnen in Salzwasser blanchieren, abschrecken und in daumennagelgroße Stücke schneiden.

Die Baguettescheiben in Olivenöl knusprig ausbacken und auf Küchenpapier abtropfen lassen.

Die Calamarettituben in Ringe schneiden. Den Weißwein mit dem Wasser aufkochen, salzen und die Calamarettiringe überbrühen. Die Carabinieros längs aufschneiden, salzen und mit Olivenöl beträufeln. Sie mit Klarsichtfolie abdecken und im Rechaud oder im Ofen bei 50 °C Ober-/Unterhitze nur temperieren. Den Staudensellerie und 1 Fenchelknolle putzen, waschen und in Brunoises (feine Würfel) schneiden. Diese in Olivenöl gar schwitzen, mit Noilly Prat ablöschen und leicht salzen. Die zweite Fenchelknolle putzen, waschen und in feine Streifen hobeln. Sie salzen, mit Limonensaft beträufeln, gut durchkneten und mit Olivenöl anmachen.

Etwas Consommé aufkochen und die Milch-Olivenöl-Masse einmal aufrühren. Sie in die Spritze geben und die Masse in die heiße Flüssigkeit spritzen.

Die knusprigen Baguettescheiben mit Chorizo belegen, je einen Teelöffel Aioli daraufgeben, mit Fenchelsalat bzw. in Olivenöl ausgebackenen Calamarettiköpfen belegen.

Die heiße Consommé in tiefen Tellern anrichten. Die Tomaten, weiße und flache Bohnen, Brunoises sowie den Carabiniero einlegen. Nun die Calamarettiringe dazugeben und zum Schluss die Olivenölnudeln mit einer Schaumkelle darauf anrichten. Zum Servieren das Ganze mit Pesto und Olivenöl beträufeln.

Die fertigen Olivenölnudeln dürfen nicht wieder abkühlen, da sie sonst wieder flüssig werden.

Pansooti »Rino Casati«
mit Ricotta-Kräuter-Füllung und Walnusssauce

Rezept für 4 Hauptgangportionen
Zubereitungszeit: ca. 2 Stunden

Für die Crêpes
200 g Mehl
6 Eier
500 ml Milch
50 g Butter
Meersalz aus der Mühle
weißer Pfeffer aus der Mühle
Muskat von der Reibe
Butterschmalz

Für die Kräuterfüllung
250 g gemischte, zartblättrige Kräuter
2 Eier
100 g Schafsricotta
50 g Parmigiano Reggiano

Für die Nusssauce
150 g Walnusskerne
50 g Pinienkerne
50 g Parmigiano Reggiano
50 ml süße Sahne
50 ml Olivenöl

Zusätzlich
4 EL Butter
8 Blätter Salbei
16 Walnusskerne
2 unbehandelte Zitronen, Zesten
Salz
100 g Parmigiano Reggiano

Aus Mehl, Eiern, Milch und der leicht gebräunten Butter einen Crêpeteig rühren. Diesen mit Salz, Pfeffer und Muskat abschmecken und 30 Minuten quellen lassen. In Butterschmalz kleine, dünne Crepe backen und diese auf Backpapier auskühlen lassen. Für die Füllung die Kräuter blanchieren, abschrecken, gut ausdrücken und fein hacken. 1 Ei, den Ricotta und den Parmesan vermischen. Das Ganze salzen und pfeffern und die Kräuter untermischen.

Für die Nusssauce die Walnuss- und Pinienkerne leicht anrösten.

Die Zitronenzesten in kochendem Salzwasser blanchieren.

Das zweite Ei mit etwas Wasser verschlagen. Die Crêpes mit je einem Esslöffel Kräuter-Ricotta-Füllung belegen, die Ränder mit Ei einstreichen und die Pansooti zu Halbmonden falten. Sie in einem Bambusdämpfer über kochendem Salzwasser 10 Minuten garen.

Für die Nusssauce die Walnusskerne und Pinienkerne mit Parmesan und Sahne mixen und das Olivenöl einrühren. Die Sauce kalt stellen.

In einer flachen Pfanne die Butter ausschäumen lassen. Die restlichen Walnusskerne, Zitronenzesten und die Salbeiblätter darin anschwenken und wieder herausnehmen. Nun die Pansooti in der Butter erwärmen und danach auf Küchenpapier abtropfen lassen.

Zum Servieren die Pansooti zusammen mit der kalten Walnusssauce, Salbei, Walnüssen und Zitronenzesten anrichten. Den Parmesan sehr fein reiben und dazu reichen.

Als Kräutermischung kann man in der Frühlingssaison die Mischung für grüne Sauce verwenden. Das ist zwar nicht mehr lombardisch, schmeckt aber auch sehr gut.

Pizzocherie mit Wirsing, Fontina und weißem Trüffel

Rezept für 4 Hauptgangportionen
bzw. 8–10 Zwischengangportionen
Zubereitungszeit: 30 Minuten

500 g Pizzocherie (Buchweizennudeln aus dem Veltlin, im Feinkosthandel erhältlich)
Meersalz aus der Mühle
1 Kopf junger Wirsing
200 g Kartoffeln, vorwiegend festkochend
300 g Fontina (italienischer Käse aus dem Aostatal)
200 ml Geflügelbrühe
Speisestärke
100 g Butter
1 Bund Blattpetersilie
schwarzer Pfeffer aus der Mühle
weißer Trüffel je nach Belieben
100 ml Milch
100 ml süße Sahne

Die Pizzocherie in Salzwasser al dente kochen, abgießen und auskühlen lassen.

8 schöne Blätter vom Wirsing ablösen, blanchieren und abschrecken. Den Rest in Flecken zupfen, ebenfalls blanchieren und abschrecken.

Die Kartoffeln schälen, in Würfel schneiden, ebenso blanchieren. Den Fontina in dünne Scheiben schneiden.

Den Ofen auf 170 °C Umluft vorheizen. 4 tiefe Teller mit den Wirsingscheiben auslegen und leicht salzen. Die Geflügelbrühe aufkochen, leicht mit Stärke binden und die Butter einmixen. Die Hälfte der Kartoffelwürfel, die Wirsingflecken, die Pizzocherie und 200 g Fontina unterschwenken. Die Blattpetersilie waschen, trocknen, fein schneiden und zugeben. Die Mischung salzen und pfeffern und auf den Wirsingblättern verteilen. Die Blätter über der Füllung zuklappen, das Ganze mit einem zweiten Teller abdecken und ca. 10 Minuten in den vorgeheizten Ofen geben.

Inzwischen die Milch zusammen mit der Sahne aufkochen und salzen. Schließlich den restlichen Fontina einmixen.

Mit einem Metallspieß die Temperatur im Inneren der Päckchen kontrollieren, das heißt: einen Metallspieß hineinstecken, nach kurzer Zeit an die Unterlippe halten, die Temperatur sollte fühlbar warm sein. Zum Servieren den Wirsing aufklappen, den Käseschaum über die Füllung löffeln und nach Belieben die Trüffeln darüberhobeln.

Anstelle von Wirsing kann man auch Spitzkohl oder Weißkohl verwenden, klassisch gehören allerdings Wirsing und Pizzocherie zusammen.

Pochiertes Bio-Ei in Rotwein mit Ackersenf

Rezept für 4 Personen
Zubereitungszeit: 3 Stunden plus 2 Tage

Für den Schweinebauch
4 Sternanis
2 ½ Zimtstangen
4 TL schwarze Pfefferkörner
2 ½ TL Korianderkörner,
1 ½ TL Fenchelsamen
½ TL Nelken
100 g grobes Meersalz
2 EL Zucker
1 TL Knoblauch, fein gehackt
1 kg frischer Schweinebauch
6 Zweige Thymian
2 Zweige Rosmarin
4 Zweige Salbei
2 Stangen Sellerie
1 Karotte
Blattpetersilie
1 große Zwiebel
Lorbeer
Salz
weißer Pfeffer
2 Nelken
2 Knoblauchzehen

Für die Jakobsmuscheln
4 Jakobsmuscheln in der Schale
Pflanzenöl
Meersalz aus der Mühle
Limonensaft

Für die Trompetenpilze
200 g Trompetenpilze
1 EL Butter
Meersalz aus der Mühle

Für die Rübchen
2–4 Gatower Kugeln (eine Mischung aus Rettich und Radieschen, sehr mild)
1 EL Butter
Meersalz aus der Mühle

Für den Schweinbauch 3 Sternanis, 2 Zimtstangen, schwarze Pfefferkörner, 2 TL Korianderkörner, 2 TL Fenchelsamen und die Nelken ohne Fettzugabe in einer schweren Pfanne 5 Minuten unter Schwenken rösten. Die Gewürze dann im Mörser zerstoßen und mit dem groben Meersalz, Zucker und fein gehacktem Knoblauch vermischen. Nun die Schwarte des Schweinebauchs mit einer Rasierklinge oder einem scharfen Messer kreuzweise im Abstand von 3 cm einschneiden. Den Schweinebauch auf beiden Seiten mit der Gewürzmischung einreiben. Je zwei Thymian-, Rosmarin- und Salbeizweige waschen, trocknen und auf das Fleisch legen. Dieses am besten vakuumieren, ansonsten in Klarsichtfolie einschlagen. Den Schweinebauch 2 Tage im Kühlschrank durchziehen lassen.

Am Tag der Zubereitung die Gewürze abkratzen und unter fließendem kalten Wasser abwaschen. Den Ofen auf 150 °C Ober-/Unterhitze vorheizen. Sellerie, Karotte und Petersilie waschen und putzen, Zwiebel und Knoblauchzehen schälen. Den Schweinebauch in einen Bräter legen und in dem vorgeheizten Ofen auf den Boden stellen. Kaltes Wasser angießen und Wasser aufkochen lassen. Die Gemüse und die restlichen Gewürze dazugeben und das Fleisch in ca. 2 bis 3 Stunden weich schmoren. Es dann vorsichtig herausnehmen und ganz auskühlen lassen. Den Schmorfond passieren und reduzieren.

Die Jakobsmuscheln aus der Schale lösen, waschen und trocken tupfen.

Die Trompetenpilze putzen und sehr kurz, aber gründlich waschen. Sie auf Küchenpapier gut abtrocknen.

Die Gatower Kugeln schälen und in 5 mm dicke Scheiben schneiden.

Den Schweinebauch in Würfel schneiden und zusammen mit etwas Schmorsauce in einer flachen Pfanne unter dem Grill knusprig werden lassen.

Die Jakobsmuscheln leicht mit Öl einreiben und in einer Grillpfanne 1 bis 2 Minuten von jeder Seite grillen. Zum Schluss salzen, mit einem Spritzer Limonensaft abschmecken.

Die Trompetenpilze in Butter 5 Minuten sanft anschwitzen, zum Schluss salzen.

Die Rübchenscheiben in Butter sanft von jeder Seite braten, bis sie weich sind. Zum Schluss die Rübchenblätter zugeben und kurz anschwenken, salzen. Die Jakobsmuscheln auf Trompetenpilzen, den Schweinebauch und Rübchenscheiben anrichten.

Einen ähnlichen Schweinebauch gibt es im »Good Friends« in der Berliner Kantstraße. Der Schweinebauch passt ebenso wunderbar zu einem einfachen Kartoffelpüree – das macht noch dazu weniger Arbeit.

Sobaspätzle mit Tsuyu, Frühlingszwiebeln und Wasabi

Rezept für 4 Personen
Zubereitungszeit: 2 Stunden

Für die Spätzle
300 g Buchweizenmehl
200 g Weizenmehl T 405
Salz
4 Eier
2 Eigelb
Eiswasser
50 g Butterschmalz

Für den Tsuyu
60 ml Shoyu (japanische Sojasauce)
40 ml Dashi (japanische Fischbrühe)
60 ml Mirin (süßer Reiswein, dient auch zum Abschmecken von Sushireis)
20 ml dunkle Sojasauce

Zusätzlich
40 g Wasabipulver
2 bis 3 Bund sehr dünne Frühlingszwiebeln
Pflanzenöl
Salz
80 g helle Sojasauce

Für die Spätzle die beiden Mehlsorten mischen, salzen und zusammen mit den Eiern und den Eigelben zu einem zähflüssigen Teig verrühren. Diesen in der Küchenmaschine oder mit dem Kochlöffel so lange schlagen, bis der Teig Blasen wirft. Ihn dann abgedeckt 1 Stunde ruhen lassen. Danach Salzwasser aufkochen und den Teig vom Spätzlebrett in das kochende Wasser schaben. Sie kurz aufkochen lassen und sofort in gesalzenem Eiswasser sehr kurz abschrecken. Die Spätzle gut abtropfen lassen und auf ein Küchentuch geben.

Shoyu, Dashi, Mirin und Sojasauce zu »Tsuyu« verrühren. Das Wasabipulver mit etwas heißem Wasser zu einer Paste verrühren und quellen lassen.

Die Frühlingszwiebeln in Pflanzenöl kurz sautieren und salzen.

Die trockenen Sobaspätzle in Butterschmalz vorsichtig knusprig braten.

Zum Servieren die Spätzle anrichten und die Frühlingszwiebeln darauf verteilen. Dazu Tsuyu, helle Sojasauce und Wasabipaste separat reichen.

Tsuyu ist die klassische Sauce zu den kalt servierten japanischen Soba (Buchweizennudeln). Die Qualität der Sojasauce und des Dashi ist hierbei von entscheidender Bedeutung. Da man im Handel Sojasaucen unterschiedlichster Qualitäten findet, lohnt es sich auf jeden Fall, sich ein bisschen durchzuprobieren.

À la minute

Deutsche Küche, französische Einblicke und danach italienische Klassik. Jetzt war es an der Zeit, etwas anderes zu machen, etwas anderes zu sehen. Bermudas oder Schweiz, Petra und ich waren für viele Angebote offen. Am Ende wurde es doch die Schweiz. Anfang 1992 sind wir an den Zürich See gefahren, um uns die Baustelle anzuschauen, aus der einmal das Gourmet-Restaurant auferstehen sollte. Anfangs hörte sich das Konzept interessant an, Petra und ich sollten sofort als Restaurantleiterin und Souschef eingestellt werden. Wir waren etwas überrascht, gleichzeitig erfreut und akzeptierten. Doch schon wenige Wochen nach der Eröffnung erkannten wir, dass unsere Vorstellungen von Gastronomie und Küche nicht mit den Ideen der Eigentümer übereinstimmten. Salat mit French Dressing, Tomatensuppe mit Meerrettich und Schweinemedaillons mit Rahmpilzen waren nicht das, was ich mit kochender Leidenschaft auf die Teller bringen wollte. Es passte einfach nicht.

Da wir jetzt schon einmal in der Schweiz waren, schauten wir uns in der Zeitung nach einschlägigen Angeboten um und fanden genau das Richtige. Eduard Hitzberger, Schweizer Starkoch, Gastronom und Hotelier suchte für sein Restaurant »Chesa Pirani« in La Punt, nur wenige Kilometer von St. Moritz entfernt, einen Koch. Für uns war das Angebot ein Glücksfall, denn auch Petra konnte im Restaurant-Service anfangen und wir beide fanden uns in einer freundschaftlichen und sehr angenehmen Arbeitsatmosphäre wieder. Daran änderte sich auch nichts, als Waltraud und Eduard Hitzberger das Hotel Paradies in Ftan übernahmen und die ganze Mannschaft in den kleinen Wintersportort umzogen. In der Küche herrschte, bei aller professioneller Betriebsamkeit, eine gute Stimmung, die geregelten Arbeitszeiten ließen genügend Platz für die Erkundung der verschneiten Schweizer Bergwelt. Eine halbe Stunde nach Ende des Mittagsservice standen wir auf den Pisten und genossen die freie Zeit zwischen den langen Arbeitsstunden eines ausgebuchten Saisonbetriebes.

Eduard Hitzberger kochte eine moderne Gourmetküche, die gleichzeitig seinen Klassikern genügend Platz einräumte. Blutwurstparfait, Rinderfilet auf Bergheu, Cordon bleu vom Lachs und Steinbutt, Toblerone-Mousse und Vanillesoufflé mit Pflaumen waren die Renner der Speisenkarte, dazu legte der Küchenchef viel Wert auf Suppen, die »à la minute« zubereitet wurden. Petra und ich fühlten uns im »Paradies« wohl, aber wir wussten, dass es nur eine vorübergehende Station auf dem Weg in die Selbstständigkeit sein würde, von der die meisten Köche nur träumen.

Hauptgänge

VAU

Büroklammerspargel mit Zitronenhollandaise

Rezept für 4 Personen
Zubereitungszeit: ca. 45 Minuten

Für den Spargel
20 gleich dicke Stangen Spargel von je etwa
50 g
Salz
Zucker
80 g Butter
Backpapier
12 große Büroklammern

Für die Zitronenhollandaise
1 Schalotte
2 Zweige Estragon
1 halbes frisches Lorbeerblatt
4 Pfefferkörner
150 ml Weißwein
200 g Butter
3 Eigelb
Salz
Piment d'Espelette
(baskisches Paprikapulver)
1 Zitrone, Saft

zusätzlich
2 eingemachte Zitronen (Grundrezept)
2 EL Butter
80 ml weißer Portwein

Den Spargel schälen und je 5 Stangen Spargel nebeneinander auf Backpapier legen. Sie mit Salz und wenig Zucker würzen. Die Butter schmelzen und je einen Esslöffel voll über fünf Spargelstangen geben. Nun die Spargelstangen in das Backpapier einschlagen und mit großen Büroklammern verschließen.

Für die Hollandaise die Schalotte schälen und würfeln. Den Estragon putzen, waschen und trocknen. Die Schalottenwürfel zusammen mit Estragon, Lorbeer, Pfefferkörnern und Weißwein einkochen und passieren.

Den Ofen auf 200 °C Ober-/Unterhitze vorheizen. Für die Sauce die Butter schmelzen. Die Weißweinreduktion mit den Eigelben mit dem Schneebesen warm aufschlagen und die Butter flüssig einrühren. Das Ganze mit Salz, Piment und Zitronensaft abschmecken.

Die Spargelpäckchen auf einem Blech auf den Boden des vorgeheizten Ofens legen und ca. 10 Minuten garen. Sie dann aus dem Ofen nehmen und kurz ruhen lassen.

Die eingemachten Zitronen in Scheiben schneiden. Die Butter bräunen und die Zitronenscheiben darin kurz anschwenken. Sie mit weißem Portwein ablöschen.

Zum Servieren die Spargelpäckchen, die Zitronen und die Zitronenhollandaise separat anrichten. Die Spargelpäckchen werden erst bei Tisch geöffnet.

Anstatt einer Sauce können Sie auch einfach etwas Schnittlauch über den Spargel geben.

Gebratener Spargel
mit Piemonteser Haselnüssen und Vinaigrette

Rezept für 4 Personen
Zubereitungszeit: ca. 45 Minuten

Für den Spargel
500 g weißer Spargel
500 g grüner Spargel
Butterschmalz
Meersalz aus der Mühle
Zucker

Für die Haselnussvinaigrette
100 g geröstete Piemonteser Haselnüsse
300 ml Geflügelfond (Grundrezept)
20 ml Trüffeljus
(im Feinkosthandel erhältlich)
100 ml Traubenkernöl
20 ml Haselnussöl
40 ml Sherry Amontillado
Meersalz aus der Mühle
Zucker

Den weißen Spargel ganz, den grünen Spargel nur am unteren Ende schälen. Alle Spargelstangen längs halbieren. Die Haselnüsse halbieren und in einer beschichteten Pfanne anwärmen.

Für die Haselnussvinaigrette den Geflügelfond auf 200 ml reduzieren. Ihn mit Trüffeljus und Traubenkernöl aufschlagen, mit Haselnussöl, Sherry, Salz und einer Prise Zucker abschmecken.

Den Spargel in Butterschmalz in 3 bis 5 Minuten gar braten, salzen und zuckern.

Zum Servieren die Spargelstangen auf Teller anrichten und mit der Haselnussvinaigrette beträufeln. Zum Schluss die Haselnüsse noch warm darüberstreuen.

Da Spargel Zucker enthält, darf er nicht zu stark gebraten werden, sonst wird er bitter. Dazu schmeckt sehr gut ein eiskalter Manzanilla Sherry.

Rezept für 4 Personen
Zubereitungszeit: ca. 45 Minuten

500 g weißer Spargel
Zucker
Meersalz aus der Mühle
2 Eier
200 ml Traubenkernöl
1 TL scharfer Senf
weißer Pfeffer aus der Mühle
½ Zitrone, Saft

Den weißen Spargel schälen und in gezuckertem Salzwasser blanchieren. Ihn danach durch den Entsafter lassen. Die Eier wachsweich kochen.

Den so entstandenen Spargelfond mit dem Eigelb mixen und mit dem Traubenkernöl emulgieren. Die Emulsion mit Senf, Salz, Pfeffer und Zitronensaft abschmecken.

Dieses Rezept ergibt eine köstliche, leichte Suppe, die lauwarm mit Croutons als Einlage und gezupftem Kerbel serviert wird.

Champagnerkutteln mit Spargel

Rezept für 4 Personen
Zubereitungszeit: ca. 1 Stunde

500 g weißer Spargel
500 g grüner Spargel
2 Schalotten
½ Knoblauchzehe
400 g gekochte Kalbskutteln
50 g Butter
1 Lorbeerblatt
100 ml Riesling
100 ml Spargelbrühe (oder Kalbsbrühe)
Salz
weißer Pfeffer aus der Mühle
50 g Crème fraîche
½ Zitrone, Saft
ein Spritzer Champagneressig
50 ml Champagner
2 EL geschlagene Sahne

Beide Spargelsorten schälen, kochen und schräg in Scheiben schneiden. Schalotten und Knoblauch schälen und würfeln. Die Kutteln in ca. 1 ½ cm breite Streifen schneiden.

Die Schalotten in der Butter anschwitzen, die Kutteln dazugeben. Die Knoblauchzehe und den Lorbeer hinzufügen, später jedoch wieder entfernen. Den Riesling zugeben und einkochen lassen, dann die Spargelbrühe dazugießen und ebenfalls einkochen lassen. Nun den Spargel zugeben und das Ganze mit Salz und Pfeffer abschmecken. Anschließend die Crème fraîche einrühren. Die Kutteln noch einmal aufkochen, mit Zitronensaft, Champagneressig und Champagner nachschmecken. Zum Schluss die geschlagene Sahne unterheben. Auf Tellern anrichten und servieren.

Dazu passen wunderbar neue Kartoffeln, leicht mit der Gabel gequetscht und mit brauner Butter beträufelt. Je nach Belieben und geschmacklichen Vorlieben können die Kutteln mit Estragon oder Schnittlauch verfeinert werden.

Kross gebratene Gelbschwanzmakrele mit Knoblauch-Mandel-Püree und zweierlei Calamaretti

Rezept für 4 Personen
Zubereitungszeit: 3 ½ Stunden plus 1 Nacht

Für das Knoblauch-Mandel-Püree
600 g gehobelte Mandeln
ca. 500 ml Milch
200 g Risottoreis
ca. 100 ml süße Sahne
Meersalz aus der Mühle
weißer Pfeffer aus der Mühle
schwarzer Pfeffer aus der Mühle
Zucker
1 Zehe junger Knoblauch

Für die Knoblauchscheiben
8 Zehen junger Knoblauch
100 ml Milch
Olivenöl

Für die Calamaretti als Salat und gebacken
12 Stück Calamaretti
200 ml Weißwein
200 ml Wasser
Meersalz aus der Mühle
50 ml Olivenöl
½ Zitrone, Saft
schwarzer Pfeffer aus der Mühle
Olivenöl und Mehl zum Ausbacken der Calamaretti

zusätzlich
4 Stück Gelbschwanzmakrele à 150–200 g
Meersalz aus der Mühle
Mehl
Pflanzenöl zum Braten
4 Zweige Basilikum
2 EL Butter
1 Spritzer Zitronensaft
100 g frische Mandeln

Für das Knoblauch-Mandel-Püree die Mandeln auf einem Backblech verteilen und bei 160 °C Ober-/Unterhitze im Ofen goldbraun rösten. In ein Gefäß geben und mit Milch bedecken. Die eingelegten Mandeln über Nacht einweichen. Am nächsten Tag die Milch bis auf einen kleinen Rest abgießen, die abgegossene Milch aufbewahren. Die Mandeln in der Küchenmaschine pürieren und dann zusammen mit dem Risottoreis und der Knoblauchzehe aufsetzen. Das Ganze etwa drei Stunden bei kleiner Hitze leise köcheln lassen, dabei immer wieder etwas von der abgegossenen Milch und der Sahne dazugeben. Ständig umrühren, da das Püree leicht anbrennt. Das Püree mit Salz, weißem Pfeffer und Zucker abschmecken. Das Püree nochmals gut mixen, durch ein sehr feines Sieb streichen und bei Bedarf nachschmecken.

Für die Knoblauchscheiben die Knoblauchzehen schälen, dünn hobeln, in Milch einlegen.

Die Calamaretti putzen und die Tuben in dünne Ringe schneiden. Die Hälfte der Ringe auf einen tiefen Teller legen. Nun den Weißwein zusammen mit dem Wasser und etwas Salz aufkochen und diese Hälfte der Ringe damit überbrühen. Schnell abtropfen lassen. Olivenöl, Zitronensaft, Salz und schwarzen Pfeffer zu einer Marinade verrühren und die warmen Calamaretti-Ringe damit marinieren.

Olivenöl auf 160 °C erhitzen. Die Knoblauchscheiben abgießen, abtrocknen und im Olivenöl langsam hell bräunen. Herausnehmen, auf Küchenpapier abtropfen lassen.

Die restlichen Calamaretti-Ringe und die Arme in Mehl wälzen, gut abschütteln und bei 170 °C im Olivenöl ausbacken. Herausnehmen und gut abtropfen lassen.

Das Mandel-Knoblauch-Püree erwärmen.

Die Makrelenstücke salzen und auf der Hautseite sparsam mehlieren. Sie in einer beschichteten Pfanne in Pflanzenöl auf der Hautseite anbraten und dabei 10 bis 20 Sekunden lang leicht beschweren, um die Haut flach auf den Pfannenboden zu drücken. Den Fisch fast fertig garen, aus der Pfanne nehmen und das Bratfett abgießen. Basilikum waschen und trocknen. Die Butter in der Pfanne aufschäumen, Basilikum zugeben, den Fisch auf der Fleischseite einlegen, einen Spritzer Zitronensaft und die frischen Mandeln zugeben. Den Fisch fertig garen.

Zum Servieren den Calamarettisalat und die gebackenen Calamaretti zusammen mit dem Fisch auf dem Püree anrichten. Dazu den Knoblauch und die Mandeln legen.

Nur kurz gegarte, frische Calamaretti sind köstlich zart – tiefgefrorene Calamaretti sind keine Alternative, da man Qualität und Frische nicht prüfen kann. Wenn man keine frischen Calamaretti bekommt, kann man auch Gambas nehmen.

Heilbutt mit Kapernkruste, weißem Bohnenpüree und Endiviensalat

Rezept für 4 Personen
Zubereitungszeit: 2 ½ Stunden plus 1 Nacht

Für das Bohnenpüree
200 g weiße Cocos-blanc-Bohnen (kleine, weiße, getrocknete Bohnenkerne aus der Bretagne, ersatzweise italienische Canellinibohnen)
50 g Butter
50 g Crème fraîche
Meersalz aus der Mühle
weißer Pfeffer aus der Mühle
1 unbehandelte Limone, Saft
Piment d'Espelette (baskisches Paprikapulver)

Für den Endiviensalat
1 Kopf Endiviensalat
2 EL Butter

Für den Heilbutt
1 Kapernbaguette (Grundrezept)
4 Portionen weißer Heilbutt ohne Haut à ca. 150– 200 g
Meersalz aus der Mühle
Butterschmalz zum Braten
2 EL Butter
einige Spritzer Zitronensaft
4 Zweige Basilikum

Zusätzlich
1 kleines Bund Blattpetersilie
2 EL Kapern »Nonpareilles«

Die weißen Bohnen am Vortag in kaltes Wasser geben und über Nacht einweichen. Am Tag der Zubereitung das Einweichwasser abgießen und die Bohnen in ungesalzenem Wasser weich kochen. Die weichen Bohnen mit Butter, Crème fraîche, Salz und Pfeffer pürieren. Das Püree durch ein feines Sieb streichen und mit Limonensaft und Piment abschmecken.

Das Kapernbrot anfrieren, den Endiviensalat, das Basilikum und die Blattpetersilie putzen, waschen und trocknen.

Das Kapernbrot auf der Aufschnittmaschine längs in dünne Scheiben schneiden. Das Bohnenpüree bei sanfter Hitze erwärmen.

Den Fisch in Portionen teilen und leicht salzen. Ihn etwa fünf Minuten ziehen lassen und das ausgetretene Wasser abtupfen. Nun die Scheiben des Kapernbrotes dachziegelartig auf den Fisch legen. Die Fischstücke in einer beschichteten Pfanne in Butterschmalz auf der Brotseite anbraten und dabei für 10 bis 20 Sekunden leicht beschweren, um die Brotscheiben auf den Pfannenboden zu drücken. Den Fisch fast fertig garen, aus der Pfanne nehmen und das Bratfett abgießen.

Nun 2 EL Butter in der Pfanne aufschäumen lassen, Basilikum zugeben, den Fisch auf der Fleischseite einlegen, einen Spritzer Zitronensaft zugeben und den Fisch fertig garen. Die Petersilie fein schneiden und einen kleinen Teil zusammen mit den Kapern in die Bratbutter geben. Für den Endiviensalat 2 EL Butter bräunen und den Salat darin lediglich kurz anwärmen. Die restliche Blattpetersilie zugeben und alles salzen.

Zum Servieren den Fisch zusammen mit dem Endiviensalat, der Kapernbutter und dem erwärmten Bohnenpüree anrichten.

Endiviensalat verliert etwas von seinem herben Geschmack, wenn man ihn 30 Minuten in lauwarmem Wasser liegen lässt.

Der schönste Wein zu diesem Spätsommergericht ist ein klassischer Chardonnay, zum Beispiel als weißer Burgunder.

Langsam gegarter Lachs mit Wasabi-Soubise, geklopften Radieschen und Senfkorngremolata

Rezept für 4 Personen
Zubereitungszeit: ca. 1 ½ Stunden

Für die Wasabi-Soubise
250 g weiße Zwiebeln, geschält und fein gewürfelt
40 g Butter
25 g Risottoreis
ca. 200 ml Milch
Salz
weißer Pfeffer aus der Mühle
1 frisches Lorbeerblatt
1 Knoblauchzehe, geschält
angerührter Wasabi nach Geschmack (im Asialaden erhältlich)

Für die Senfkorngremolata
4 EL Senfkörner
100 ml kalt gepresstes Sonnenblumenöl
1 unbehandelte Zitrone, fein geraspelte Schale
1 EL Thymian, gerebelt
1 EL Blattpetersilie, fein geschnitten

Für die Radieschen
2 Bund Radieschen
Meersalz
30 g Butter

Für den Lachs
4 Tranchen vom Ikarimi Lachs à ca. 80 g
50 g Butter
Maldon Sea Salt (im Feinkosthandel erhältlich)

Für die Soubise die Zwiebelwürfel in der Butter anschwitzen, den Reis zugeben und anschwitzen. Das Ganze mit der Milch auffüllen, salzen, pfeffern und mit Lorbeer und Knoblauch weich kochen. Danach den Lorbeer entfernen, die Masse mixen und durch ein feines Sieb streichen. Nun mit Wasabi abschmecken.

Die Senfkörner in einer beschichteten Pfanne hell rösten. Sie anschließend erst im Mörser zerstoßen und danach mit Sonnenblumenöl, Zitronenschale Thymian und Petersilie verrühren.

Die Radieschen putzen, waschen, mit einem breiten Messer oder einer kleinen Pfanne andrücken und leicht salzen.

Die Lachstranchen einschneiden und schmetterlingsförmig aufklappen.

Die Lachstranchen auf einen gebutterten Teller legen, mit Butterflocken belegen und mit Frischhaltefolie abdecken. Etwa 20 Minuten in ein Tellerrechaud geben oder den Ofen auf 50 °C Ober-/Unterhitze vorheizen und die Lachstranchen hineinstellen.

Für die Radieschen ebenfalls Butter bräunen und die Radieschen darin mehr wärmen als garen.

Die Lachstranchen mit Maldon Sea Salt salzen, mit Soubise und Radieschen anrichten und mit der Senfkorngremolata beträufeln.

Die Soubise erhält eine schöne, grüne Farbe, wenn man ein wenig Petersilienpüree beigibt.

Kross gebratener Loup de mer mit Paprikakutteln und Spitzkohl

Rezept für 4 Personen
Zubereitungszeit: ca. 1 ½ Stunden

Für die Croutons
4 Scheiben Kastenweißbrot
2 EL Butterschmalz

Für die Paprikakutteln
500 g gekochte Kalbskutteln
1 Spitzkohl
90 g Butter
2 EL Mehl
500 ml heller Kalbsfond (Grundrezept)
2 Knoblauchzehen
1 EL Kümmel
1 EL Paprikapulver edelsüß
1 TL Piment d'Espelette (baskisches Paprikapulver aus der Region von Espelette)
2 unbehandelte Zitronen, Saft und Schale
Meersalz aus der Mühle
weißer Pfeffer aus der Mühle
1 kleines Bund Blattpetersilie
100 ml süße Sahne
100 ml Champagner

Für den Fisch
4 Tranchen vom Loup de mer, Filet mit Haut à ca. 150–200 g, geschuppt und entgrätet
Mehrsalz aus der Mühle
Mehl zum Mehlieren
2–3 EL Pflanzenöl
4 Zweige Basilikum
2 EL Butter

Das Weißbrot entrinden, in feine Würfel schneiden und in Butterschmalz goldbraun ausbacken.

Die Kutteln in fingerdicke Streifen schneiden. Den Spitzkohl in Blätter teilen. Die Blätter waschen, die Blattrippen wegschneiden und die Blätter in Streifen schneiden.

Für die Kutteln wird zunächst eine Velouté (Samtsauce) gekocht. Dafür 2 EL Butter aufschäumen, das Mehl einrühren und mit dem Kalbsfond auffüllen. Das Ganze 20 Minuten unter stetem Rühren leise köcheln lassen. Die restliche Butter weich werden lassen. Die Knoblauchzehen schälen. Die weiche Butter mit Knoblauch, Kümmel, Paprikapulver, Piment d'Espelette und Zitronenschale vermischen und durchhacken. Die Kutteln zusammen mit der Butter in die Velouté geben. Die Spitzkohlstreifen zugeben und einmal darin aufkochen. Die Sauce mit Salz, Pfeffer, Zitronensaft abschmecken und eventuell mit Piment d'Espelette nachwürzen. Etwas Zitronensaft für den Fisch aufbewahren.

Die Fischtranchen salzen und auf der Hautseite sparsam mehlieren. In einer beschichteten Pfanne in Pflanzenöl auf der Hautseite anbraten. Ihn dabei 10 bis 20 Sekunden lang leicht beschweren, um die Haut flach auf den Pfannenboden zu drücken. Den Fisch fast fertig garen, aus der Pfanne nehmen und das Bratfett abgießen.

Nun die Basilikumblätter waschen. Die Butter in der Pfanne aufschäumen lassen, die Basilikumblätter dazugeben, den Fisch auf der Fleischseite einlegen und einen Spritzer Zitronensaft zugeben. Den Fisch fertig garen.

Die Petersilie waschen und fein schneiden, die Sahne anschlagen. Sie beim Servieren zusammen mit dem Champagner in die Kutteln geben und die fein geschnittene Petersilie untermischen. Die Kutteln in tiefen Tellern anrichten, mit Croutons bestreuen und den Fisch darauf anrichten.

Vorgekochte Kutteln sind nicht immer ganz fertig gekocht. Um Überraschungen zu vermeiden, sollten Sie sie deshalb schon am Vortag testen und im Zweifelsfalle in Salzwasser nachkochen, bis sie die gewünschte Konsistenz erreichen.

Rochenflügel in Balsamico mit frittierten Kirschtomaten, Artischocken und Taschenkrebs

Rezept für 4 Personen
Zubereitungszeit: 1 ½ Stunden

1 Rochenflügel à ca. 1,2 kg
oder 2 kleine Rochenflügel à 600 g
4 Artischocken
Zitronenwasser
150 g Taschenkrebsfleisch aus den Scheren
12–15 Kirschtomaten am Strauch
1 kleines Bund Koriander
Zitronensaft
Olivenöl
schwarzer Pfeffer aus der Mühle
Meersalz aus der Mühle
2 EL Butter
20 ml Trüffelbalsamico-Essig
20 ml Kalbsjus (Grundrezept)

Pochierte Rotbarbe mit Pulpo, Sepia und grünen Bohnen

Die Rochenflügel häuten, filieren und portionieren.

Die Artischocken putzen und die Böden in Zitronenwasser aufbewahren.

Das Taschenkrebsfleisch zerpflücken.

Die Kirschtomaten waschen und abtrocknen, an der Rispe lassen.

Den Koriander waschen, trocknen und fein schneiden.

Das Taschenkrebsfleisch mit Zitronensaft, Olivenöl, schwarzem Pfeffer und dem Koriander vermengen und abschmecken.

Die Artischocken auf der Aufschnittmaschine oder mit einem Trüffelhobel in feine Streifen hobeln. Sie in Olivenöl bei 160 °C langsam knusprig ausbacken und auf Küchenpapier gut abtropfen lassen.

Die Tomaten an der Rispe im Olivenöl so lange frittieren, bis sie aufplatzen. Sie dann herausnehmen, salzen und pfeffern.

Die Rochenstücke salzen, auf der Hautseite in Olivenöl anbraten und nach 1 Minute drehen. Die Butter zugeben und aufschäumen lassen. Den Balsamico und die Kalbsjus zufügen und den Rochen darin gar schwenken.

Die frittierten Artischockenstreifen locker mit dem Taschenkrebsfleisch vermengen und salzen. Zum Servieren das Krebsfleisch zusammen mit dem Rochenstücken und den Tomaten anrichten.

Aus Artischockenblättern kann man einen schmackhaften Fond kochen. Dabei muss man jedoch darauf achten, dass kein Heu in den Fond kommt – er wird sonst bitter.

Rezept für 4 Personen
Zubereitungszeit: 3 ½ Stunden plus 1 Nacht

Für den Pulpo (Octopus, Krake)
1 Pulpo à ca. 1 kg
4 Schalotten
Meersalz
ca. 100 ml Rotweinessig
2 frische Lorbeerblätter
4 Champagnerkorken
1 Kunstdarm 6 cm Durchmesser (beim Fleischer oder im Fleischereibedarf erhältlich)
weißer Pfeffer aus der Mühle
Olivenöl
schwarzer Pfeffer aus der Mühle

Für die Rotbarben
4 Rotbarben à 300–400 g
3 rote Paprika
Olivenöl
1 l Pochierfond für Rotbarbe (Grundrezept)
100 ml Sepiasauce (Grundrezept)

Für die Bohnen
400 g Schneidebohnen
1 kleines Bund Bohnenkraut
Meersalz
Eiswasser
Olivenöl
schwarzer Pfeffer aus der Mühle
1 Spritzer Limonensaft

Für die Zitronengremolata
1 kleines Bund Blattpetersilie
1 Knoblauchzehe
2 unbehandelte Zitronen, Abrieb
1 EL Maldon Sea Salt (im Feinkosthandel erhältlich)
100 ml Olivenöl

Für die Sepiawürfel
200 g Sepiafleisch (Fleisch vom großen Tintenfisch)
1 Zweig Basilikum
1 Knoblauchzehe
Olivenöl
1 Spritzer Limonensaft

Den Pulpokopf auswaschen und mit einem Plattiereisen die Tentakel vorsichtig klopfen, um die Fasern mürbe zu machen. Die Schalotten schälen. Den Octopus in Salzwasser mit 100 ml Rotweinessig, Lorbeer, den Schalotten und den Champagnerkorken aufsetzen und in ca. 1 ½ Stunden weich kochen. Ihn dann herausnehmen und noch warm in walnussgroße Stücke schneiden. Den Schnabel dabei herausschneiden. Etwas Kochfond reduzieren und über die Pulpostücke geben. Den Kunstdarm einweichen. Den Pulpo mit Salz, weißem Pfeffer und Rotweinessig nachschmecken. Das Ganze warm in den eingeweichten Kunstdarm füllen, mit einer Nadel Löcher in die Hülle stechen und das Pulpofleisch gut pressen, um überschüssige Flüssigkeit zu entfernen. Nun den Darm verschließen und die entstandene Rolle eine Nacht kühl stellen.

Am Tag der Zubereitung die Rotbarben schuppen, ausnehmen, filetieren und die Gräten ziehen. Die Paprikaschoten schälen, entkernen und entsaften. Den Saft fast komplett einkochen und dabei öfter abschäumen. Ihn schließlich mit Olivenöl mit dem Schneebesen emulgieren.

Die Schneidebohnen waschen und putzen, das Bohnenkraut waschen, trocknen und zupfen. Die Schneidebohnen in Salzwasser zusammen mit etwas Bohnenkraut blanchieren. Alles in gesalzenem Eiswasser abschrecken und abtropfen lassen.

Für die Zitronengremolata die Petersilie waschen und fein schneiden. Die Knoblauchzehe schälen und fein hacken. Petersilie, Knoblauch, Zitronenschale und Maldon Salt mit dem Olivenöl verrühren.

Das Sepiafleisch in Würfel schneiden. Für die Sepiawürfel Basilikum waschen und fein schneiden. Den Knoblauch schälen und andrücken. Die Sepiawürfel mit Olivenöl, Knoblauch und Basilikum marinieren.

Für die Rotbarbenfilets den Pochierfond auf 60 °C erwärmen. Die Rotbarbenfilets einlegen und bei 50 °C 15 Minuten im Rechaud oder im Ofen ziehen lassen.

Die Bohnen längs in Streifen schneiden. Die Bohnen in Olivenöl anziehen lassen und mit Salz, Pfeffer, den restlichen Bohnenkrautblättchen und einem Spritzer Limonensaft abschmecken.

Die Sepiawürfel in einer heißen Pfanne ohne weiteres Öl kurz rösten, mit einem Spritzer Limonensaft abschmecken und salzen.

Zum Servieren die Teller vorwärmen. Die Octopusrolle auf der Aufschnittmaschine in 2 mm dünne Scheiben schneiden. Die Scheiben auf den warmen Tellern anrichten und mit Olivenöl, Salz und schwarzem Pfeffer würzen. Die Bohnen und Sepiawürfel auf den Octopusscheiben anrichten, darum die Sepia- und die Paprikasauce ziehen. Die Rotbarbenfilets separat auf warmen Tellern anrichten und mit der Zitronengremolata beträufeln.

Die Sepiawürfel müssen heiß und kurz gebraten werden, sonst werden sie zäh.

Gegrillter Schwertfisch mit sizilianischem Auberginengemüse »Caponata«, Tomatenmarmelade und Lorbeeröl

Rezept für 4 Personen
Zubereitungszeit: ca. 1 ½Stunden

Für den Schwertfisch
4 Schwertfischsteaks à ca. 150 g
Pflanzenöl
schwarzes Olivensalz
(im Feinkosthandel erhältlich)
schwarzer Pfeffer aus der Mühle

Für das Lorbeeröl
1 Zweig frischer Lorbeer
500 ml Olivenöl

Für die Caponata
2 kleine Zwiebeln
3 Tomaten
3 Stängel Staudensellerie
1 Aubergine
2 EL Sultaninen
1 EL Pinienkerne
Olivenöl
10 grüne Oliven, ohne Kern
1 EL Kapern

Für die Brotsticks
4 Scheiben Sauerteigweißbrot
Olivenöl

Für die Tomatenmarmelade
4 Portionen dick eingekochte Tomatensauce
1 EL Orangeat
1 EL Zitronat

Die Schwertfischsteaks 1 Stunde vor der Zubereitung aus dem Kühlschrank nehmen.

Für das Lorbeeröl die Lorbeerblätter in eine Glaskanne oder ein ähnliches Gefäß geben. Es mit Olivenöl auffüllen und bei 40 °C etwa 1 Stunde ziehen lassen.

Für die Caponata Zwiebeln schälen und in Achtel schneiden. Die Tomaten blanchieren, abziehen und in Concassés (feine Würfel) schneiden. Staudensellerie und Aubergine waschen, putzen und in daumengroße Stäbe schneiden. Die Sultaninen in Wasser einweichen, die Pinienkerne rösten.

Für die Brotsticks das Weißbrot in breite Streifen schneiden und in Olivenöl braun rösten.

Die Tomatensauce mit Orangeat und Zitronat versetzen und 30 Minuten zu Marmelade einköcheln lassen.

Für die Caponata die Zwiebeln in Olivenöl anschwitzen, Tomaten zugeben und zerfallen lassen, Sellerie und Auberginen mitgaren. Ganz zum Schluss die abgetropften Sultaninen, Pinienkerne, Kapern und Oliven unterheben.

Die Schwertfischsteaks mit Olivenöl leicht einölen und von beiden Seiten kurz grillen oder scharf braten. Sie danach 5 Minuten ruhen lassen.

Zum Servieren die Schwertfischsteaks mit Olivensalz würzen und pfeffern. Die Steaks zusammen mit der Caponata, den Brotsticks und der Tomatenmarmelade anrichten. Das Lorbeeröl zum Dippen dazu reichen.

Schwertfisch wird leicht trocken, deswegen erwärme ich die Steaks zuerst in einem Rechaud bei ca. 50 °C und grille oder brate sie dann dementsprechend kurz. Auf alle Fälle sollten Sie die Steaks ca. 1 Stunde vor der Zubereitung aus dem Kühlschrank nehmen.

Sauerbraten vom Seeteufel mit Artischocken-Steinpilz-Gröstl

Rezept für 4 Portionen
Zubereitungszeit: 1 ½ Stunden
plus ½ bis 1 Tag

Für den Sauerbraten
1 ½–2 kg Seeteufel
1 mittelgroße Karotte
50 g Knollensellerie
2 Knoblauchzehen
50 g durchwachsener Speck
Olivenöl
500 ml dunkler Rotwein
50 ml Balsamico-Essig
2 Zweige Rosmarin
10 Zweige Thymian
1 kleines Bund Blattpetersilie
5 Schalotten
100 ml roter Portwein
50 ml Rote-Bete-Saft
2 frische Lorbeerblätter
Meersalz
schwarzer Pfeffer aus der Mühle
1–2 EL Pfeilwurzmehl

Für das Gröstl
4 Artischocken
Zitronenwasser
Olivenöl
500 g Steinpilze
1 kleines Bund Blattpetersilie
Meersalz
schwarzer Pfeffer aus der Mühle

Den Seeteufel häuten, von der Mittelgräte schneiden und parieren. Karotte und Sellerie waschen, schälen und würfeln, Knoblauch schälen und würfeln, Speck in Würfel schneiden. Gemüse, Knoblauch und Speck in Olivenöl anschwitzen. Alles mit 250 ml Rotwein und dem Balsamico-Essig vermischen. Die Hälfte der Kräuter waschen, trocknen und dazugeben. Das Seeteufelfilet in die Mischung geben darin 12 bis 24 Stunden marinieren.

Am Tag der Zubereitung für das Gröstl die Artischocken putzen und die Böden in Zitronenwasser legen. Die Steinpilze putzen und in gleichmäßige Stücke schneiden.

Die Schalotten schälen und die restlichen Kräuter waschen und trocknen.

Den Seeteufel aus der Marinade nehmen und gut abtrocknen. Die Marinade auf die Hälfte einkochen, den restlichen Rotwein, den Portwein, den Rote-Bete-Saft, die Schalotten und die restlichen Kräuter zufügen. Das Seeteufelfilet in einer passenden länglichen Form mit der Marinade übergießen und im Ofen bei 60 °C Ober-/Unterhitze ca. 15 Minuten ziehen lassen.

Die Artischockenböden abtrocknen, in Sechstel schneiden und in Olivenöl gar braten. Die Steinpilze kurz vor Ende zugeben und mitbraten. Die Petersilie fein schneiden und zugeben.

Um eine Sauce zu erhalten, das Pfeilwurzmehl in kaltem Wasser anrühren. Etwas Marinade abnehmen, aufkochen und mit dem angerührtem Pfeilwurzmehl zu einer Sauce binden. Den Seeteufel aus der Marinade nehmen, aufschneiden und mit Sauce glasieren. Ihn zum Servieren zusammen mit dem Artischocken-Steinpilz-Gröstl anrichten.

Dies ist ganz eindeutig ein Fischgericht, zu dem man Rotwein trinken kann. Entsprechend der rheinischen Herkunft des Urrezeptes passt am besten ein Spätburgunder von der Ahr. Auf gleiche Weise lässt sich übrigens auch ein Sauerbraten vom Rinderfilet zubereiten.

Seezunge mit Sauerampfer, Ochsenmark und Bratkartoffeln

Rezept für 4 Personen
Zubereitungszeit: 1 ½ Stunden plus 1 Nacht

400 g Ochsenmark
1 kg Kartoffeln, vorwiegend festkochend
Salz
4 Seezungen à ca. 800 g
4 Bund Sauerampfer
1 halbes Bund Basilikum
Butterschmalz
Meersalz aus der Mühle
2 EL Butter
½ Limone, Saft
200 g leichte Kalbsjus (Grundrezept)
schwarzer Pfeffer aus der Mühle

Das Mark über Nacht kalt wässern, um restliches Blut zu entfernen. Die Kartoffeln am besten am Vortag waschen und in Salzwasser nicht zu weich kochen. Sie abgießen, schälen und gut auskühlen lassen

Am Tag der Zubereitung die Seezungen abziehen und filieren. Den Sauerampfer und das Basilikum putzen, waschen und gut trocknen.

Die gekochten Kartoffeln in 5 mm dicke Scheiben schneiden und in Butterschmalz in einer Pfanne knusprig braten.

Das Ochsenmark in Scheiben schneiden, in einer heißen Pfanne kurz und heiß anbraten und auf einem Sieb abtropfen lassen.

Die Seezungenfilets mit Meersalz salzen und in Butterschmalz auf der Hautseite sanft anbraten. Sie nach 3 bis 4 Minuten herausnehmen und das Bratfett abgießen. Nun die Butter in der Pfanne aufschäumen lassen, Limonensaft und Basilikum zugeben und die Seezungenfilets darin gar ziehen lassen.

Die Kalbsjus aufkochen und ein wenig von dem ausgetretenen Ochsenmark sowie von der Bratbutter einrühren.

Zum Servieren die Teller vorwärmen. Den Sauerampfer roh auf den Tellern verteilen. Je ein Fischfilet mit Ochsenmark belegen, salzen und pfeffern, das andere Filet auf Bratkartoffeln anrichten. Die Seezunge und den Sauerampfer mit der Kalbsjus beträufeln.

Da Sauerampfer sehr schnell welk wird, sollte er erst am Tag der Zubereitung gekauft werden.

Freilandhähnchen aus dem Ofen mit Pastis, Fenchel, jungen Kartoffeln, Zwiebeln und jungem Knoblauch

Rezept für 4 Personen
Zubereitungszeit: 1 Std.

4 Coquelet à 500 g
(kleine, französische Hähnchen)
Salz
schwarzer Pfeffer aus der Mühle
2 EL Fenchelsamen
2 Zweige Rosmarin
2 Zweige Thymian
2 Lorbeerblätter
Olivenöl
80 ml Pastis
4 ganze, junge Knoblauchknollen,
quer halbiert
4 Schaschlikzwiebeln, geschält
4 rote Zwiebeln, geschält
750 g kleine Kartoffeln, gewaschen
4 Fenchelknollen
12 Stangen Frühlingszwiebeln

Die Hähnchen innen mit Salz, Pfeffer und Fenchelsamen würzen. Rosmarin und Thymian waschen und trocknen, zusammen mit dem Lorbeer in die Hähnchenbäuche stecken und die Keulen zusammenbinden.

Die Hähnchen im heißen Olivenöl in einem Bräter anbraten. Sie dann außen salzen und pfeffern und schließlich den Pastis darübergeben. Die Knoblauchzehen, beide Zwiebelsorten und die gewaschenen Kartoffeln dazulegen, die Fenchelknollen waschen, putzen, in dicke Scheiben schneiden und zugeben.

Den Ofen auf 170 °C Ober-/Unterhitze vorheizen. Den Bräter ohne Deckel in den Ofen stellen und die Hähnchen 30 Minuten braten. Sie dann herausnehmen und 15 Minuten ruhen lassen. Das Gemüse herausnehmen und warm stellen. Die Frühlingszwiebeln waschen und putzen. Sie in Olivenöl braten und salzen. Nun die Sauce entfetten und eventuell mit etwas Pastis abschmecken.

Zum Schluss die Hähnchen auslösen und zusammen mit dem Gemüse und der Sauce anrichten.

Dies ist eines der wenigen Gerichte, zu denen ich mit wirklich gutem Gewissen einen schön kalten, unprätentiösen Rosé empfehlen kann, zum Beispiel aus Laumersheim in der Pfalz von Phillip Kuhn.

Allerlei von der Bressetaube

mit Kopfsalat, Erbsen und jungem Knoblauch

Rezept für 4 Personen
Zubereitungszeit: ca. 2 Stunden

Für das Taubenallerlei
2 Bressetauben à 400–500 g (mit Innereien)
4 Schalotten
2 Knoblauchzehen
4 Champignons
2 Stangen Staudensellerie
Pflanzenöl
150 ml roter Portwein
100 ml Wildfond
8 Thymianzweige
2 Rosmarinzweige
1 frisches Lorbeerblatt
5 Wacholderbeeren
5 schwarze Pfefferkörner
3 Gewürznelken
4 Pimentkörner
Meersalz aus der Mühle
weißer Pfeffer aus der Mühle
20 g Butter

Für die Beilagen
2 Knollen junger Knoblauch
200 ml Milch
Salz
300 g junge Erbsen in der Schote
Wasser
Eiswasser
2 Kopfsalatherzen
20 g Butter

Die Tauben auslösen. Die Brüste (mit Haut) sowie das Herz und die Leber beiseitelegen. Die Keulen putzen. Schalotten und Knoblauch schälen, Champignons putzen, Sellerie waschen und putzen. Gemüse und Pilze grob zerkleinern. Die Karkassen klein hacken.

Das Pflanzenöl in einem Schmortopf erhitzen und die gehackten Karkassen zusammen mit den geputzten Taubenkeulen darin anrösten. Schalotten, Knoblauch, Champignons und Sellerie dazugeben und mitrösten. Das Ganze mehrmals mit dem roten Portwein ablöschen und mit dem Wildfond auffüllen. Die Gewürze und Kräuter hinzufügen.

Die Taubenkeulen aus dem Ansatz nehmen, sobald sie gar sind. Die Sauce durch ein feines Tuch passieren und eventuell reduzieren und abschmecken. Die Keulen nun wieder in die Sauce geben.

Für die Beilagen den jungen Knoblauch in die einzelnen Zehen zerteilen. Die Milch salzen und erhitzen. Die Knoblauchzehen darin blanchieren und anschließend häuten.

Die Erbsen auspalen. Das Wasser stark salzen und erhitzen, das Eiswasser salzen. Die Erbsen im Salzwasser blanchieren und im Eiswasser abschrecken. Nun die Kerne aus der dünnen Haut palen.

Den Ofen auf 220 °C Ober-/Unterhitze vorheizen. Die Taubenbrüste salzen und pfeffern, auf der Hautseite in einer heißen Pfanne in Pflanzenöl anbraten und ca. 1 Minute in den vorgeheizten Backofen geben. Danach die Taubenbrüste umdrehen und ca. 10 Minuten an einem warmen Ort ruhen lassen.

20 g Butter in einer Pfanne erhitzen und die ungesalzenen Innereien bei mittlerer Hitze braten. Sie anschließend salzen und pfeffern.

Die Salatherzen waschen, trocknen und putzen. Die restliche Butter in einer Pfanne leicht bräunen. Die Knoblauchzehen darin leicht anschwitzen, die geputzten Kopfsalatherzen sowie die Erbsen hinzufügen. Alles durchschwenken und leicht salzen. Nun die Taubenbrüste zusammen mit den Keulen und der Sauce, den Innereien und dem Allerlei mit Kopfsalat anrichten und servieren.

Auch medium gebraten sehen die Taubenbrüste sehr rot aus, doch wenn man sie weiter brät, werden sie trocken. Scheuen Sie sich also nicht, die Brüstchen sehr rot zu servieren.

Schulterscherzel in Balsamico mit Feige und Senf

Rezept für 4 Portionen
Zubereitungszeit: 1 bis 2 Wochen
plus ca. 2 ½ Stunden

Für das Schulterscherzel
4 große Zwiebeln
2 Stängel Staudensellerie
1 Karotte
Pflanzenöl
250 ml Balsamico-Essig
250 ml Rotwein
250 ml roter Portwein
Zucker
Salz
1 TL schwarze Pfefferkörner
3 Nelken
5 Wacholderbeeren
3 Pimentkörner,
2 frische Lorberblätter
Muskat von der Reibe
2 kg Schaufelbraten vom Rind
Mehl

Für die Rahmpolenta
300 ml Milch
300 ml süße Sahne
Meersalz aus der Mühle
100 g Bramata
(grober Maisgrieß für Polenta)

Für die Lorbeerfeigen
100 ml Rotwein
200 ml roter Portwein
3 Zweige Thymian
2 Zweige Rosmarin
2 frische Lorbeerblätter
4 Feigen

Für die Senfemulsion
400 ml Geflügelfond (Grundrezept)
2 TL englisches Senfpulver »Colemans«
ca. 200 ml Traubenkernöl

Zusätzlich
4 EL Senfkörner
2 EL Maldon Sea Salt
(im Feinkosthandel erhältlich)

Zwiebel, Sellerie und Karotte schälen, waschen und in grobe Würfel schneiden. Diese in Pflanzenöl anschwitzen und mit Balsamico, Rotwein und Portwein ablöschen. Die Gewürze dazugeben, das Ganze aufkochen und dann abkühlen lassen. Die abgekühlte Marinade über das Fleisch geben und dieses möglichst lange, am besten ein bis zwei Wochen, marinieren.

Am Tag der Zubereitung den Ofen auf 160 °C Ober-/Unterhitze vorheizen. Das Fleisch aus der Marinade nehmen und gut abtrocknen. Es leicht mehlieren, in einem Bräter in Pflanzenöl rundum anbraten und wieder herausnehmen. Nun die Marinade aufkochen. Das Gemüse aus der Marinade nehmen, abtropfen lassen und in dem Bräter, in dem Fleisch angebraten wurde, anbraten und dabei zwei- bis dreimal mit der aufgekochten Marinade ablöschen. Nun das Fleisch wieder dazugeben, die restliche Marinade auffüllen und eventuell etwas Wasser hinzufügen, bis das Fleisch fast bedeckt ist. Das Ganze abdecken und 1 ½ bis 2 Stunden im Ofen bei 160 °C schmoren. Das weiche Fleisch ausstechen, die Sauce reduzieren und passieren.

Für die Rahmpolenta Milch und Sahne aufkochen und salzen. Den Polentagrieß einrühren und mindestens 30 Minuten bei geringer Hitze quellen lassen.

Das Fleisch portionieren und in der Sauce heiß legen. Für die Feigen Rotwein und Portwein in einer flachen Pfanne reduzieren. Thymian und Rosmarin waschen, trocknen und zusammen mit den Lorbeerblättern in die Flüssigkeit einlegen. Die Feigen halbieren und mit der Schnittseite in die Pfanne legen. Sie in 10 bis 15 Minuten weich schmoren und mit dem entstandenen Sirup glasieren.

Für die Senfemulsion den Geflügelfond auf 200 ml reduzieren. Das Senfpulver einrühren und mindestens 25 Minuten quellen lassen. Das Ganze mit Traubenkernöl mit dem Schneebesen so lange emulgieren, bis eine sämige Sauce entstanden ist.

Die Senfkörner langsam in einer beschichteten Pfanne rösten, bis ein angenehmer Röstduft zu merken ist. Sie abkühlen lassen und mit dem Maldon Salz vermischen.

Zum Servieren Teller vorwärmen und darauf das Fleisch geben. Dazu nebeneinander die Senfsauce, Feige, Senfkörner und Rahmpolenta anrichten.

Die Marinade muss anfangs zu süß, zu sauer und zu salzig schmecken, damit später die Sauce kräftig und das Fleisch mürbe wird. Auch ein geschmortes Fleisch sollte man vor dem Aufschneiden noch ca. 10 Minuten ruhen lassen, damit die Säfte nicht durch die zu große Hitze herausgedrückt werden. Die Polenta kann man leicht aromatisierten, indem man Kräuter oder Gewürze in der Milch-Sahne-Mischung ziehen lässt.

Rückwärts gebratenes Bisonroastbeef mit Vadouvan, Maisbrotcrostino mit geröstetem Mais, gedörrte Tomate mit Majoranhonig und Tomatenessigjus

Rückwärts gebratenes Bisonroastbeef mit Vadouvan, Maisbrotcrostino mit geröstetem Mais, gedörrte Tomate mit Majoranhonig und Tomatenessigjus

Rezept für 4 Personen
Zubereitungszeit: ca. 6 Stunden

Für das Bisonroastbeef
4 Scheiben Roastbeef vom Bison à 150 g
Olivenöl extra
schwarzer Pfeffer aus der Mühle
50 g Butter zum Nachbraten
4 EL Vadouvan
(fermentierte, indische Gewürzmischung aus dem Feinkosthandel)
Salz

Für die gedörrten Tomaten
10 Tomaten
Olivenöl

Für den gerösteten Mais
4 Maiskolben
50 g Butter
Zucker
Pflanzenöl
80 g Bacon in Würfeln
1 EL frische Majoranblättchen

Für den Majoranhonig
4 EL Blütenhonig »Mille fiori«
1 Bund Majoran

Zusätzlich
4 Scheiben Maisbrot (Grundrezept)
Pflanzenöl
100 ml Kalbsjus (Grundrezept)
2 EL Tomatenessig

Das Roastbeef mindestens 3 Stunden vor der Zubereitung aus dem Kühlschrank nehmen.

Die Tomaten blanchieren, abziehen, vierteln und entkernen. Ein Backblech mit Olivenöl bestreichen. Die Tomaten darauf verteilen und bei 80 °C Umluft ca. 1 Std. trocknen.

Danach den Ofen auf 175 °C Umluft vorheizen. Die Maiskolben buttern, zuckern und in Alufolie wickeln. Sie im Ofen in 30 Minuten nicht zu weich garen, danach auskühlen lassen und die Körner längs von den Kolben schaben.

Den Honig auf 40 °C erwärmen, den Majoran waschen, trocken und zupfen. Die Stiele ca. 15 Minuten im Honig ziehen lassen, danach passieren und die Majoranblätter einrühren.

Die Roastbeefscheiben mit Olivenöl leicht einölen, pfeffern und in einer flachen Form bei 60 bis 80 °C Ober-/Unterhitze ca. 45 Minuten bzw. bis zu einer Kerntemperatur von 50 °C im Ofen garen.

Für den gerösteten Mais etwas Pflanzenöl erhitzen, die Baconwürfel hineingeben und knusprig braten. Den Mais zusammen mit dem Bacon erwärmen, leicht zuckern und den Majoran unterziehen.

4 Scheiben Maisbrot in einer Pfanne in Pflanzenöl knusprig rösten.

Zum Servieren Butter in einer Pfanne aufschäumen. Sobald sie gebräunt ist, die Roastbeefscheiben einlegen und von beiden Seiten ganz kurz braten. Das Vadouvan-Gewürz dazugeben und kurz mitbraten. Das Fleisch kurz ruhen lassen und es danach quer in fingerdicke Tranchen schneiden. Diese salzen, pfeffern und auf den Maiscrostini anrichten. Den Mais dazugeben, die Tomaten anrichten und mit dem Majoranhonig beträufeln.

Die Kalbsjus mit der Bratbutter aus der Pfanne erhitzen, mit Tomatenessig abschmecken und neben dem Fleisch anrichten.

Gerade für mageres Fleisch wie das Bisonroastbeef ist die Methode des »Rückwärtsbratens« perfekt geeignet. Dazu ändert sich die Reihenfolge der Zubereitung: Anstatt es heiß anzubraten und dann ruhen zu lassen, lässt man es erst ruhen und brät es dann kurz und sanft an. Das Fleisch brät nicht so heiß – dies ist weitaus gesünder –, entspannt sich wesentlich besser und ist überaus zart. Der Bratgeschmack und die Farbe kommen hauptsächlich von der braunen Butter. Beim Rückwärtsbraten sollte man allerdings mit der Temperatur des eigenen Ofens etwas experimentieren. Am besten nimmt man dazu ein genaues, separates Ofenthermometer. Hat man die Temperatur im Griff, gelingen auch größere Stücke, wie ein Côte de Bœuf perfekt. Wichtig ist, dass die Temperatur von 50 °C langsam erreicht wird, später ist die Kerntemperatur 60 °C.

Rosa gebratener Frischlingsrücken mit Schwarzwurzel und Kakao

Rezept für 4 Portionen
Zubereitungszeit: ca. 2 ½ Stunden

Für die »Cacao Line«
1 Stück Honigkuchen à 350 g
4 EL Kakaobohnen, fermentiert und leicht geröstet z.B. von Domori oder Valrhona (im Feinkosthandel erhältlich)
1 EL Maldon Sea Salt (im Feinkosthandel erhältlich)
½ unbehandelte Orange, Abrieb

Für Schwarzwurzelpüree und Schwarzwurzelgemüse
1 kg Schwarzwurzeln
2 l Milch
120 g Butter
Meersalz aus der Mühle
1 Prise Zucker
250 ml Geflügelfond (Grundrezept)
Pflanzenöl zum Frittieren
1 kleine Zwiebel
50 ml süße Sahne

Für die Sauce
50 g Zartbitter-Kuvertüre (ca. 72 %, z. B. Araguani von Valrhona oder Sambirano von Domori, im Feinkosthandel erhältlich)
200 ml Wildjus (Grundrezept)

Für den Frischlingsrücken
50 g Champignons
4 Schalotten
1 Zweig Rosmarin
1 Strang Frischlingsrücken à ca. 800 g
50 g Butter
Meersalz aus der Mühle
weißer Pfeffer aus der Mühle

Für die »Cacao Line« den Honigkuchen in der Küchenmaschine grob häckseln, im Ofen bei 60 °C Ober-/Unterhitze trocknen und danach abkühlen lassen. Die Kakaobohnen im Mörser grob zerstoßen. Sie mit dem abgekühlten Honigkuchen, dem Maldon Salt und dem Orangenabrieb gut vermischen.

Für das Gemüse, das Püree und die frittierten Streifen die Schwarzwurzeln waschen, schälen und sofort in die Milch legen, Schwarzwurzeln werden schnell braun. Einen Teil der Schwarzwurzeln in insgesamt 12 Stäbe von 6 cm Länge schneiden. Diese in 50 g Butter goldgelb sautieren, dabei salzen und zuckern. Anschließend mit wenig – etwa 100 ml – Geflügelfond ablöschen und weich schmoren.

Von den restlichen Schwarzwurzeln die Milch abwaschen und sie trocken tupfen. Einen Teil mit dem Sparschäler in dünne Streifen hobeln. Diese in 170 °C heißem Pflanzenöl langsam goldgelb frittieren, danach gut abtropfen lassen und leicht salzen.

Die Zwiebel schälen und fein schneiden. Die restlichen Scharzwurzelstücke klein schneiden und mit der Zwiebel in 30 g Butter farblos anschwitzen. Das Ganze salzen und mit Gemüsefond auffüllen. Die Schwarzwurzeln weich kochen und erst zu den weich gekochten Wurzeln die Sahne zugeben. Das Ganze noch einmal aufkochen und schließlich passieren. Anschließend die weichen Wurzeln nach und nach mit der Flüssigkeit pürieren, bis die gewünschte Konsistenz erreicht ist. Zum Schluss 40 g Butter einmixen und das Püree durch ein feines Sieb streichen.

Den Frischlingsrücken von Sehnen, Häuten und unerwünschtem Fett befreien (parieren).

Für die Sauce die Kuvertüre klein hacken und in der warmen Wildjus auflösen.

Für den Frischlingsrücken die Schalotten schälen, die Champignons putzen und beides fein schneiden. Den Rosmarin waschen, trocknen und die Blätter abzupfen. Die Butter in einer flachen Pfanne aufschäumen, den Frischlingsrücken salzen und pfeffern und rundum sanft anbraten. Dann das Fleisch herausnehmen und beiseitestellen. Die Schalotten, Champignons und die Rosmarinblätter in die Pfanne geben und gut anschwitzen. Den Ofen auf 60 °C Ober-/Unterhitze vorheizen. Das Gemüse in eine flache Form geben, das Fleisch darauflegen. Alles ca. 15 Minuten in den Ofen geben. Danach in der Pfanne kurz nachbraten, portionieren und zusammen mit der Sauce, den geschmorten Schwarzwurzeln, dem Püree und den frittierten Schwarzwurzeln sowie der »Cacao Line« anrichten.

Frischlingsrücken ist sehr mager und empfindlich beim Braten. Braten Sie ihn sehr sanft und scheuen Sie sich nicht, ihn rosa zu servieren. Der Fleischsaft, der beim Aufschneiden herausläuft, kann in die Sauce gerührt werden und betont den Geschmack.

Geschmorte Kalbszunge in Marsala mit Zite, überbacken mit Parmigiano Reggiano, Ricotta und Mozzarella, Spinat

Geschmorte Kalbszunge in Marsala mit Zite, überbacken mit Parmigiano Reggiano, Ricotta und Mozzarella, Spinat

Rezept für 4 Personen
Zubereitungszeit: ca. 4 Stunden

Für die Kalbszunge
2 gepökelte Kalbszungen à ca. 600 g
Meersalz
2 mittlere Zwiebeln
1 frisches Lorbeerblatt
10 weiße Pfefferkörner
4 Wacholderbeeren
5 Pimentkörner
2 Petersilienwurzeln
1 Karotte
100 g Knollensellerie
1 Stange Lauch
50 g Butter

Für die gratinierten Nudeln
500 g Zite von de Cecco (dicke Maccaroni)
Meersalz
neutrales Pflanzenöl
4 Stück Mozzarella di Buffala
200 g Schafsricotta
50 g Parmigiano Reggiano

Für die Sauce
2 Schalotten
50 g Champignons
20 g Butter
200 ml Rotwein (Pinot noir)
150 ml roter Portwein
200 ml Kalbsjus (Grundrezept)
3 Zweige Thymian
2 Zweige Salbei
50 ml trockener Marsala

Für den Spinat
500 g Blattspinat
2 Schalotten
50 g Butter
Salz
weißer Pfeffer aus der Mühle
Muskat von der Reibe

Die Kalbszungen waschen und in kaltem, leicht gesalzenem Wasser aufsetzen. Das Ganze aufkochen und dabei immer wieder abschäumen. Die Zwiebeln, putzen, aber nicht schälen, halbieren und auf Alufolie in einer Pfanne kräftig bräunen. Sie zusammen mit den Gewürzen zur Kalbszunge geben.

Nach 1 bis 1 ½ Stunden Petersilienwurzeln, Karotte, Sellerie und Lauch waschen, putzen und in grobe Würfel schneiden. Das Gemüse zu den Kalbszungen geben. Diese insgesamt ca. 2 Stunden garen, dabei die Messerprobe machen: Die Zungen sind gar, wenn sich ein schmales Messer leicht durchstechen lässt. Die garen Zungen herausnehmen, kalt abbrausen und häuten. Solange sie noch warm sind, die Sehnen und Adern im unteren Bereich herausschneiden. Den Kochsud passieren, die parierten Zungen hineingeben und im Sud auskühlen lassen.

Für die gratinierten Nudeln Salzwasser aufkochen. Die Zite hineingeben und al dente kochen. Dann durch ein Sieb abgießen und auf der Arbeitsfläche abkühlen lassen. Von Zeit zu Zeit mit den Fingern auflockern und schließlich mit wenig Pflanzenöl vermischen.

Den Blattspinat putzen, waschen und trocken schleudern.

Für die Sauce die Schalotten schälen und die Champignons putzen. Schalotten und Champignons in Scheiben schneiden. Die Champignons langsam in Butter anschwitzen, bis sie schwarz gedünstet sind. Dann erst die Schalotte zufügen, anschwitzen und nach und nach mit Rot- und Portwein ablöschen. Nun die Kalbsjus dazu gießen. Thymian und Salbei waschen und dazugeben. Die Sauce 15 Minuten bei geringer Hitze ziehen lassen. Durch ein feines Sieb passieren.

Die Kalbszunge aus dem Fond nehmen und in fingerdicke Scheiben schneiden. Nun 50 g Butter in einer Kasserole bräunen und die Kalbszungenscheiben bei sehr geringer Hitze darin temperieren.

Die Zite in einer Auflaufform nebeneinanderlegen, mit Mozzarella, Ricotta und Parmesan belegen und unter dem Grill gratinieren.

Die restlichen 2 Schalotten schälen und fein würfeln. 50 g Butter in einer Sauteuse zerlassen, die Schalottenwürfel darin anschwitzen, den Blattspinat dazugeben und zerfallen lassen. Mit Salz, Pfeffer, Muskat abschmecken.

Die Sauce mit Marsala abschmecken und nicht mehr kochen lassen.

Die Scheiben von der Kalbszunge auf Küchenpapier abtropfen und anrichten. Mit der Marsalajus leicht überziehen. Nun den Spinat sehr gut abtropfen lassen und zusammen mit den gratinierten Zite zur Kalbszunge geben.

Berlin

ÁLVARO URUGUAY
JIME Y RODRI
BERLYN

Im Frühling 1993 bekam ich einen überraschenden Anruf von Christian Kaever, der mich damals zur Kochlehre in Bonn animiert hatte. Christian schwärmte von Berlin. Berlin war nicht nur die damals größte Baustelle der Welt, sondern vor allem ein pulsierender Kosmos, der gierig nach neuen Ideen und neuen Attraktionen suchte. Und natürlich nach neuen Restaurants. Es herrschte Goldgräberstimmung, mit dem Fall der Mauer tat sich in der Stadt ein riesiges, unbearbeitetes Feld auf, das es mit Leben zu füllen galt. Die Verlockung, aus eigener Kraft etwas bewegen zu können, an der Neugestaltung und Neuausrichtung Berlins mitzuwirken, hatte seinen besonderen Reiz.

Mit einem lachenden und einem weinenden Auge verließen wir die Schweiz und wagten den Sprung ins kalte Wasser. Vier Rheinländer Köche, Christian Kaefer, Jens Haetzel, Michael Nissen und ich, wollten die Berliner Restaurantszene mit ihren Ideen bereichern und gleich zwei Restaurant-Konzepte umsetzen. Eines im Umland der Stadt, eines mitten in der pulsierenden Metropole, in der Nähe des Potsdamer Platzes, der sich zum Herzstück der wiedervereinten Stadt entwickeln sollte. Anfangs lief auch alles gut, unser kulinarisches Angebot mit Schorfheider Rehgulasch, Schwarzbierfleisch, gefülltem Wildschweinnacken und Metzgersülze mit Bratkartoffel sprach sich schnell herum, das Bodenständige und Gutbürgerliche lockte die Berliner in das »Gut Sarnow« vor den Toren der Stadt. Auch das »Restaurant am Karlsbad«, das versteckt in einem Hinterhof lag, brummte, und wir wurden von den Gästen förmlich überrollt. Die »Rheinländer Köche« waren der offen gehandelte Geheimtipp, leider verloren wir dabei die Wirtschaftlichkeit aus den Augen. Von Buchhaltung, Kosten-Nutzen-Rechnungen und Bilanzen hatten wir nur wenig Ahnung. Wir waren Köche und machten einen guten Job am Gast, die Restaurants waren voll, fast jeden Abend ausgebucht. Aber unter dem Strich blieb zu wenig übrig. Wir waren alle etwas blauäugig in das Abenteuer Berlin gestartet, unter dem wirtschaftlichen Druck kamen die Freundschaften ins Wanken, unterschiedliche Meinungen ließen die gemeinsamen Projekte scheitern.

Was nun? Jetzt saßen wir Berlin, angetreten voller Enthusiasmus und voller Hoffnungen auf eine erfolgreiche Selbstständigkeit und es schien, als habe uns die harte wirtschaftliche Realität eingeholt. »Kolja allein in Berlin«, wie es weitergehen sollte, stand Ende des Jahres 1996 in den Sternen. Auf der Suche nach einer neuen Perspektive kam mir, wie schon so oft, der Zufall zur Hilfe. Mein früherer Chef Eduard Hitzberger aus dem Engadin hatte von unserem Missgeschick gehört und mich Josef Viehhauser empfohlen, der einen Küchenchef für ein neues Restaurant in Berlin suchte. Viehhauser selbst war für das Projekt beratend tätig, griff kurz entschlossen zum Telefon und rief mich an. Ob ich mir vorstellen könnte, als Küchenchef ein Restaurant ins Laufen zu bringen? Er wollte sich mit mir treffen, am besten gleich. Ich willigte ohne Zögern ein. Was Josef Viehhauser mir anbot, klang interessant. Bereits am nächsten Morgen stand ich mit dem Investor auf der Baustelle, dort wo in wenigen Wochen das Restaurant eröffnet werden sollte. Im Januar sollte alles so weit fertig sein, zwischen blankem Mauerwerk, nacktem Betonboden und unverputzten Wänden kam mir der Zeitplan sehr gewagt vor. Zudem erwartete der Investor eine »Sterne-Gastronomie«, entsprechend sollte die Küche eingerichtet und das Personal ausgesucht werden. Die Latte war hoch gehängt, ein Restaurant quasi aus dem Nichts, eine Neueröffnung mitten im Zentrum Berlins, in bester Gesellschaft in der Nähe des Gendarmenmarktes.

Zugegeben, es war eine Riesenchance, zumal mit einem Investor im Nacken, aber der Druck und die Erwartungen, gleich mit Beginn zu den Sternen greifen zu müssen, ließ mich zweifeln. Ohnehin wollte ich keine Gourmetküche kochen, mir schwebte eher eine bodenständig gute Gastronomie ohne den Druck der Gastrokritiker vor. Ich war hin und her gerissen. Wir machen das, Petra überzeugte mich mit diesen klaren und bestimmten drei Worten und wir starteten in unser zweites Berliner Restaurantabenteuer. Diesmal weniger blauäugig und von Anfang an mit einer klaren Zielrichtung, nichts sollte dem Zufall überlassen werden.

Das alte Palais in der Jägerstraße, in dem vor 200 Jahren die deutsche Jüdin Rahel Varnhagen viele Geistesgrößen der damaligen Gesellschaft, aber auch Louis Ferdinand Prinz von Preußen, in ihrem literarischen Salon zusammenführte, erstrahlte bald in neuem alten Glanz, die Arbeiten gingen erstaunlich zügig vonstatten. Die traditionelle zeitlose Eleganz des terrakottaroten Interieurs wurde mit liebevoll ausgewählten modernen Gemälden ausgestattet, das effektvolle warme Lichtdesign gliedert den Raum, unterstützt von der ovalen rötlichen Tonnendecke aus edlem Birnbaum. Der Dielenboden aus dunklem Nussbaum wurde bewusst in die Planung einbezogen, um einen Kontrast zu den Pastelltönen des Korbgestühls und den altweißen Wandflächen zu bilden. Ein durchdachtes, schickes Restaurant, an dessen Ausstattung nicht gespart wurde. Jetzt fehlte nur noch der Name, doch die Lösung lag schnell auf der Hand. Da Josef Viehhauser der geistige Vater des Restaurants war, entwarf der bekannte Designer Peter Schmidt, der auch Flakons für Jil Sander und Wolfgang Joop kreiert hatte, das VAU als Lautsprache für den Anfangsbuchstaben von Viehhauser. Ein verbale Verbeugung vor einem innovativen Gastronom, der sein Mitwirken am VAU niemals in den Vordergrund schieben wollte, zumal er damals noch Chef des »Le Canard« in Hamburg war und keine Ambitionen hatte, nach Berlin zu gehen. Der Name gefiel allen Beteiligten, war griffig und hatte etwas Geheimnisvolles.

Zitate aus der Berliner Küche

Berliner Blutwurst mit Linsen-Brot-Salat

Rezept für 4 Personen
Zubereitungszeit: 1 ½ Stunden

Für den Linsensalat
100 g grüne Berglinsen aus Le Puy
100 g rote Linsen
5 Tomaten
1 Karotte
100 g Knollensellerie
1 Stange Lauch
Olivenöl
4 Scheiben Kastenweißbrot
1 Bund Thymian

Für die Vinaigrette
40 ml 8-jähriger Balsamico-Essig
40 ml 13-jähriger Balsamico-Essig
40 ml Geflügelfond (Grundrezept)
250 ml Olivenöl
Salz
Zucker
schwarzer Pfeffer aus der Mühle

Für die Blutwürste
1 halbes Bund Majoran
1 halbes Bund Blattpetersilie
4 Schalotten
1 Knoblauchzehe
Salz
5 Pimentkörner
4 Berliner Blutwürste vom »Blutwurstritter«
Marcus Benser (über das Internet erhältlich)

Für den Linsensalat die Berglinsen waschen und in ungesalzenem Wasser kalt aufsetzen. Sie in 20 bis 25 Minuten gar kochen. Die roten Linsen waschen und einmal in ungesalzenem Wasser aufkochen und sofort abgießen. Die Berglinsen ebenfalls abgießen.

Die Tomaten blanchieren, abziehen, entkernen und das Fleisch grob hacken. Die Karotte und den Sellerie schälen, waschen und in kleine Würfel schneiden. Den Lauch putzen und waschen, nur den weißen Abschnitt fein schneiden. Das vorbereitete Gemüse in Olivenöl sanft anschwitzen und beiseitestellen. Das Kastenweißbrot in Würfel schneiden und in Olivenöl zu Croutons rösten. Den Thymian waschen, trocknen und die Blätter abzupfen.

Für die Vinaigrette die beiden Balsamico-Sorten, den Geflügelfond und das Olivenöl zusammen mit Salz, Zucker und Pfeffer zu einer Vinaigrette verrühren.

Die Linsen mit der Vinaigrette anmachen und mit den Gemüsewürfeln, der gehackten Tomate und den Croutons vermischen. Das Ganze etwas ziehen lassen und dann die Thymianblättchen dazugeben.

Für die Blutwürste Majoran und Petersilie waschen, die Schalotten und den Knoblauch putzen, aber nicht schälen. Etwas Wasser leicht salzen und aufkochen lassen. Majoran, Petersilie, Schalotten, Knoblauch und die Pimentkörner dazugeben und die Blutwürste darin bei geringer Hitze ca. 10 bis 15 Minuten ziehen lassen. Sie dann herausnehmen und zusammen mit dem Linsen-Brot-Salat auf den Tellern anrichten.

Im Winter verwendet man statt frischer Tomaten besser gehacktes Tomatenfleisch aus der Dose.

»Berliner Bollenfleisch« – Lammragout mit türkischen Aromen, gefüllten Zwiebeln, Schafskäsezigarren und Petersilie-Minze-Salat

Rezept für 4 Personen
Zubereitungszeit: 4 Stunden

Für das Lammragout
1 kg Lammfleisch aus der Schulter
1 EL schwarze Pfefferkörner
1 EL Kreuzkümmel
1 EL Sumach (im Feinkosthandel oder in türkischen Lebensmittelgeschäften erhältlich)
1 EL Korianderkörner
4 kleine Zwiebeln
1 Knolle junger Knoblauch
3 Stängel Staudensellerie
½ Knolle Fenchel
1 Kartoffel, mehlig kochend
Meersalz aus der Mühle
Olivenöl
4 Tomaten
4 Zweige Rosmarin
100 ml Weißwein
1 l Lammfond
1 kleines Bund Minze

Für das Paprikacouscous
2 rote Paprika
400 ml Geflügelfond (Grundrezept)
200 g Couscous, grob
1 TL Raz el Hanout (marokkanische Gewürzmischung, im Feinkosthandel erhältlich)
Salz
1 EL Thymianblättchen

Für die gefüllten Zwiebeln
500 g grobes Meersalz
10 kleine weiße Zwiebeln
4 kleine rote Zwiebeln

Für die Schafskäsezigarren und die Zwiebelfüllung
200 g junger, weicher Schafskäse
1 Spritzer Zitronensaft
eventuell etwas Milch oder Joghurt
Meersalz
schwarzer Pfeffer aus der Mühle
4 Blätter Kanakiteig (griechischer Strudelteig), Strudelteig oder Frühlingsrollenteig
1 Ei

Für den Petersilie-Minze-Salat
1 unbehandelte Zitrone, Zesten und Saft
4 EL gehobelte Mandeln
1 junge Knoblauchzehe
1 kleines Bund junge Blattpetersilie
1 kleines Bund Minze
Meersalz
schwarzer Pfeffer aus der Mühle
Zucker
Olivenöl

Zum Anrichten
4 EL Arganöl

Für das Lammragout das Lammfleisch parieren (von Häuten und Sehnen befreien) und in Stücke zu 50 g schneiden. Pfefferkörner, Kreuzkümmel, Sumach und Korianderkörner zusammen in einer Pfanne rösten. Sie dann im Mörser zerkleinern und das Fleisch damit einreiben. Zwiebel und Knoblauch schälen und vierteln. Sellerie, Fenchel und Kartoffel schälen, waschen und grob zerschneiden.

Den Ofen auf 150 °C Ober-/Unterhitze vorheizen. Die Fleischwürfel salzen und in Olivenöl anbraten. Zwiebeln, Knoblauch, Sellerie, Fenchel und die Kartoffel mitanbraten. Die Tomaten waschen und vierteln, den Rosmarin waschen und trocknen. Tomaten und Rosmarin zu den Fleischwürfeln geben und kurz mitanschwitzen. Das Ganze mit dem Weißwein ablöschen und mit dem Lammfond auffüllen. Es nun abdecken und im vorgeheizten Ofen ca. 2 Stunden weich schmoren. Danach das Fleisch ausstechen und die Sauce etwas reduzieren. Die Minze waschen, trocknen und kurz darin ziehen lassen, dann die Sauce passieren. Die Sauce soll nur leicht gebunden sein.

Für das Paprikacouscous den Ofen auf 170 °C Umluft vorheizen. Die Paprikaschoten putzen, halbieren und 30 Minuten in den Ofen geben. Sie danach häuten. Nun den Geflügelfond erhitzen, 1 Paprikaschote dazugeben und das Ganze pürieren. Dann den Couscous-Grieß mit dem Raz el Hanout vermischen und salzen. Die Mischung mit dem kochenden Paprikafond übergießen und 15 Minuten bei geringer Hitze quellen lassen. Danach die zweite Paprika grob hacken und zusammen mit den Thymianblättchen untermischen.

Für die gefüllten Zwiebeln den Ofen auf 170 °C Umluft vorheizen. Das Meersalz auf einem flachen Backblech verteilen und die Zwiebeln ungeschält aufsetzen. Sie 30 Minuten im Ofen weich garen, noch warm schälen und das Innere herausdrücken.

Für den Petersiliensalat mit einem Zestenreißer die Zitronenschale in langen Streifen abziehen und in kochendem Wasser blanchieren, bis sie weich sind.

Die gehobelten Mandeln in einer beschichteten Pfanne leicht rösten.

Für die Schafskäsezigarren und die gefüllten Zwiebeln den Ofen auf 220 °C Umluft vorheizen. Den Schafskäse in einer Schüssel zusammen mit einem Spritzer Zitronensaft glatt rühren, wenn nötig etwas Milch oder Joghurt zugeben. Alles leicht salzen und pfeffern und die Masse in die weißen Zwiebeln füllen. Den Rest auf Kanakiteigblätter geben und zu langen Rollen formen. Das Ei trennen. Das Eigelb mit etwas Wasser verrühren und die Rollen damit einstreichen. Ein Blech mit Backpapier belegen, die Rollen daraufgeben und im Ofen in ca. 10–15 Minuten goldgelb backen.

Die roten Zwiebeln mit dem vorbereiteten Paprikacouscous füllen. Die roten und die weißen Zwiebeln im Ofen bei 220 °C Umluft backen.

Für den Petersiliensalat die Knoblauchzehe schälen und eine kleine Schüssel damit ausreiben. Die Blattpetersilie und die Minze waschen, trocknen und zupfen. Die Blätter in der Schüssel mit Salz, Pfeffer, einer Prise Zucker, Zitronensaft, den blanchierten Zesten und Olivenöl anmachen.

Zum Schluss die Lammfleischwürfel in ihrem Schmorfond erhitzen. Sie auf Teller anrichten, mit Arganöl beträufeln und die gefüllten Zwiebeln dazugeben. Die gebackenen Schafskäsezigarren, das restliche Couscous und den Petersilien-Minze-Salat dazu reichen.

Bei türkischen Metzgern bekommt man in der Regel sehr verlässlich gutes Lammfleisch. Lamm ist für mich aber trotzdem ein typisches Sommergericht, da die Lämmer sich im Herbst und Winter mehr Fett zulegen, was den Geschmack stören kann.

Die gefüllten Zwiebeln können auch als ein schöner vegetarischer Gang gereicht werden.

Coca-Cola
IMBISS
Coca-Cola
LANGE WURST
OD BOCKWURST
BOCKWURST
MIT KETCHUP
BRATWURST
NACH THÜR. ART
BULETTE
POMMES
FRITES
KART.-SALAT
MAYONNAISE
KETCHUP
BRÖTCHEN
ODER BROT
ZWIEBELSALAT
COCA-COLA
FANTA
BIER
SELTERS
KAKAO
FRUCHTSAFT
Bratwurst
Boulette
1.50
Euro
1.50 Euro

Kalbsbrust in grober Senfkruste mit Bouillongemüse, Meerrettich und Spreewälder Gürkchen

Rezept für 4 Personen
Zubereitungszeit: ca. 3 Stunden

1 kg Kalbsbrust
Meersalz aus der Mühle
Pflanzenöl
1 mittelgroße Zwiebel
6 mittelgroße Karotten
300 g Knollensellerie
1 Staude Staudensellerie
1 Stange Lauch
1 ½ l Kalbsbrühe
1 frisches Lorbeerblatt
10 geröstete, weiße Pfefferkörner
500 g Kartoffeln, festkochend
100 g grober Senf
ca. 100 g Bramata (grober Maisgrieß)
50 g Butterschmalz
1 Stück frischer Meerrettich
1 Bund Schnittlauch
1 Glas scharf eingelegte Spreewälder Gürkchen à 370 ml

Die Kalbsbrust leicht mit Salz einreiben und in wenig Pflanzenöl rundum sanft anbraten. Die Zwiebel putzen, aber nicht schälen, halbieren und in einer Pfanne auf Alufolie bräunen. Karotten und den Knollensellerie schälen und waschen. Den Staudensellerie und nur den weißen Abschnitt der Lauchstange waschen und putzen. Die Kalbsbrust in der Kalbsbrühe zusammen mit der gebräunten Zwiebel, Lorbeer und Pfeffer aufsetzen und leise köcheln lassen. Nach 1 Stunde 2 Karotten, 100 g Knollensellerie, 2 Stängel Staudensellerie und den weißen Lauchabschnitt dazugeben. Das Fleisch bei geringer Hitze sanft gar köcheln. Die restlichen Gemüse grob, aber gleichmäßig würfeln. Die Kartoffeln schälen, waschen und würfeln. Das fertig gegarte Fleisch aus der Brühe nehmen und mit einem nassen Tuch abdecken. Die Brühe durch ein feines Tuch passieren.

Für das Bouillongemüse etwas Brühe abnehmen und die Gemüsewürfel sortenrein nach und nach darin garen.

Für die Kalbsbrust das Fleisch in Scheiben schneiden. Die Scheiben auf einer Seite mit grobem Senf einstreichen und leicht in Bramata drücken. Das Butterschmalz erhitzen und die Fleischscheiben auf der so vorbereiteten Seite knusprig braten.

Zum Servieren das Gemüse mit der Brühe erhitzen. Den Schnittlauch waschen, trocknen und fein schneiden, den Meerrettich schälen. Die Kalbsbrust auf Küchenpapier abtropfen lassen und separat anrichten. Mit einem kleinen Messer Meerrettichspäne auf das Fleisch hobeln und zum Schluss die scharfen Gürkchen dazugeben. Das heiße Bouillongemüse mit Schnittlauch bestreuen und alles zusammen servieren.

Meerrettich kauft man am besten in ganzen Stangen, die man schält und in Folie eingewickelt einfriert. Beim Kochen hobelt man von der gefrorenen Stange einfach die erforderliche Menge ab, und die restliche Meerrettichstange wandert wieder ins Tiefkühlfach.

Geeister Kartoffel-Senfgurken-Salat mit Kabeljaubouletten

Rezept für 8 Personen
Zubereitungszeit: ca. 1 ½ Stunden

Für den Kartoffel-Senfgurken-Salat
500 g Kartoffeln mehlig kochend (Adretta, Aula, Likaria)
Meersalz
2 EL Kümmel
2 Schalotten
Pflanzenöl
2 EL Tafelessig
1 Glas Spreewälder Senfgurken à 370 ml
100 ml Geflügelbrühe
40 ml Champagneressig
80 ml Traubenkernöl
Zucker
weißer Pfeffer aus der Mühle
½ Zitrone, Saft
3 EL Crème fraîche

Für die Bouletten
2 kleine Zwiebeln
1 Knoblauchzehe
Pflanzenöl
200 g Toastbrot
100 ml Milch
1 kg Kabeljaufilet ohne Haut und ohne Gräten
200 g durchwachsener Speck
2 Eier
1 EL Kümmel
2 unbehandelte Zitronen, abgeriebene Schale
2 EL Majoran, fein gehackt
Meersalz
schwarzer Pfeffer aus der Mühle

Die Kartoffeln ungeschält zusammen mit Meersalz und Kümmel in Wasser gar kochen, abgießen und noch heiß pellen. Sie dann mit einer Gabel grob in Stücke brechen. Die Schalotten schälen, fein würfeln und in wenig Pflanzenöl anschwitzen. Das Ganze mit dem Tafelessig ablöschen, einkochen, die Brühe mitaufkochen und zu den Kartoffeln geben. Die Senfgurken abgießen, grob zerschneiden und zu den Kartoffeln geben. Den Salat mit Champagneressig, etwas Gurkenwasser, Traubenkernöl, Salz, Zucker, Pfeffer, dem Zitronensaft und Crème fraîche locker anmachen. Ihn zum Schluss abschmecken und kalt stellen.

Für die Bouletten die Zwiebeln und den Knoblauch schälen und fein würfeln, die Würfel in Pflanzenöl leicht anschwitzen. Das Toastbrot in Milch einweichen. Das Kabeljaufilet und den Speck grob würfeln und zusammen mit dem ausgedrückten Toastbrot, den Eiern, Kümmel, Zitronenschale und Majoran sowie Salz und Pfeffer durch die feine Scheibe des Fleischwolfs drehen. Die Masse kühl stellen. Sie zum Braten nochmals gut durchkneten und mit nassen Händen zu kleinen Bouletten formen. Die Bouletten in Pflanzenöl goldbraun ausbraten.

Zum Servieren die Bouletten zusammen mit dem eiskalten Kartoffel-Senfgurken-Salat auf Tellern anrichten.

Zu diesem typischen Sommergericht empfehle ich als Getränk entweder einen fränkischen Sylvaner oder ein kaltes, herbes, norddeutsches Bier.

Soufflierter Speckpfannkuchen mit Kopfsalat und Schmand

Rezept für 4 Personen
Zubereitungszeit: 1 ½ Stunden

Für den Pfannkuchenteig
3 Eier
100 g Mehl T 405
250 ml Milch
Salz
weißer Pfeffer aus der Mühle
Muskat von der Reibe
50 g Butter
250 g ungeräucherter Schwarzwälder Schinken in dünnen Scheiben

Für den Kopfsalat
8 EL Schmand
Meersalz aus der Mühle
Zucker
weißer Pfeffer aus der Mühle
1 Zitrone, Saft
4 EL kalt gepresstes Sonnenblumenöl
1 Kopfsalat, geputzt und gewaschen
1 Bund Schnittlauch, fein geschnitten

Für den Pfannkuchenteig die Eier trennen. Das Mehl mit den Eigelben und der Milch verrühren und mit Salz, Pfeffer und Muskat abschmecken. Die Butter bräunen und einrühren. Danach den Teig 1 Stunde ruhen lassen.

Für die Pfannkuchen die Eiweiße steif schlagen und unter den Teig ziehen. Die Schinkenscheiben ohne Fett in einer mittelheißen Pfanne anbraten. Den Pfannkuchenteig darübergießen und bei mittlerer Hitze backen. Den Pfannkuchen einmal wenden, kurz von der anderen Seite bräunen und auf einen Teller gleiten lassen.

Für den Kopfsalat den Schmand mit Salz, Zucker, Pfeffer und Zitronensaft abschmecken. Das Sonnenblumenöl einrühren und den Kopfsalat sowie den Schnittlauch unterheben.

Zum Servieren den Pfannkuchen wie einen Kaiserschmarrn zerreißen und zusammen mit dem Kopfsalat anrichten.

Der Pfannkuchen wird sicher luftig, wenn Sie einfach eine Messerspitze Backpulver zum Teig geben.

Teltower Rübchen
mit schwarzem Trüffel und grober Bratwurst

Rezept für 4 Personen
Zubereitungszeit: ca. 1 Stunde

Für die Rübchen
1 kg Teltower Rübchen
Salz
2 EL Butter
100 ml Geflügelfond (Grundrezept)

Für die Trüffelscheiben
80 g schwarze Trüffel
1 EL Butter
40 ml Madeira
100 ml Kalbsjus (Grundrezept)

Für die Trüffelsauce
20 g Trüffelbruch
1 EL Butter
100 ml Champagner
100 ml weißer Portwein
50 ml Madeira
100 ml Trüffeljus
(im Feinkosthandel erhältlich)
200 ml Geflügelfond (Grundrezept)
50 g Crème fraîche
50 g Butter
Meersalz aus der Mühle
weißer Pfeffer aus der Mühle
Cayennepfeffer
etwas Zitronensaft

Zusätzlich
12 kleine, grobe Bratwürstchen
Pflanzenöl

Die Rübchen in kochendem Salzwasser blanchieren und abschrecken. Ihre Haut abreiben und sie dann halbieren. Die Butter aufschäumen lassen und die Rübchenhälften darin anbraten. Das Ganze mit Geflügelfond ablöschen und die Rübchen darin weich schmoren.

Den Trüffel in 2 mm dicke Scheiben schneiden. Die Butter bräunen und die Trüffelscheiben darin anschwitzen. Das Ganze mit Madeira ablöschen und die Kalbsjus zugeben.

Nun den Trüffelbruch in Butter anschwitzen. Nach und nach mit Champagner, Portwein, Madeira und Trüffeljus ablöschen, die einzelnen Flüssigkeiten jeweils fast komplett einkochen lassen. Anschließend das Ganze mit Geflügelfond auffüllen und aufkochen lassen. Zum Schluss die Sauce mit Crème fraîche und Butter mit dem Stabmixer aufmixen und mit Salz, Pfeffer, Cayennepfeffer und einem Spritzer Zitronensaft abschmecken.

Die Bratwürstchen auf dem Grill oder in der Pfanne braten. Die Rübchen im Schmorfond heiß schwenken, die Trüffelscheiben in der Jus erwärmen. Alles zusammen anrichten und mit dem aufgemixtem Trüffelschaum beträufeln.

Die Saison der Teltower Rübchen reicht von Ende September bis Januar, manchmal bis den Februar – sie passt also gut mit der Saison für schwarze Trüffeln zusammen, die von Ende Dezember bis März geht. Rübchen schmecken aber auch ohne Trüffel, und Trüffel sowieso auch ohne Rübchen.

Haschee und anderes
vom Zicklein mit Pariser Klößchen und Kohl

Entenblutwurst mit süß-saurem Kürbis und Wildente

Rezept für 6 Personen
Zubereitungszeit: ca. 3 Stunden

Für die Pariser Klößchen
200 g altbackene Brioche
100 ml Milch
Salz
Muskat von der Reibe
1 Ei
1 Eigelb

Für das Zickleinhaschee
Herz und Lunge des Zickleins
Salz
100 ml Rotwein
80 ml Rotweinessig
1 Bouquet garni (Lauch, Lorbeer, Thymian, Petersilie)
2 Schalotten
2 EL Butter
2 EL Mehl
2 Essiggurken aus dem Glas mit ihrer Lake
2 EL Kapern »Nonpareilles«
schwarzer Pfeffer aus der Mühle
2–3 EL Butter

Für das Zicklein
1 Milchzicklein à ca. 6–8 kg mit sämtlichen Innereien. Das Zicklein am besten vom Fleischer in Schultern, Keulen, Karreestück und Sattelstück zerteilen lassen
Olivenöl
Meersalz aus der Mühle
2 unbehandelte Zitronen, Schale
2 unbehandelte Orangen, Schale
1 Bund Thymian, gezupft
1 Bund Salbei, gezupft
3–4 EL Butter

Für den Kohl
1 Spitzkohl
Salz
3–4 EL Butter

Für die Klößchen die Brioche in Würfel schneiden. Die Milch salzen, mit Muskat würzen und aufkochen. Die kochende Milch über die Brioche-Würfel gießen. Das Ganze abkühlen lassen und danach das Ei und das Eigelb untermischen. Aus der Masse kleine Klöße formen.

Für das Haschee das Herz und die Lunge des Zickleins wässern, dann die Sehnen und Adern entfernen. Herz und Lunge in Salzwasser mit Rotwein, Rotweinessig und dem Bouquet garni aufsetzen. Das Ganze aufkochen lassen und abschäumen. Bei geringer Hitze sanft weich kochen. Sie anschließend herausnehmen und den Kochsud aufbewahren. Herz und Lunge in einem Sieb auf einen Teller stellen und mit einem Gewicht z. B. einer Dose Tomaten pressen. Sie auskühlen lassen und in feine Streifen schneiden.

Für das Haschee den Kochsud passieren und nach Geschmack einkochen. Die Schalotten schälen, fein würfeln und in Butter anschwitzen. Das Mehl einrühren und leicht anrösten. Mit dem reduzierten Kochsud auffüllen und so lange verrühren, bis es sämig ist. Die Sauce 30 Minuten lang bei geringer Hitze leicht köcheln lassen. Dann die Gurken in Streifen schneiden und mit den Innereienstreifen und den Kapern dazugeben. Mit Salz, Pfeffer und etwas Essiggurkenlake abschmecken.

Den Ofen auf 180 °C Umluft vorheizen. Vom Milchzicklein das ausgelöste Sattelstück sowie Bries, Leber und Nieren beiseitestellen. Schultern, Keulen und Karreestück mit Olivenöl, Meersalz, Zitronenschale, Orangenschale, Thymian und Salbei einreiben und für 60 Minuten auf einem flachen Blech in den vorgeheizten Ofen schieben.

Den Spitzkohl in Blätter teilen, waschen, in kochendem Salzwasser blanchieren, abschrecken, auf Küchenpapier abtrocknen und in aufschäumender Butter leicht anbraten.

Die Klößchen in Salzwasser kochen, bis sie nach oben steigen.

Das Zicklein nach ca. 60 Minuten aus dem Ofen herausnehmen. Es 15 Minuten ruhen lassen und dann tranchieren. Das Sattelstück, Leber, Niere und Bries in schäumender Butter rosa braten und salzen.

Zum Servieren die Teller vorwärmen. Die warmen Teller mit dem Spitzkohl auslegen und das Allerlei vom Zicklein zusammen mit den Klößchen darauf anrichten.

Eigentlich ist Zicklein ein Frühlingsgericht. Es lohnt sich aber auch, im Sommer und Spätsommer einen Züchter danach zu fragen, denn durch mehr Grünfutter bekommt das Fleisch einen schönen Eigengeschmack. Achten Sie jedoch darauf, dass die Zicklein nicht mehr als ca. 8 kg auf die Waage bringen – bei größeren Tieren wird der Fleischgeschmack sehr streng.

Entenblutwurst mit süß-saurem Kürbis und Wildente

Rezept für 4 Personen
Zubereitungszeit: ca. 2 ½ Stunden

Für den eingelegten Kürbis
1 Butternutkürbis
300 g brauner Zucker
200 ml Champagneressig
100 ml Zitronensaft
4 EL Honig
2 l Wasser
4 EL Kürbiskerne
2 EL Butter

Zusätzlich
2 Wildenten à ca. 1 kg, küchenfertig vorbereitet
Meersalz aus der Mühle
weißer Pfeffer aus der Mühle
8 Scheiben Entenblutwurst (gibt es leider nur im VAU)
Pflanzenöl zum Braten
½ Bund Majoran
200 ml Entenjus (Grundrezept)

Den Butternutkürbis schälen und längs halbieren. Ihn auskratzen und längs in ½ cm dicke Spalten schneiden. Den Zucker in einem Topf leicht karamellisieren und mit dem Essig ablöschen. Nun Zitronensaft und Honig zufügen und mit Wasser auffüllen. Das Ganze aufkochen und die Kürbisspalten einlegen, nochmals aufkochen und den Kürbis im Fond erkalten lassen.

Die Kürbiskerne sanft rösten, bis sie sich aufblähen.

Den Ofen auf 180 °C Ober-/Unterhitze vorheizen. Die Wildenten innen und außen salzen und pfeffern. Sie auf ein Blech legen, etwas Wasser angießen und die Enten im vorgeheizten Ofen 30 bis 45 Minuten braten. Sie danach aus dem Ofen nehmen, mindestens 30 Minuten ruhen lassen und erst dann auslösen. Dabei die Keulen durch Finderdruck auf ihren Garpunkt überprüfen, sie sollten weich sein und müssen wahrscheinlich noch 15 Minuten bis 30 Minuten nachgebraten werden.

Die Kürbisspalten in Butter langsam, die Blutwurstscheiben von beiden Seiten in Pflanzenöl knusprig braten und auf Küchenpapier abtropfen lassen.

Für die Entensauce den Majoran waschen und trocknen. Die Entenjus aufkochen und etwas vom Bratensatz einrühren. Nun den Majoran kurz darin ziehen lassen und die Sauce dann passieren.

Zum Servieren die Ente zusammen mit der Blutwurst und den Kürbisscheiben anrichten. Dazu etwas Kürbisfond und Entensauce geben und das Ganze mit den gerösteten Kürbiskernen bestreuen.

Dieses Gericht eignet sich hervorragend als Zwischengang in einem winterlichen Menü. Will man es als Hauptgang reichen, kann man beispielsweise Mohnspätzle als zusätzliche Beilage servieren.

V

VǍU

Am 7. Februar 1997 öffneten sich zum ersten Mal die Türen des »VAU«. Vom ersten Tag an war das Restaurant gut gebucht, die Reservierungen reichten über Wochen hinaus, immer wieder mussten wir Anfragen vertrösten. Wir waren von dem schnellen Erfolg überrascht und gehörten nach kurzer Zeit zu den ersten Gourmet-Adressen Berlins. Die Aufbruchstimmung der Stadt war deutlich zu spüren, die Menschen wollten es sich gut gehen lassen, wollten feiern und gutes Essen und Trinken genießen. Das »VAU« stieß in eine Lebensartlücke, die es gerade im Ostteil der Stadt lange nicht gegeben hatte. Der Bekanntheitsgrad des für viele merkwürdig klingenden Namens wuchs von Tag zu Tag, Presseberichte, TV-Auftritte und nicht zuletzt prominente Gäste gaben dem Restaurant eine Dynamik, die das »VAU« in die Spitze der Berliner Gastroszene katapultierte. Nur zehn Monate nach Eröffnung wurde die Küche mit dem ersten Michelin-Stern ausgezeichnet. Ein schöner Erfolg für die Mannschaft, aber auch eine Herausforderung für die Zukunft.

Das Erfolgsrezept des »VAU« hat mehrere Facetten, die ineinandergreifen und seinen besonderen Charme ausmachen. Natürlich steht die Küche an erster Stelle, eine unprätentiöse, heitere Küche, die meine Lust am guten Leben widerspiegelt und die dabei auch mit vermeintlich einfachen, bodenständigen und vor allem saisonalen Produkten arbeitet. Es ist vielleicht die einfachste Art, eine Küche dem Rhythmus der Natur unterzuordnen, aber es ist auch die sinnvollste. Was die Saison an Produkten gerade bei Gemüse und Obst hergibt, ist an Frische nicht zu übertreffen und hat damit einen nicht zu unterschätzenden gesundheitlichen Aspekt, der den Bedürfnissen des Menschen in den unterschiedlichen Jahreszeiten angepasst ist. Nicht alles kommt aus dem unmittelbaren Umland von Berlin, aber was wir an frischen Produkten aus der Nähe bekommen können, fließt in die Gerichte des »VAU« ein. Kochen ist ein geschmackliches Wiederfinden, ein Zusammenführen von Produkten, die vielleicht auf den ersten Blick nichts miteinander zu tun haben und dennoch über eine Zubereitungsart oder Garmethode den Weg zueinander finden. Das funktioniert nur dann, wenn der Koch den Sinn erkennt, den die Natur in alle Dinge gelegt hat, damit die Konsistenz der Produkte respektiert, ihre Eigenart akzeptiert und sich mit Bedacht und Gespür die Stärken eines Produktes in der Kombination klarmacht. Im Kochen steckt Musik, es ist ein Arbeiten an Gleichklängen und Harmonien, die sich im Geschmack vereinen. Beim Kochen am Gaumen, bei der Musik am Ohr.

Die genialen Einfälle sind dabei eher selten, vielmehr ist Kochen eine ewige Suche nach dem vermeintlich Unbekannten, das eigentlich präsent ist, meist nur einer Neuentdeckung bedarf. Dabei bin ich natürlich auch auf die Ideen meiner Mitarbeiter angewiesen, auf ihre Entdeckungen und ihre Kreativität, das Produkt mit Überraschungsmomenten zu bereichern und zu verfeinern, hier und da auch den Rahmen zu sprengen, ohne dabei das Fundament ins Wackeln zu bringen. Der Zutatentopf, aus dem sich dafür die Küche des »VAU« bedienen kann, umfasst weit mehr als das regionale Angebot. Gerade Berlin ist ein Kosmos aus Kulturen, die in ihrem kulinarischen Zusammenspiel eine bunte Vielfalt bieten. Berlin ist geschmacklich grenzenlos, ein Multi-Kulti-Sammelsurium von Zutaten und Gewürzen aus aller Herren Länder, Berlin ist mediterran, französisch, italienisch, türkisch, arabisch, asiatisch und natürlich berlinerisch. Bei diesem Angebot möchte ich mich nur ungern auf einen Stil festlegen lassen. Denn ich liebe den Facettenreichtum der Stadt zwischen Currywurst und Hummer und die kulinarische Aufgeschlossenheit meiner Gäste, die Berliner Blutwurst mit Kohlrabi, Eisbeinscheiben mit Flusskrebsen und Berliner Bollenfleisch genauso schätzen, wie soufflierten Kartoffelschmarrn mit Imperial-Kaviar, Loup de mer oder rosa gebratene Taube. Sie wissen, dass Kolja Kleeberg kein dogmatischer Lehrbuchkoch ist, sondern dass mein Team und ich im »VAU« einen transparenten und variablen Kochstil mit Betonung auf dem geradlinigen Eigengeschmack der Produkte anbieten. Nichts Aneinandergereihtes, sondern harmonisch Aufeinanderabgestimmtes, eine erfrischende und frische Kombination aus dem regionalen Angebot aus biologischem Anbau und gängigen internationalen Spitzenprodukten, saisonal ausgerichtet und damit abwechslungsreich.

Wer ins »VAU« kommt, sucht diese Spannung, sucht den kulinarischen Spagat zwischen dem berlinerischen Berlin und dem internationalen Berlin und findet ihn in einem modernen, städtischen Restaurant, eingebettet in ein Viertel, das in den vergangenen Jahren neu erstanden ist, sozusagen aus Ruinen. Es passt sich ein in die knisternde Stimmung der Stadt, die in ihrem Anspruch, Metropole zu sein, geradezu unersättlich scheint, genusssüchtig und weltmännisch, dann wieder liebenswert provinziell und manchmal engstirnig.

Ich habe die Stadt im Laufe der Jahre lieben, habe ihren Rhythmus verstehen gelernt. Berlin wirft sich dem Zugereisten nicht gleich an den Hals, sondern will erobert werden, lässt sich entdecken. Die Stadt hat tausende Gesichter, hunderte Profile und unzählige Facetten. Berlin ist nicht unbedingt schön, aber es ist großartig. Die breit angelegten Straßen und Alleen, das neue Regierungsviertel und der hypermoderne Hauptbahnhof, herausgeputzte Prachtbauten aus alten Zeiten, glitzernde Hotelpaläste, riesige Einkaufstempel und die gewagte Architektur des Potsdamer Platzes machen Berlin zur sehenswerten Attraktion einer um die Welt jettenden Gesellschaft. Eine Metropole von vielen, aber doch einzigartig. Denn Berlin ist auch ein Gefühl, eine unkaputtbare Seele, die alle Stürme der Geschichte überstanden hat, nicht ohne Spuren, aber dennoch ohne Resignation. In Berlin schlummert etwas Ver-

VAU
VAU

söhnliches, ein Nebeneinander unterschiedlichster Mentalitäten, nicht immer spannungsfrei, aber mit Freiräumen, eingepackt in einer positiven Unruhe.

Ich bin ein Berliner«, die legendären Worte von John F. Kennedy hat jeder, der längere Zeit in der Stadt lebt, verinnerlicht. Auch ich bin ein Berliner geworden, vielleicht kein überzeugter Großstädter, aber zumindest ein Gefühlsberliner, dem die Stadt in vielen Bereichen Heimat geworden ist, ohne dass ich meine Wurzeln an Rhein und Mosel vergessen hätte. Ich bin froh, dass das »VAU« in Berlin steht und ich genieße meinen Weg ins Restaurant, vorbei an der »Goldelse« auf der Straße des 17. Junis, durch die neu erstandene Mitte bis hin zum architektonischen Gesamtkunstwerk Gendarmenmarkt. Und ich genieße das kleine Berlin, das Berlin der Bezirke, die innerhalb der Stadt eine eigene Welt bilden, gestaltet von einer Ansammlung von Individualisten und Idealisten, die sich dem Mainstream der glamourösen Glitzerwelt entgegenstemmen und einen kleinen Kosmos von traditionsreichen Familienbetrieben aufrechterhalten. Bäcker, Metzger, Konditoren, Obst- und Gemüsehändler, ambitionierte Weinhändler, aber auch Hutmacher, Schuster und Schneider, spezialisierte Handwerker in Hinterhöfen, dazu die legendären Eckkneipen, kleine Cafes und eine unüberschaubare Vielfalt an Restaurants mit einem gleichsam unüberschaubaren Angebot an Speisen aus allen Küchen der Welt. Wer die Seele Berlins sucht, wird hier fündig. Leider lässt mir das Koch-Dasein nur noch wenig Zeit für entspannte Streifzüge durch die Seele Berlins, aber es ist gut zu wissen und beruhigend, dass sie existiert und eine Chance hat, wenn wir Köche die kleinen Produzenten unterstützen, mit ihnen zusammenarbeiten und ihr Angebot in unser Restaurant einbauen.

Wenig Zeit bleibt mir auch für die Musik. Nur noch selten greife ich zur Gitarre, seit meiner Lehre habe ich in keiner Band mehr gespielt. Sind aber Musiker in der Nähe, dann bricht die alte Leidenschaft ungebremst aus und ich greife beherzt zu: voll in die Saiten als Rock and Roller oder am Mikrofon als Folk- und Countrysänger. Die Bühne hat mich seit Jugendtagen in ihren Fängen und auch die Koch-Bühne, auf die ich durch Zufall geriet, empfinde ich als willkommene Plattform, um meine Lust am Leben und meinen Spaß am Beruf darzustellen. Dieses Buch, vor allem aber die Rezepte, sind denn auch Mosaiksteine meines Werdeganges, gewonnene Einsichten und Erfahrungen aus langen Jahren am Herd, Erinnerungen an verschiedene Stationen und Lehrmeister und gesammelte Rückblicke, entsprechend meiner persönlichen Präferenzen und Kreativität geordnet, um etwas Neues entstehen zu lassen. Was mir als Schauspieler verwehrt blieb, möchte ich Ihnen als Koch bieten: Gute Unterhaltung. In diesem Sinne wünsche ich Ihnen viel Spaß beim Lesen, Nachkochen und Essen.

Desserts

Rezept für 4 Personen
Zubereitungszeit: ca. 1 Std.

2 Zitronen, Saft
500 ml Weißwein
500 ml Wasser
500 g brauner Zucker
2 Nelken
2 Zimtstangen
2 Stück Sternanis
4 Birnenquitten, reif
2 El Butter

Den Zitronensaft, den Weißwein, das Wasser und 500 g Zucker zusammen mit den Gewürzen zu einem leichten Sirup kochen. Die Quitten abreiben, längs halbieren, entkernen und in dem Sirup in ca. 20 Minuten weich kochen.

Den Ofen auf 220 °C Ober-/Unterhitze vorheizen. Die Quitten aus dem Sirup nehmen, abtropfen lassen und mit der Schnittfläche nach oben auf ein flaches Blech legen. Sie mit Zucker bestreuen, mit Butter belegen und im vorgeheizten Ofen in wenigen Minuten karamellisieren.

Birnenquitten sind milder und garen schneller als Apfelquitten, die allerdings würziger sind. Sie eignen sich als Teil eines Desserts oder als Beilage zu Ente oder Wild.

Rezept für 6 Personen
Zubereitungszeit: ca. 2 Stunden

Für die Hagebuttensauce
100 g Hagebuttenmark (ungesüßt)
60 g Zucker

Für die Schokoladenblätter
25 g Eiweiß
25 g Puderzucker
10 ml Milch
20 g Mehl T 405
10 g Kakaopulver
25 g Butter
25 g Glucose (im Konditorfachhandel erhältlich)

Für das weiße Schokoladensorbet
250 ml Milch
25 g Zucker
25 g Glucose
(im Konditorfachhandel erhältlich)
100 g weiße Kuvertüre

Für den Pumpernickelpudding
60 g Vollmilchkuvertüre, flüssig, kalt
100 g Pumpernickel
10 ml Orangensaft
20 g Honig
10 ml Rum
100 g zimmerwarme Butter
1 Vanilleschote, Mark
1 unbehandelte Orange, abgeriebene Schale
1 unbehandelte Zitrone, abgeriebene Schale
1 Prise Zimt
100 g Eigelb
50 g geröstete Piemonteser Haselnüsse, gemahlen
150 g Eiweiß
75 g Zucker
6 gebutterte und gezuckerte Soufflé-Förmchen

Für den Sanddornsabayon
2 Eier
4 Eigelb
100 ml Sanddornsaft
100 ml Traubensaft
50 ml weißer Portwein
40 g Zucker

Für die Hagebuttensauce das Hagebuttenmark und den Zucker zusammen aufkochen und so lange köcheln lassen, bis die Sauce einzudicken beginnt. Sie nun abkühlen lassen, sie dickt in kaltem Zustand weiter ein.

Für die Schokoladenblätter den Ofen auf 180 °C Ober-/Unterhitze vorheizen. Alle Zutaten mit einem Rührgerät zu einem streichfähigen Teig verrühren. Auf einer Backmatte dünne Vierecke aufstreichen, diese im Ofen ca. 7 Minuten backen und noch warm in die gewünschte Form bringen.

Für das weiße Schokoladensorbet Milch, Zucker und Glucose zusammen aufkochen. Die Schokolade hacken und heiße Milch darübergießen. Das Ganze mit dem Mixstab zu einer homogenen Masse mischen. Sie erkalten lassen und in der Eismaschine gefrieren.

Für den Pumpernickelpudding den Ofen auf 220 °C Ober-/Unterhitze vorheizen. Die Kuvertüre auflösen und abkühlen lassen. Die Pumpernickel hacken, mit Orangensaft, Rum und Honig vermischen und etwas einweichen lassen. Die Butter zusammen mit Vanillemark, Orangen- und Zitronenschale und Zimt aufschlagen. Nun die Eigelbe nach und nach zur Butter geben und danach den eingeweichten Pumpernickel, die abgekühlte flüssige Kuvertüre und die Haselnüsse ebenfalls mit der Butter-Ei-Mischung verrühren. Anschließend die Eiweiße mit dem Zucker aufschlagen. Den Eischnee unter die Pumpernickelmasse ziehen und diese in gebutterte und gezuckerte Soufflé-Förmchen geben, sodass diese etwa zu zwei Drittel gefüllt sind. Die Förmchen im Wasserbad ca. 20 bis 25 Minuten backen.

Für den Sanddornsabayon alle Zutaten in einen Anschlagkessel geben und über dem Wasserbad mit dem Schneebesen zu schaumiger Sabayon aufschlagen.

Zum Anrichten die Hagebuttensauce auf den Teller streichen und den Sanddornsabayon auf dem Teller anrichten. Danach den Pumpernickelpudding auf den Teller stürzen, Schokoladenblatt und eine Nocke Sorbet auf den Pudding aufsetzen.

Sowohl Hagebutte als auch Sanddorn enthalten sehr viel Vitamin C. Probieren Sie dieses Rezept also doch einmal im Januar oder Februar aus – das erspart die Vitaminpillen. Zu dem Pumpernickelpudding passen wunderbar die geschmorten Birnenquitten.

Mini-Berliner

Rezept für 140 kleine Berliner
Zubereitungszeit: ca. 1 ½ Stunden

750 g Weizenmehl T 405
15 g Salz
75 g Zucker
Abrieb von 4 Zitronen
4 Vanilleschoten
60 g Hefe
225 ml Milch
150 g Vollei
60 g Eigelb
75 g weiche Butter
ca. 1 kg Mehl zum Ausstreuen des Bleches
500–1000 g Butterschmalz zum Frittieren (je nach Topf- oder der Fritteusengröße)
ca. 250 g Pflaumenmus
je nach Geschmack Puderzucker oder Kristallzucker zum Wälzen der Berliner

Mehl, Salz und Zucker in der Küchenmaschine mit dem Zitronenabrieb und dem ausgekratzten Mark der Vanilleschoten mischen. Die Hefe in die handwarme Milch bröckeln, auflösen, mit der Mehlmischung, Vollei und Eigelb 2 Minuten verkneten.

Die weiche Butter zugeben und alles zu einem geschmeidigen Teig verkneten. Den Teig in 10-g-Stücke teilen, rund formen und zum Ruhen auf ein 1 cm tief mit Mehl bestreutes Blech umsetzen. In die Mitte jeder Kugel eine Kuhle drücken und mit einem Tuch abgedeckt so lange gehen lassen, bis die Kuhle verschwunden ist, was etwa 30 Minuten dauert.

Das Butterschmalz auf 160 °C erhitzen und die Berliner goldgelb ausbacken. Während des Ausbackens einmal drehen. Auf Küchenpapier gut abtropfen lassen. Einen Spritzbeutel mit spitzer Tülle mit dem Pflaumenmus füllen und die Berliner damit füllen. Noch warm in Puderzucker oder Kristallzucker wälzen.

Überall in Deutschland heißt dieses Gebäck Berliner, nur nicht in Berlin, hier sind es Pfannkuchen. Und Pfannkuchen sind in Berlin Eierkuchen.

Sie können die Berliner natürlich auch größer formen, das geht schneller, kleiner sind sie aber eleganter.Wir machen uns für Sie im Restaurant eben viel, viel Arbeit.

Gebackener Milchreis mit flüssigem Buttermilchdrop

Rezept für 4 Portionen
Zubereitungszeit: ca. 3 Stunden

Für die Milchreisrollen
2 Stängel Zitronengras
250 ml Milch
250 ml süße Sahne
ca. 200 g brauner Zucker
1 EL Szechuanpfeffer
1 unbehandelte Limone, Abrieb
100 ml Rundkornreis, gewaschen
2 Eier
Mehl zum Panieren
100 g Panko-Mehl (japanisches Paniermehl, im Asialaden erhältlich)
Pflanzenöl zum Ausbacken
200 ml Milch

Für das Limonensorbet
500 ml Wasser
175 g Zucker
100 ml Limonensaft
10 Kaffirlimonenblätter
(im Asialaden erhältlich)
2 unbehandelte Limonen, Abrieb
1 Blatt Gelatine à 2 g

Für den Buttermilchdrop
450 ml Buttermilch
25 g Crème fraîche
100 g brauner Zucker
3 unbehandelte Zitronen, Abrieb und Saft
0,25 g Calciumchlorid
(in der Apotheke erhältlich)
2 ½ g Xanthan (Verdickungs- und Geliermittel, im Lebensmittelfachhandel oder in der Apotheke erhältlich)
10 g Natriumalginat (Verdickungs- und Geliermittel, im Lebensmittelfachhandel erhältlich)

Für den Milchreis das Zitronengras klopfen. Milch und Sahne zusammen mit 80 g Zucker, Szechuanpfeffer, Limonenabrieb und geklopftem Zitronengras aufkochen und 30 Minuten ziehen lassen. Die Mischung anschließend passieren und den Rundkornreis darin langsam bei kleiner Hitze zu Milchreis kochen.

Den Milchreis auf einem flachen Blech abkühlen lassen und im kalten Zustand mit Hilfe von Folie in 2 cm dicke Rollen formen. Diese mit insgesamt 4 EL braunem Zucker bestreuen. Die Eier verschlagen. Die Milchreisrollen nacheinander in Mehl, Eier und Panko-Mehl wenden und so klassisch panieren.

Für das Limonensorbet Wasser, Zucker und Limonensaft aufkochen und danach abkühlen lassen. Die Kaffirlimonenblätter zerreißen und zusammen mit dem Limonenabrieb in der Flüssigkeit 1 Stunde ziehen lassen. Danach die Gelatine in kaltem Wasser einweichen und ausdrücken. Sie erwärmen und in den Sirup rühren. Das Ganze durch ein Sieb passieren und in einer Eismaschine zu Sorbet frieren.

Für den Buttermilchdrop 250 ml Buttermilch zusammen mit Crème fraîche und 75 g Zucker leicht erwärmen. Den Abrieb von zwei und den Saft einer Zitrone dazugeben und das Ganze 30 Minuten ziehen lassen. Danach die Masse passieren und Calciumchlorid sowie Xanthan mit dem Mixstab nicht zu lange untermixen. Nun das Natriumalginat in 2 l kaltes Wasser einmixen und die Buttermilchmischung teelöffelweise eintropfen lassen. Sie 3 bis 4 Minuten anziehen lassen und vorsichtig in klares Wasser umsetzen.

Nun 200 ml Buttermilch zusammen mit 1 EL Zucker und dem Abrieb und Saft einer Zitrone verrühren. Die Buttermilchdrops darin bis zum Servieren aufbewahren.

Das Pflanzenöl auf 170 °C erhitzen und die Reisrollen knusprig ausbacken. Sie danach in Stücke schneiden und zusammen mit dem Sorbet und den Buttermilchdrops anrichten. Dazu Milch zusammen mit 1 EL Zucker erwärmen, aufschäumen und löffelweise auf dem Reis anrichten.

Hierzu passen hervorragend Scheiben von eingelegten Zitronen (Grundrezept), die mit etwas braunem Zucker bestreut abgeflämmt werden.

Obstsalat mit kandierten Oliven, Olivenöl und Kräutern

Terrine von weißem Pfirsich und Olivenölgelee mit Mandelhippen und Himbeerschaum

Rezept für 1 Terrine à 1 l Inhalt
Zubereitungszeit: 4 ½ Stunden

Für die Terrine
200 ml Wasser
200 g Isomalt (Zuckeraustauschstoff aus Saccharose, im Konditorfachhandel erhältlich)
50 g Glucose flüssig oder in Pulverform (im Konditorfachhandel erhältlich)
160 g Puderzucker
400 ml Hojiblanca-Olivenöl (mildes, spanisches Olivenöl)
5 Vanilleschoten
15 Blatt Gelatine
8 mallorquinische Pfirsiche
Eiswasser

Für die Mandelhippen
100 g Butter
80 g Glucose
100 g Zucker
40 g Mandeln, gehobelt
40 g Mehl T 405
100 ml Milch
1 EL Himbeerpüree
1 TL Sojalecithin (im Konditorfachhandel erhältlich)

Für die Terrine Wasser zusammen mit Isomalt, Glucose und Puderzucker in einem Topf erhitzen ohne kochen zu lassen. Dabei ständig rühren, um alle Zutaten gleichmäßig aufzulösen. Nun das Olivenöl mit einem Mixstab im dünnen Strahl einmixen, ohne dabei Blasen zu schlagen. Die Vanilleschoten aufschneiden und zu der Mischung geben. Die Gelatineblätter in kaltem Wasser einweichen und ausdrücken, dann zu der Mischung geben. Diese durch ein feines Sieb passieren und zu Olivenölgelee abkühlen lassen.

In der Zwischenzeit die Pfirsiche in kochendem Wasser blanchieren. Sie in Eiswasser abschrecken, häuten und mit einem Ausstecher den Kern ausstechen. Eine Terrinenform mit Klarsichtfolie auslegen und die Pfirsiche quer in eine mit Klarsichtfolie ausgelegte Terrinenform legen. Die Form mit dem leicht abgekühlten Olivenölgelee ausgießen, abdecken und mindestens 3 Stunden kalt stellen.

Für die Mandelhippen Butter und Glucose zusammen aufkochen. Zucker und gehobelte Mandeln zugeben, das Mehl einrühren. Das Ganze noch einmal aufkochen und abkühlen lassen.

Den Ofen auf 150 °C Ober-/Unterhitze vorheizen, ein Backblech mit Backpapier belegen. Die Mandelmasse in kleine Bällchen abdrehen und auf dem Blech verteilen. Sie im vorgeheizten Ofen 8 bis 10 Minuten backen. Danach die noch warme Masse in 2 cm breite »Bänder« schneiden. Diese zu Ringen formen und erkalten lassen.

Für den Himbeerschaum Milch zusammen mit Himbeerpüree und Sojalecithin erhitzen. Die Mischung mit dem Zauberstab schaumig schlagen. Zum Servieren eine Scheibe Pfirsichterrine zusammen mit einem Mandelring und Himbeerschaum anrichten.

Übrig gebliebenes Gelee lässt sich wieder erwärmen und weiter verwenden. Gießt man es etwa in eine flache Form und lässt es abkühlen, können daraus Geleebonbons geschnitten werden.

Schokoladenkrapfen mit Pistaziensabayon, Sauerkirschsorbet und Sauerkirschragout

Rezept für 4 Personen
Zubereitungszeit: ca. 2 Stunden plus 1 Tag

Für das Sauerkirschsorbet
400 g Sauerkirschpüree, tiefgekühlt
100 ml Wasser
75 g Zucker
75 g Flüssigglucose

Für den Canache als Krapfenfüllung
60 ml süße Sahne
60 ml Milch
100 g Kuvertüre Valrhona 64 %
100 g Nougat

Für den Ausbackteig
50 g Beurre Noisette
(haselnussbraun gebräunte Butter)
250 g Mehl T 405
50 g Kakaopulver
5 g Salz
25 g Honig
250 ml Moscato d'Asti
Pflanzenöl zum Ausbacken

Für den Pistaziensabayon
5 Eigelb
100 g Zucker
250 ml Riesling
1 Vanilleschote, Mark
1 Prise Salz
Eiswürfel
1 EL Pistazienpaste (im Feinkosthandel erhältlich)
200 ml süße Sahne, halbsteif geschlagen

Für das Sauerkirschragout
500 g Sauerkirschen
40 g Zucker
50 ml Portwein
etwas Pfeilwurzmehl, in Wasser angerührt

Zusätzlich
2 EL Kakaonibs (geröstete Kakaobohnen, im Feinkosthandel erhältlich)

Für das Sauerkirschsorbet das Sauerkirschpüree am Vortag auftauen lassen. Das Wasser aufkochen, Zucker und Glucose darin auflösen. Das Ganze abkühlen lassen, mit dem Pürierstab mixen und in der Eismaschine frieren.

Für den Canache Sahne und Milch erhitzen. Die Kuvertüre und das Nougat ohne zu kochen darin auflösen. Die Masse etwas abkühlen lassen, zu 20 g schweren Kugeln formen und einfrieren.

Für den Ausbackteig die Butter für die Beurre Noisette erhitzen, bis sie braun ist und nussig riecht.

Das Mehl mit dem Kakaopulver und Salz vermischen, Honig, Moscato und zum Schluss die Beurre Noisette unterrühren. Das Ganze 1 Stunde quellen lassen, aber nicht kalt stellen.

Für den Pistaziensabayon Eigelb, Zucker und Riesling zusammen mit dem Vanillemark und Salz auf dem Wasserbad zu einem steifen Schaum aufschlagen, schnell auf Eiswürfeln kalt schlagen, die Pistazienpaste und die Sahne unterziehen.

Von den Sauerkirschen pro Portion ein paar schöne Kirschpaare beiseitelegen. Für das Sauerkirschragout die restlichen Sauerkirschen entsteinen und den Saft dabei auffangen. Den Zucker in einer Pfanne karamellisieren. Ihn mit Portwein und Kirschsaft ablöschen und leicht mit der angerührten Stärke zu einer Glasage abbinden. Die entsteinten Kirschen in dieser Glasage warm schwenken.

Das Pflanzenöl auf 170 °C erhitzen. Die Canache-Kugeln gefroren mit einem Löffel nach und nach durch den Ausbackteig ziehen und in ca. 3 Minuten knusprig ausbacken. Sie aus dem Öl nehmen, gut abtropfen lassen und zusammen mit dem Kompott, dem Sabayon und dem Sorbet anrichten, mit den Sauerkirschpaaren und den Kakaonibs garnieren.

Die Krapfen dürfen nicht zu lange backen, da sonst der Canache-Kern flüssig wird und ausläuft. Deshalb sollten Sie immer nur kleinere Mengen frittieren, damit die Temperatur nicht zu stark absinkt und das Ausbacken möglicherweise zu lange dauert.

Senferdbeeren mit Moscato d’Asti-Eis und Hexenpolenta

Rezept für 4 Personen
Zubereitungszeit: ca. 4 Std.

Für die Hexenpolenta
1 Vanilleschote
50 g Rosinen
100 ml Moscato d'Asti
500 ml Milch
2 EL Zucker
1 Prise Salz
125 g Bramata
(grober Maisgrieß für Polenta)
50 g Pinienkerne
50 g Pistazien
Butterschmalz zum Braten

Für das Moscato d'Asti-Eis
750 ml Moscato d'Asti
250 g Butter
5 Eigelb
100 g Zucker

Für die Erdbeeren
500 g Erdbeeren
50 g brauner Zucker
½ Zitrone, Saft
80 ml alter Balsamico-Essig
2 TL scharfer Senf
50 ml Olivenöl

Zusätzlich
200 ml süße Sahne
20 g Zucker

Für die Hexenpolenta die Vanilleschote aufschneiden und auskratzen. Die Rosinen in Moscato einweichen. Die Milch zusammen mit dem Mark und der Schote, dem Zucker und der Prise Salz aufkochen und 10 Minuten ziehen lassen. Die Vanilleschote entfernen. Nun die Bramata einrühren und bei geringer Hitze unter leisem Köcheln in 30 Minuten ausquellen lassen. Dabei ständig rühren und am Boden schaben, damit nichts anbrennt. Die Pistazien und Pinienkerne in einer beschichteten Pfanne leicht rösten, die Rosinen abtropfen lassen und zusammen mit den Pistazien und den Pinienkernen unter die fertige Polenta rühren. Eine flache Form mit Klarsichtfolie auslegen und die Polenta ca. 2 cm hoch einfüllen. Sie zunächst unabgedeckt abkühlen lassen. Sobald jedoch kein Dampf mehr aufsteigt, die Polenta abdecken und kühl stellen.

Für das Eis 400 ml Moscato auf 200 ml reduzieren, dann den restlichen Moscato zugeben. Die Butter in Würfeln einmixen. Eigelb und Zucker schaumig rühren, die heiße Flüssigkeit aufgießen und auf dem Wasserbad zur Rose abziehen, d.h., sie erhält eine cremige Konsistenz, stockt aber nicht. Die Masse in der Eismaschine frieren.

Die Erdbeeren waschen, putzen und halbieren. Sie in einer Schüssel zuckern, mit Zitronensaft und Balsamico-Essig abschmecken und Saft ziehen lassen. Sie zwischendurch mit einem Schneebesen leicht andrücken.

Die kalte Polenta in Streifen schneiden und in einer beschichteten Pfanne in Butterschmalz von allen Seiten knusprig braten.

Von den Erdbeeren ein wenig Saft abnehmen. Den Senf darin verrühren und das Ganze mit den Erdbeeren vermischen.

Zum Servieren die Erdbeeren auf einem Teller zusammen mit der noch heißen Hexenpolenta und dem Eis anrichten. Die Sahne zusammen mit dem Zucker leicht anschlagen und über die Erdbeeren geben.

Zu Eis würde man normalerweise keinen Wein servieren, aber zu diesem Dessert passt natürlich wunderbar ein Moscato d'Asti (nicht zu verwechseln mit Asti Spumante). Er eignet sich zudem gut als Dessertsekt, weil er mit 5,5 bis 6 % Alkohol eher leicht und erfrischend erscheint. Körperreiche Süßweine passen weniger zur Süße und Säure der Erdbeeren.

Beim »Abziehen zur Rose« gibt es einen einfachen Trick, um die Konsistenz zu überprüfen: Man taucht einen Rührlöffel kurz in die Masse ein. Nun pustet man auf den leicht mit Masse bedeckten Löffelrücken. Wenn sich die Masse leicht kräuselt – mit etwas Fantasie ähneln diese Wellen Rosenblättern –, und die Wellen nicht wieder zusammenfallen, ist die gewünschte Konsistenz erreicht. Man sollte nur den Löffel nach dem Pusten vor der weiteren Verwendung abwaschen.

Tiramisù »Rino Casati«
mit Walderdbeeren und Espressogranita

Zweierlei Götterspeise –
gebrannte Echte Götterspeise und Wackelpeter

Berliner Mohnpielen mit rotem Portweineis

Junger Ziegenkäse
mit Lavendel und gebackenen Zucchiniblüten

Rezept für 4 Personen
Zubereitungszeit: ca. 45 Minuten

Für die gebackenen Zucchiniblüten
80 g Kartoffelstärke
5 g Backpulver
80 ml Eiswasser
40 g Eiweiß
4 kleine Zucchini mit Blüte

Für die Lavendelvinaigrette
200 ml Geflügelfond (Grundrezept)
etwas Stärke, in Wasser angerührt
1 EL Lavendelhonig
1 Limone, Saft
Salz
50 ml herbes toskanisches Olivenöl

Für den Ziegenkäse
1 Ziegenfrischkäse ohne Asche à ca. 300 g, z.B. St. Maure
8 Lavendelblüten am Stiel
schwarzer Pfeffer aus der Mühle

Zusätzlich
einfaches Olivenöl zum Ausbacken

Für den Tempurateig der Zucchiniblüten Kartoffelstärke und Backpulver vermischen und mit Eiswasser anrühren. Das Eiweiß leicht anschlagen und unterziehen.

Für die Lavendelvinaigrette den Geflügelfond aufkochen und mit der Stärke leicht binden. Ihn dann mit Lavendelhonig, Limonensaft und Salz abschmecken und mit dem Olivenöl emulgieren.

Die kleinen Zucchini von den Blüten brechen, waschen und trocknen. Sie in dünne Scheiben hobeln und in etwas Vinaigrette kurz erwärmen.

Den Ziegenkäse in unregelmäßige Stücke brechen, anrichten und mit Lavendelvinaigrette beträufeln.

Die Zucchiniblüten aufbrechen und die Blütenstempel entfernen. Die Blüten aufklappen und durch den Tempurateig ziehen. Das Olivenöl auf 160–170 °C erhitzen und nach und nach die Blüten ausbacken. Sie sehr gut auf Küchenpapier entfetten und auf dem Käse anrichten.

4 Lavendelblüten rebeln und sparsam über den Käse streuen, den Käse schwarz pfeffern, die restlichen Blüten als Dekoration zugeben.

Frischer Ziegenkäse ist nur von April bis in den Herbst wirklich von frischer Milch, im Winter brauchen die Ziegen die Milch für ihre Zicklein. In dieser Zeit wird der Käse aus gefrorener Milch produziert, was seinem Aroma natürlich abträglich ist. Für mich ist frischer Ziegenkäse deshalb eine Frühlings- und Sommerspezialität.

Vacherin Mont d'Or mit geschmortem Trevisano Tardivo und schwarzen Nüssen

Rezept für 4 Personen
Zubereitungszeit: ca. 1 ½ Stunden

1 kleiner Vacherin à 400 g
4 Trevisano Tardivo
(eine längliche Radicchiosorte)
100 g Butter
Meersalz aus der Mühle
1 Bund Thymian
4 schwarze Nüsse (auch Johannisnüsse
genannt, im Feinkosthandel erhältlich)
100 ml Rotwein
200 ml roter Portwein

Den Vacherin 1 Stunde vor dem Servieren aus dem Kühlschrank nehmen. Die Trevisano halbieren und für 30 Minuten in lauwarmes Wasser legen. Den Thymian waschen, trocknen und die Blätter abzupfen. Die Nüsse in Scheiben schneiden.

Die Hälfte der Butter in einer Pfanne aufschäumen. Die Trevisanohälften mit der Schnittseite darin einlegen und salzen. Die Hälfte des Thymians dazugeben und das Ganze 10 Minuten leicht braten. Nun mit Rotwein und Portwein angießen und kräftig einkochen. Anschließend die restliche Butter einrühren und die Mischung binden.

Vom Vacherin Nocken abstechen und diese zusammen mit dem Trevisano anrichten. Das Ganze mit Thymianblättern bestreuen und die Scheiben von den schwarzen Nüssen dazugeben.

Ein großer Vacherin à 1 kg schmeckt zwar viel besser, ist aber für 4 Personen eindeutig zu viel. Falls Sie keinen Trevisano Tardivo bekommen, verwenden Sie normalen Radicchio oder Chicoree – bei Chicoree sollten Sie jedoch den Rotwein gegen Weißwein und den roten Portwein gegen weißen Portwein austauschen.

Elsässer Weißkäsemousse
mit Backobst in schwarzem Tee

Rezept für 4 Personen
Zubereitungszeit: ca. 1 Std. plus 1 Nacht

Für die Mousse
250 g Weißkäse (Speisequark 40 %)
80 g Zucker
2 Vanilleschoten, ausgekratzt
2 unbehandelte Zitronen, Abrieb
250 ml süße Sahne, halb steif geschlagen
5 Eiweiß

Für das Backobst
40 g getrocknete Birnen
40 g getrocknete Apfelringe
60 g Backpflaumen
50 g Dörraprikosen
1 Vanillestange
1 Zimtstange
50 g Zucker
500 ml Assam-Tee, heiß
100 ml Pflaumensaft

Den Quark zusammen mit 40 g Zucker, dem Vanillemark und dem Zitronenabrieb verrühren. Die halb steif geschlagene Sahne unterrühren. Die Eiweiße zusammen mit 40 g Zucker mit dem Schneebesen zu einem cremigen Schnee schlagen und diesen vorsichtig unter die Quarkmasse heben. Die Masse in ein Tuch über einem Sieb geben und über Nacht abtropfen lassen.

Das gesamte Backobst zusammen mit der Vanillestange, der Zimtstange und dem Zucker vermischen. Die Mischung mit dem heißen Tee übergießen und ebenfalls über Nacht ziehen lassen.

Zum Servieren das Backobst zusammen mit dem Sud und dem Pflaumensaft nochmals aufkochen. Nun von der Mousse mit einem heißen Löffel Nocken abstechen. Diese zusammen mit dem Backobst und etwas Sauce anrichten.

Wenn Sie ausgekratzte Vanillestangen in normalen Haushaltszucker legen, ergibt sich mit der Zeit ein herrlich aromatischer Vanillezucker. Das Vanillearoma sitzt hauptsächlich in der fermentierten Schale der Vanilleschote. Verwenden Sie also wenn immer möglich beim Kochen auch die Vanilleschalen – zum Beispiel bei der Zubereitung von Sirup.

Seite 13: Schloss Charlottenburg, in dessen Nähe wir zwölf Jahre in einer wunderbaren Berliner Altbauwohnung gewohnt haben

Seite 60: Der französische Dom am Gendarmenmarkt von der Nordseite

Seite 63/64: Samstags und Sonntags ist an der Straße des 17. Juni großer Flohmarkt, dort kaufe ich Kaviarlöffel, anatomische Pinzetten zum Kochen und, und, und …

Seite 67: Der Gendarmenmarkt beim Classic Open Air im Juli

Seite 78: Berliner Treppenhaus mit Aufzug in der Fasanenstraße, dort residiert die Rechtsanwaltskanzlei Kleeberg (meine Tante)

Seite 109, 309: Der Innenhof des VAU im Sommer

Seite 113, 173, 209: Die Domaine Dahlem ist ein städtisches Landgut mitten in der Großstadt mit Tieren und Bioanbau, wunderbar für kleine Stadtfluchten zwischendurch

Seite 310, 415: East Side Gallery, Wende-Grafitti en masse an der Stralauer Allee

Seite 313: Der imposante Berliner Hauptbahnhof oder Lehrter Stadtbahnhof von Meinhard von Gerkhan, der auch den Fughafen Tegel und … das VAU entwarf

Seite 325: Currywurst in der Knesebeckstraße Ecke Kudamm

Seite 365: Quartier 206, Shoppingtempel an der Friedrichstraße – da komme ich fast nie ohne Tüte oder Tasche raus

Dafür, dass dieses Buch so geworden ist, wie es ist, danke ich der wunderbaren Anja Heyne, Jürgen Welte, Sonya Mayer, Ingo »Swobody«, Luzia »Quicksnap« Ellert und Christa Engstler.

Dafür, dass das VAU da ist, wo es ist, danke ich Walter Mengeu und Josef Viehhauser.

Dafür, dass das VAU so ist wie es ist, danke ich – stellvertretend für viele mehr – meinem Küchenchef der ersten Jahre »Heidi« Heiko Nieder, sowie Mark Belusa, Stefan Hartmann, Florian Löffler, Stephan Melchert, Ole Euler, Holger »Winnetou« Schmidt und Ferdinand Mast.

Stellvertretend für alle Servicemitarbeiter Petra Fontaine, Didier Clauss, Matze Martens, Ricardo Vicencio, Claudia Albrecht und Hendrik Canis

Dafür dass ich so sein kann, wie ich bin, danke ich meiner Familie.

THE BEST

www.collection-rolf-heyne.de

Fotografie: Luzia Ellert

Fotoassistenz: Christa Engstler

Text: Ingo Swoboda

Buchgestaltung: Peter Schmidt, Hamburg

Rezeptredaktion: Barbara Rusch, München

Layout und Satz: graphitecture book, Rosenheim

Lithographie: Lorenz & Zeller, Inning am Ammersee

Druck und Bindung: Passavia, Passau

Printed in Germany

ISBN 978-3-89910-373-1